大家受啓發的大家身影

走過，必留下足跡；畢生行旅，**彩繪了閱歷，也孕育了思想**！人類文明因之受到滋潤，甚至改變，永遠持續！

將其形諸圖文，不只**啓人尋思**，也便**尋根與探究**。

昨日的行誼，即是今日的史料；不只是傳記，更多的是思想的顯影。一生浮萍，終將漂逝，讓他走向永恆的時間和無限的空間；**超越古今，跨躍國度，「五南」願意**！

思想家、哲學家、藝文家、科學家，只要是能啓發大家的「**大家**」，都不會缺席。

至於以「武」、以「謀」、以「體」，叱吒寰宇、攪動世界的風雲人物，則不在此系列出現。

大家受啓發的

大家身影系列 011

我的哲學的發展

My Philosophical Development

伯特蘭．羅素 Bertrand Russell —— 著

楊洋 —— 譯

歌羅西書：II. 8

你們要謹慎，免得有人藉著哲學和騙人的空談，把你們擄去。

提多書：I. 12-13

有克里特人中的一個本地先知說：「克里特人常說謊話，乃是惡獸，又饞又懶。」這個見證是真的。

序言

艾倫・伍德（Alan Wood）先生曾因《熱切的懷疑論者》（*The Passionate Skeptic*）一書當之無愧地贏得了廣泛讚譽，他本打算撰文對我的哲學觀念進行專門論述。但在他過世時，這個工作只完成了一小部分，其中包含一篇導言。讀過這篇導言的人認爲它很有價值，值得出版，因此本書將它附在了最後。假如能早一點得到這篇導言，我就會把它放本書的最前面，但是當時已經太晚，不可能再這樣做。我建議讀者先閱讀伍德先生的這篇文章，因爲很多容易誤會的地方在這篇文章中闡述得十分清楚。伍德先生未能完成這部作品，實爲一大憾事。

伯特蘭・羅素

目錄

第一章　概要

根據我所關注的問題，以及對我產生了影響的人物，「我的哲學的發展」可以分爲幾個不同的階段。唯一貫穿始終的，就是我急於發現我們到底知道多少東西，我們對它們的了解又有幾成把握。在我的哲學歷程中，存在一個主要的分界嶺，在一八九九到一九〇〇年間，我採納了邏輯原子主義哲學（logical atomism）以及數理邏輯（mathematical logic）中的皮亞諾（Peano）技術。這次天翻地覆的改變，令我之後的研究，除了像純數學這樣的方面之外，幾乎與之前毫無關聯。這兩年之間的變化是革命性的，之後的變化則是改良性的。

我對哲學的最初興趣來源於兩個方面。一是我非常想知道，哲學是否支持任何宗教信仰，即便這種支持非常含糊不清；另一方面，我想讓自己相信，有些東西是可以被了解的，就算在別的領域裡不行，至少在純數學中是可以的。在青春期期間，我曾孤獨地思考過這兩個問題，未曾借助書籍的幫助。結果在宗教方面，我先是不相信自由意志了，然後又不再相信永生了，最後終於不相信上帝了。而在數學基礎方面，我沒有取得什麼進展。儘管我非常偏愛經驗主義，但卻不相信「二加二等於四」是經驗的歸納概括。除了這個毫無益處的結論之外，我仍然對所有東西心存懷疑。

劍橋大學灌輸給我的是康德和黑格爾哲學，但是喬治．愛德華．摩爾（G. E. Moore）和我後來都拋棄了這兩種哲學。雖然我和摩爾都是叛離者，但我們各自強調的重點卻大不相同。最初吸引摩爾的，是事實脫離於知識的獨立性，以及否定康德那一套塑造體驗而非外部世界的先驗直覺和範疇。在這個方面，我非常贊同他，但是我比他更加關心一些純邏輯方面的東西。其中最重要的部分，我稱之爲「外在關係學說」，它在我後來的哲學研究中占有首要地位。一元論者認爲，兩項之間的關係由兩項各自的性質，以及兩項所構成的整體的性質構成，甚至嚴格說來就是整體的性質；而我認爲這種觀點無法用數學解釋。我的結論是，關聯性並不意味著相關項中存在著相應的複雜性，並且一般而言，關聯性也不會等於這些項構成的整體的任何性質。我在《論萊布尼茲的哲學》（*The Philosophy of Leibniz*）一書中提出這個觀點後不久，就接觸到皮亞諾在數理邏輯方面的研究，讓這我有了新的數學技術和數理哲學。黑格爾和他的信徒們慣於「證明」時間、空間、事物，以及常人所相信的一切東西的不可能性，我認爲他們的這些論辯都不能成立，而且我還走向了與其相反的極端，認爲凡不能被證**僞**的東西都爲眞，例如點、瞬、粒子和柏拉圖的共相。

　　但是，我在一九一〇年完成了我想做的純數學研究之後，就開始考慮研究物理學。主要是在懷特海（Whitehead）的影響下，我進入了這個又可以應用奧卡姆剃刀原理（Occam's razor）的新領域；由於奧卡姆剃刀在算術哲學中的妙用，我早就成了它的支持者。懷特海告訴我說，人們無需假設點、瞬是世界的構成要素，就可以研究物理學。他認爲物質世界可以由事件構成，每個事件占據有限的時空，在這方面我同意他的看法。凡是在運用奧卡姆剃刀的時候，我們都不必去否定我們不需用到的存在體的存在，也無需去查明它們是否存在。無論在解釋哪個門類的知識時，都需要進行一些假定，而這樣做有助於減少假定。在物質世界中，要證明點、瞬不存在是不可能的，但我們可以證明，物理學沒有任何理由來假定點、瞬的存在。

與此同時，即從一九一〇年到一九一四年，我對物質世界是什麼，我們如何認識它很感興趣。自那時以來，我就開始斷斷續續地思考感知與物理學之間的關係。我在哲學觀念上的最後一次重大變化正和這一問題有關。我原本以爲感知是主體與客體之間的兩項關係，因爲這比較容易解釋爲何感知會帶來主體以外的知識。然而在威廉．詹姆斯（William James）的影響下，我認識到這種看法是錯誤的，或者至少是過於簡單化了。在我看來，至少感覺，即使是視覺和聽覺，在本質上也不是關係性的事件。當然我不是說，當我看到某個東西時，我和我看到東西沒有關係，我的意思是，這種關係比我原以爲的更加間接得多；而且，我在看到東西時發生的內在反應，僅僅就其邏輯結構而言，就算我沒有看到任何外界東西，也是有可能發生的。我的看法轉變了，這讓體驗與外部世界的連結問題的難度也大大增加了。

大約在同一時間，即大約一九一七年期間，我還對語言和事實之間的關係問題產生了興趣。這個問題分兩個部分：一個和詞彙有關，第二個則涉及句法。在我開始感興趣之前，已經有無數人士探討了這個問題。韋爾比夫人（Lady Welby）關於這個主題寫了一本書，席勒（F. C. S. Schiller）也一直強調其重要性。但是我之前一直認爲語言是透明的，也就是說，人們並不需要耗用注意力就可以使用語言這種媒介物。在句法上，數理邏輯中產生的矛盾讓我不得不接受這個看法的不足。至於詞彙，當我研究在哪種程度上可以用行爲主義來解釋時，才遇到了語言問題。基於這兩個原因，我比以往更加重視認識論的語言方面。但我從未贊同過把語言當做自主範圍的看法。語言的本質是它的意義，意義令它與本身之外的東西相連，而這種東西一般而言是非語言的。

我最近的工作涉及非證明推理的問題，經驗主義者曾認爲是歸納法讓這種推理成立。不幸的是，事實證明，如果不顧及常識地透過簡單枚舉進行歸納，其結果往往是謬誤而非眞理。而如果一個原理需要在常識的說明下才能可靠地使用，它是不會令邏輯學家感到滿意的。因此，如果我們想從大體上接受科學以及那些不可駁斥的常識，我們就必須在歸納之外另尋原則。這是一個非常重大的問題，而我獲得的成果僅僅是指出了一些道路，人們也許可以沿著這些道路找到解決辦法。

自從我放棄了康德和黑格爾的哲學之後，我一直試圖透過分析來尋找哲學問題的解決辦法；儘管現代的一些趨勢與此相反，而我仍然堅定地相信，只有透過分析，才有可能取得進步。舉一個重要的例子來說，我發現，透過分析物理學和感知，完全可以解決心智與物質的關係問題。的確，我所認同的解決方案現在還沒有被大家接受，但是我相信並希望，這只是因爲大家還沒有理解我的想法而已。

第二章　我現在的世界觀

我逐步形成了今天的這個世界觀，但它往往為世人所誤解，因此我將盡可能地講述得清楚簡單一些。現在我只是儘量做敘述，而不是給出其成因。但是我可以像這樣說：它來自於四個不同的學科，是物理學、生理學、心理學和數理邏輯的綜合。數理邏輯被用來從一些元素中創造出具有指定屬性的結構，這些元素的數學光滑性通常遠遠低於所創造出來的結構。自康德以來，哲學家們往往從「我們怎麼知道」開始，然後才討論「我們知道什麼」，我把這個過程扭轉了過來。我認為這個過程是錯誤的，因為了解「我們怎麼知道」只是了解「我們知道什麼」中的一小部分。而且這個過程還有一個弊病，它傾向於賦予「知道」一種無限大的重要性，這種過當的重要性會讓哲學學習者們認為，心智是至高無上的，凌駕於非心智的宇宙之上，他們甚至會認為，非心智的宇宙只是心智在沒有進行哲學思考的時候所做的一場惡夢而已。這種觀點完全背離了我對宇宙的看法。我無條件接受的世界觀，是源自於天文學和地質學，也源自於星雲和恆星的宏大演變過程；天文學和地質學中幾乎沒有心智的證據，而心智也並未對星雲和恆星的演變規律起到任何作用。

如果接受了這個初始偏置，那麼很顯然，要理解宇宙史中的重大進程，我們必須首先研究理論物理學。可惜的是，理論物理學表達事物再也不像十七世紀時那樣清楚明確了。牛頓運用的四個基本概念：空間、時間、物質和力，現在都已經被現代物理學家掃地出門了。在牛頓看來，空間和時間是堅實可靠而獨立的，現在它們卻被「時空」這個概念所取代，時空不具有實體性，只是一種關係系統。物質則被一系列事件所取代。牛頓的概念中最先被拋棄的是力，它被能量所取代；而能量也淪爲蒼白的幽靈，與物質概念所殘存的類似。物理學家將「原因」稱爲力的哲學形式，現在它也已經衰落。雖不能說「原因」已經澈底死亡，但它已不像早期時那麼富有活力。

由於所有這些原因，現代物理學的內容有些令人困惑。不過我們一定要相信它，否則後果十分嚴重。如果有任何群體拒絕承認現代物理學理論，其敵對政府僱用的物理學家可以輕而易舉地毀滅這個團體。因此，現代物理學家掌握的威力遠遠超過了宗教裁判所在其鼎盛時期擁有的權柄，我們理應敬畏他們的說法。雖然物理學的發展中還會出現變化，但目前的理論比任何敵對性的學說都可能更加接近眞理，我個人對此深信不疑。在任何時候，科學都不會是完全正確的，但也很少是澈底錯誤的，一般而言，與非科學相比，科學正確的可能性更大，因此假設它正確並相信它，是一種理性的態度。

人們並不總是了解，理論物理學給出的資訊會有多抽象。這門學科提供一些基本方程式，使之能夠處理事件的邏輯結構，而完全無需知道具有這種結構的事件的內在性質。只有在事件發生在我們身上時，我們才知道它的內在性質。至於發生在別處的事件，理論物理學並未提供任何東西以幫助我們了解它們的內在性質。它們有可能跟發生在我們身上的事件一模一樣，也可能有天壤之別。物理學提供給我們的只是一些方程式，它們描述變化的抽象屬性。至於究竟是什麼在發生變化，由何變化而來，變爲了何物，物理學並沒有給出答案。

下一步則接近於感知，但沒有超出物理學領域。假設用底片拍攝一塊夜空，拍下星星的照片；在底片和大氣條件都類似的條件下，對同一塊夜空拍下的不同的照片將非常相似。因此一定存在某種「影響」（我用了我能想到的最含糊不清的字眼），來自於不同的星體，到達了不同的底片。物理學家曾經認爲這種影響由波構成，現在則認爲是名爲光子的能量小束構成。他們知道光子的速度，也知道有時光子會怎樣偏離直線路徑。當光子碰到一張底片時，它就轉變成一種不同的能量。由於每個單獨的星體都可以出現在照片中，而且在晴朗的夜晚從任何開闊的地方都可以拍下它來，所以在每一個可以拍下它的地方都必然有什麼事情發生了，而且這個事情跟它還有特別的關聯。因而，在夜晚，凡空氣所到之地，有多少可以拍下的星體，就有多少獨立的事件發生，而且每一事件都必定有其各自的歷史，將它與它所發端的星體聯繫起來。所有這些，都來源於對拍攝同一塊夜空的底片的思考。

讓我們再看看另一個例子。假設有一個富有的憤世嫉俗者，不願去劇院與俗人爲伍，他決定上演一齣戲，不是在觀看者面前，而是在一些攝影機之前。假設這些攝影機的性能都同樣卓越，可以拍攝下極爲相似的膠片，僅僅是由於角度和離舞臺的距離不同才會產生不同。那麼，如前例中的底片一樣，在每台攝影機裡，每一時刻都有複雜的事件在發生，而且這些事件和舞臺上發生的事件密切相關。而且如前例一樣，這也需要有來源不同的、可分離的「影響」。如果在某一特定時刻，一個演員高吼：「受死吧，惡棍！」而另一個驚叫：「救命啊！有人行兇！」那麼兩者都會被錄製下來，而每台攝影機裡都必定會發生和這兩者有關的事情。

再舉一個例子：假設一個演講被一些留聲機同時錄製下來，留聲機的唱片跟原先的演講是兩種完全不同的東西，然而，在採取了適當的措施後，唱片可以用來重現原始演講。因此唱片必定在某些方面與演講有共同之處。但這個共同之處只能用有關結構的、相當抽象的語言來表現。要說明這個過程，廣播是一個更好的例子。從表面上看，一個演說者和一個電臺聽衆，兩人之間的介入物完全不是演說者所說的內容，當然也不是電臺聽衆所聽到的內容。在這裡，我們同樣可以看到一個因果鏈，它的開端和末端十分相似，但中間部分，就其內在性質而言，似乎是一種完全不同的東西。本例與留聲機唱片的例子類似，在整個因果鏈中，一直保留下來的其實是結構的不變性。

這些不同的過程完全屬於物理學範圍。我們不認爲電影攝影機有心智，即便是它們的製造者很有創造性，讓裝在劇院正廳後排的攝影機鼓掌時，包廂裡的攝影機卻發出嘲笑，我們也不應該認爲攝影機擁有心智。這些例子是在物理上對感知進行的類比，它們說明，在大部分時間和地方（如果不是在任何時候任何地方都如此的話），大量的重疊事件正在發生；在一個給定的地方和時間，因果鏈條將很多這樣的事件聯繫到初始事件上，而初始事件的遺傳特徵是多產的，它在大量不同的地方產生了後代，這些後代或多或少地相似於它自身。

這些思考會促使我們構造一幅什麼樣的宇宙圖片呢？我認爲，根據分析的程度不同，存在不同的階段，而在不同的階段，答案也會不一樣。在目前來說，我認爲把「事件」作爲基本概念很合適。我的看法是，每個事件都占據有限的時空，並與無數的其他事件重疊，而其他事件只是部分地，而不是完全占據同一時空。想用「點瞬」來做運算的數學家們，可以使用數理邏輯，從重疊事件的集合中構建出它們，但這只是爲了他們在技術上的目的，我們可以暫且先忽略不管。在任何狹小的時空區域中發生的事件，並非與在其他地方發生的事件沒有任何聯繫。相反，如果底片可以拍攝某顆特定的星星，這是因爲在底片上發生了一個事件，這個事件透過一種我們可以稱之爲遺傳的東西，與那顆星星有聯繫。而這張底片，如果已經拍攝過了，它就成爲了產生新後代的一個來源。數理物理學只關注事情極爲抽象的方面，在數理物理學中，這些不同的進程表現爲能量行進的路徑。這是因爲數理物理學極爲抽象，它的世界與我們的日常生活大不相同。但是這種不同更多的是表面上，而不是實際上。假設你學習人口統計學，你就會發現，人在這門學科中幾乎被剝奪了所有的鮮活特徵，成爲了人口普查統計中的紀錄。但是這種情況抽象程度還不算太深，我們要在想像中恢復眞實也不算太難。但是在數理物理學中，從抽象回到具體的過程就是相當漫長和艱巨了，而且由於非常倦怠，我們很想在路上休息一下，給一些半抽象的東西賦予它們其實並不擁有的具體的實在性。

可能在分析的下一個階段中，事件已經不再是最終原材料。但是在目前的討論中，我不會考慮這一點。

我們已經看到，由於純粹的物理上的原因，在很多不同的地方和時間的事件，往往可以歸結到具有同一初始來源的不同組中，就像星光從星星四射發散。根據環境的不同，在這些分支的組中，後代具有不同的相似程度。星光從星星行進到我們的大氣層，這一過程的構成事件的變化是緩慢和微小的。這就是爲什麼可以將這些事件看做是光子這個單一存在體的行程，而這個行程可以看成是持續的。但是，當光線到達我們的大氣層，一系列越來越奇怪的事情開始發生了。它可能被霧或雲阻止或轉化。它可能被水反映或折射。它可能擊中底片，成爲引起天文學家興趣的黑點。最後，它可能會擊中人的眼睛。當發生這種情況時，結果非常複雜。眼睛和大腦之間發生一系列事件，生理學家研究這些事件，它們與外部世界的光子毫無相似之處，就像無線電波與演說家的演講毫無相似之處一樣。生理學家追蹤到的神經上的擾動，最後被傳送到大腦的適當區域中，於是這個人的大腦看到了星星。人們感到奇怪，因爲看到星星這件事和生理學家在視神經中發現的過程如此不同，然而很明顯，如果沒有這些過程，人就不會看到星星。因此，心智與物質之間應該是存在著鴻溝，存在著神祕性，而想要揭開這種神祕性多少有些不敬。對我而言，把無線電電磁波轉變成聲音就是最神祕的事了。我認爲，這種神祕性源自於人們對物質世界的錯誤看法，也源自於人們的摩尼教式的恐懼，即害怕將心的世界降格到他們認爲是較低等的物的世界。

迄今爲止，我們談到的世界完全是推斷出來的世界。我們感知不到物理學上談的這種存在體，並且，如果物質世界是這種存在體構成的，那麼我們看不見眼睛或視神經，因爲，按照物理學家的說法，眼睛或視神經同樣也是由這些假設的存在體構成的，理論物理學家試圖讓我們熟悉這些假設的存在體。但是，既然這些存在體的可信度建立在推理上，我們就只需在必要的程度上定義它們，讓它們可以履行推理的目的就足夠了。沒有必要假定電子、質子、中子、介子、光子等等都具有那種簡單的實在性，即經驗的直接對象所擁有的那種實在性。它們充其量擁有「倫敦」所擁有的那種實在性。「倫敦」是一個方便用語，但透過使用這個詞，可以用它來表達它能夠表示的所有**事實**，如果不使用它，語句就會變得累贅笨拙。然而「倫敦」和「電子」這兩者之間，有一個重要的不同之處：我們可以看到倫敦的各個組成部分，而且，它的部分比整體更容易了解。而電子，我們不能感知到它，也不能感知到它的任何組成部分。我們只知道它是爲了某種理論目的而假設的存在體。一旦涉及到理論物理，任何滿足這些目的的東西都可以被認爲**是**電子。它可能是簡單體，也可能是複合體；如果是複合體，它可能是由任何組成部分構成，只要整個結構擁有它所需要的屬性。所有這一切不僅適用於無生命的世界，也同樣適用於眼睛和其他感官，比如神經和大腦。

但是我們的世界並不完全是推斷出來的。我們無需求助於科學界就知道有些事情。如果你感到太熱或太冷，你完全可以意識到這個事實，而無需詢問物理學家冷熱由何構成。當你看到其他人的面孔，你無疑會擁有一種體驗，但這種體驗中並不包括看到理論物理學家所說的東西。你看別人的眼睛，你相信他們也看到你的眼睛。你自己的眼睛，作爲視覺物體而言，屬於推斷世界的一部分，雖然透過鏡子、照片和朋友們的說法，這個推斷顯得不容置疑。將你自己的眼睛推斷爲視覺物體，在本質上類似於物理學家推斷電子這樣的東西；如果你要否定物理學家的推理是有效的，你就也應該否定你知道自己有可被看見的眼睛；這是荒謬的，就像歐幾里德（Euclid）會說的那樣。

我們無需推理就知道的一切東西，可以稱之爲「材料」。材料包括我們觀察到的所有視覺、聽覺、觸覺等感覺。人們在常識上認爲，有理由把我們的很多感覺歸結於我們自己的身體之外的原因。常識讓我們不相信，當我們閉上眼睛或進入睡眠狀態時，我們所在的房間就不存在了，也讓我們不相信，妻子和孩子是純粹的想像虛構。在所有這些方面，我們可能都會贊同常識，但是有一個方面常識錯了，它假設無生命的物件在本質上相似於它們所引起的感知。相信這一點，就像相信唱片相似於它放出的音樂一樣，都是毫無根據的。但是在這裡，我並非主要想強調物質世界和材料世界之間的**區別**，相反，與第一眼看上去所引起的物理學聯想相比，它們實際上可能更加相似，我認爲說明這種可能性非常重要。

如果把我自己的看法和萊布尼茲（Leibniz）的看法進行比較，可能會說得更加清楚一些。萊布尼茲認爲，宇宙由單子構成，每個單子都含有一點兒心智，每個單子都反映了宇宙。這種反映具有不同程度的準確性。最好的單子在對宇宙的反映上混亂最少，最爲準確。萊布尼茲被亞里斯多德的主項謂項邏輯所誤導，認爲單子之間沒有互動，而且認爲預先設定的和諧可以解釋單子反映同一宇宙這一事實。他的學說的這一部分，是完全不可接受的。只有透過外部世界對我們的因果影響，我們才能以我們的方式和限度來反映世界。但是，我比較贊同他的學說的其他方面。其中最重要的之一是空間。對萊布尼茲而言（儘管他從來沒有很清楚地表明這一點）有兩種空間。在每個單子的個體世界內都有空間，這個空間，是單子可以透過分析和僅僅安排材料而被認識的。但是，也有另一種空間。萊布尼茲告訴我們，每個單子從自己的角度反映世界，不同的角度就像不同的視角。所有角度集合起來，就提供了另外一種空間，不同於每個單子私自世界的空間。在這個公共空間，每個單子都占據一點，或者說一個很小的區域。雖然在其個體世界中，從個體角度來看，個體空間是非常巨大的，但當單子彙聚在一起時，這個巨大的空間就縮小到一個點了，我們可能稱每個單子在材料世界的空間是「私自」空間，而包含不同單子不同角度的空間是「物理」空間。就單子正確地反映世界而言，私自空間的幾何屬性與物理空間的幾何屬性是類似的。

這個學說幾乎不需要什麼變化，就可以用來體現我所主張的理論。我的知覺世界中存在著空間，物理學中也存在著空間。我和萊布尼茲都認爲，一個人所感知的整個空間，只占物理空間中極小的一個區域。但是我的看法和萊布尼茲的看法之間有一個重要的區別，這個區別和因果關係概念的不同有關，也和相對論所引起的後果有關。我認爲，物理世界中的時空秩序與因果關係密切相關，而這又與物理進程的不可逆轉性密切相關。在古典物理學中，一切都是可逆轉的。如果你讓每一塊物質都以與之前相同的速度往回移動，宇宙的整個歷史將會倒退。而在現代物理學中，從熱動力學第二定律開始，熱力學和其他學科中的這個觀點就被拋棄了。放射性原子分裂後，不會再度合併。一般而言，物理世界的過程都有一定的方向，這使得因果之間具有了區別，但在古典動力學中是沒有這種區別的。我認爲，物理世界的時空秩序涉及這種直接的因果關係。在這個基礎上，我認爲人們的「思想」存在於他們的大腦中，這個看法讓其他哲學家感到震驚。從一顆星星傳來的星光穿過了空間，導致在視神經末梢的擾動，最後出現在大腦中。我堅持認爲，在大腦中發生的事件是視覺感受。事實上我認爲，大腦由「思想」組成，這裡我說「思想」是指最廣泛意義上的思想，就像笛卡兒用這個詞時的含義。有些人會回答「胡說！我可以用顯微鏡看到大腦，我可以看到，它不是由思想組成，而是由物質組成，像桌子和椅子那樣實在的物質」，這些人覺得我的觀點完全是錯誤的。你透過顯微鏡看大腦時看到的東西，是你的私自世界的一部分。它是對你的影響，是從你注視的大腦開始的漫長因果過程對你的影響。你說你注視的大腦，毫無疑問，是物理世界的一部分；但這不是你的經驗中的一個材料。你體驗的**那個**大腦是物理大腦的一個遠端結果。而且，如果像我所堅持的那樣，事件在物理時空中的位置會受到因果關係的影響，那麼你的感知對象，是一些事件在眼睛和通往大腦的視神經中發生之後才會存在，因此它一定也位於你的大腦裡。透過引述一篇由哈德森先生（Mr H. Hudson）發表在一九五六年四月《心智》（*Mind*）雜誌上的文章標題，我來說說我的看法如何與大多數哲學家不同。他的文章的標題是〈爲什麼我們不能看到或觀察「我們的頭腦中」發生什麼事〉。而我堅持，我們**可以**看到或觀察在我們的頭腦中所發生的情況，可是我們不能看到或觀察到其他任何東西。

我們也可以經由另一條道路獲得同樣的結果。當我們考慮用底片拍攝一處星空時，我們看到，這涉及到發生底片上的一大堆事情：即，至少它可以拍下的每個物件都發生的一件事情。我推斷，在每一個小的時空區域，都有大量各式各樣的重疊事件，每一個事件都被因果線連接到了一個時間更早（儘管通常來說，只是稍早一點）的起源上。一個敏感的儀器，例如底片，放在任何地方，可以說從某種意義上說，是在「知覺」不同的物件，因果線從這些物件上發出。如果這個儀器不是一個活的大腦，我們就不使用「感知」這個詞，但這是因為，活的大腦中的區域，與發生在這裡的事件有某些特別的關係，其中最重要的就是記憶。在這些特別關係存在的所有地方，就存在著感知者。我們可以把「心智」定義為一些事件的集合，這些事件互相之間透過回憶鏈前後聯繫。與我們對世界上任何其他東西的了解相比，我們對一個這樣的事件集合（它們構成了我們自己）的了解更加私密和直接。關於在我們身上發生的事情，我們知道的不僅是抽象的邏輯結構，而且也是這樣的特徵：是聲音還是顏色，是紅色還是綠色。在涉及物理世界時，我們是無法知道這些的。

上述學說有三個關鍵點。第一，數理物理學上的**存在體**，並不是世界的原料的一部分，而是由事件組成的結構，是方便數學家使用的單位。第二，我們（沒有經過推理的）所知覺到的一切都屬於我們的私自世界。在這方面，我同意貝克萊（Berkeley）的觀點。我們在視覺感受中知道的星空，位於我們內在。我們相信的外部星空是推理得出的。第三，儘管有一些因果線無處不在，但是，讓我們可以意識到各種物件的因果線，就像沙漠中的河流一樣，很容易漸漸損耗。這就是為什麼我們無法在任何時候感知到所有一切的原因。

我不敢說上面的理論可以獲得證實。但我要說的是，像物理學中的理論一樣，這個理論也不能被證僞；而且，很多讓老派的理論家們感到困惑的問題，它都能給出答案。我認爲，任何一個謹慎的人，對於任何一個理論，所能要求的也就只能這麼多了。

第三章　最初的嘗試

我從十五歲開始思考哲學問題。從那時起，直到三年後我去了劍橋，這段時期內我都在孤獨地思考，想法完全業餘的，因爲沒有閱讀任何哲學書籍，直到我去三一學院（Trinity）之前的最後幾個月，我閱讀了穆勒（Mill）的《邏輯學》（*Logic*）。我的大部分時間都被數學所占據，在我的哲學思考中，數學占有主導地位，但在情感的驅使下，我主要是在懷疑宗教的基本教條。我很在意自己對神學的懷疑，不僅是因爲我從宗教中獲得了慰藉，而且還因爲如果我深究這些疑問，就會帶來疼痛、招致嘲笑，所以我變得異常孤獨。就在我十六歲生日前後，我寫下了我信仰的和我不信的，爲了隱蔽起見，我使用了希臘字母和表音拼寫。下面就是這些思考的部分摘錄。

一八八八年三月三日。對於現在我感興趣的題材，尤其是宗教方面的題材，我會寫一些東西。我從小就在宗教環境中成長，因爲多種因素，我開始研究這種宗教的基礎。在一些方面，我的結論已經證實了我之前的信條，但在另外一些方面，我不可避免地被引向某些結論，這樣的結論不僅會讓我的家人震驚，而且已經給我自己帶來了很大的痛苦。這些結論我都還不確定，但是我對這些觀點已經近乎堅信不疑了。我沒有勇氣告訴我的家人，我並不相信不朽……

十九日。今天我要把信仰上帝的理由記下來。首先我可以說，我相信上帝，如果我必須給我的信條取一個名稱，我應該稱自己是一個有神論者。在尋找信仰上帝的理由這個過程中，我只會相信科學的論據。這是我曾經立下的誓言，我費了很大的力氣來堅守這個誓言並抗拒情緒化的想法。要找到信仰上帝的科學依據，我們必須回到一切事物的開始。我們知道，如果現行的自然法則一直在起作用，那麼宇宙中物質和能量的準確量必定是一直存在的，但星雲假說指出，在並非很遙遠之前，整個宇宙還充滿了無差別的星雲物質。因此現在存在的物質和能量，很有可能都是創造出來的，顯然這只有透過神的力量才能辦到。但是即使承認它們一直都存在，那麼，又是什麼在控制那些施加在物質上的力呢？我認為只能把這種控制歸因於神，我將其稱為上帝。

三月二十二日。在上次的練習中，透過自然的一致性和某些規律在所有方面的持久性，我證明了上帝的存在。現在讓我們來看看推理的合理性。假設我們現在看到的宇宙就像有些人所認為的，僅僅是偶然形成的。那麼我們應該希望每個原子的行為，在任何給定的條件下，都與另一個原子非常相似嗎？我認為，如果原子是無生命的，沒有理由期望它們在不受控制的情況下做任何事。另一方面，如果它們被賦予了自由意志，我們就不得不認為，宇宙中的所有原子聯合起來，成立了聯合體，並制定了法則，沒有任何一個原子可以打破這些法則。這顯然是非常荒謬的假設，因此，我們不得不相信上帝。但像這樣來證明他的存在，同時也證偽了奇蹟和其他所謂的神力顯現。但是它沒有證偽其可能性，因為，法則的制定者也可以廢除法則。要得出不相信奇蹟這個結果，我們還可以透過另一種方式，因為，如果上帝是法則的制定者，如果法則必須偶爾改變一下，當然這就意味著法則的不完善，但是，像

《聖經》中上帝爲他做的事感到後悔一樣，我們絕不能把這種不完善歸咎於神性。

四月二日。我現在進入的這個主題，主要涉及到的是我們凡人。我指的是不朽的問題，這是最讓我失望和痛苦的問題。有兩種方法來觀察它。第一，透過進化的觀點，並且把人類和動物進行比較。第二，透過比較人和上帝。前者更加科學，因爲我們知道動物的一切，卻不知道上帝的一切。我認爲，如果首先考慮自由意志的話，人與原生動物之間並沒有明確的分界線。因此，如果我們將自由意志賦予人，我們也必須把它賦予給原生動物。這是相當困難的事情。因此，除非我們願意把自由意志給原生動物，我們也不能把它賦予給人。然而，有可能原生質沒有得到上帝的任何特別眷顧，只在大自然的正常進程中合併，雖然這難以想像，但在我看來是可能的。那麼我們和所有的生物只是由化學力量推動前進，並不比一棵樹更爲神奇，沒有人妄稱樹木擁有自由意志，而且，如果我們擁有足夠的知識，在任何時候都知道施加在任何一個人身上的力，知道動機的正反利弊，也知道他的大腦的構成，我們就可以準確地說出他會做出什麼事。同樣，從宗教的角度來看，我們宣稱擁有自由意志，這是一件很自大的事情，是對上帝制定的法則的破壞，因爲他的一般法則是，我們的行動應該像恆星一般固定。我認爲，我們必須讓上帝制定最初的法則，這些法則永遠不被打破，並可以確定每個人的所作所爲。沒有自由意志，我們就不能擁有永生。

四月九日，星期一。我確實希望我相信生命之永恆，因爲我一旦想到人僅僅是一種被賦予了意識的機器，就覺得很可悲，被賦予了意識對人而言並不是幸事。但是，沒有別的理論和「上帝的無所不能」一致，我認爲科學充分地體現了上帝的無所不能。因此我肯定是一個無神論者，要不就是一個不相信永生的人。前者是不可能的，我接受了後者，並不讓任何人知道。但是我認爲，無論這個看法如何地令人失望，它的確帶給了我們一個關於上帝之偉大的好想法，即他在一開始就可以建立法則，透過對一團星雲物質（也許僅僅是瀰漫在宇宙這一部分的以太）施加作用，製造出像我們這樣的生物：不僅可以意識到自身的存在，但還可以在一定程度上思考神的神祕性！而神也不再進行干預！現在讓我們來看看「沒有自由意志」這個信條是否很荒謬。如果我們對任何人談及這一點，他們就會踢踢腿什麼的。但可能他們也沒有辦法，因爲他們要證明一些事情，因此這就給他們這樣做提供了一種動機。所以我們做任何事總是有動機的，這些動機決定了我們的行動。此外，莎士比亞（Shakespeare）或赫伯特·斯賓塞（Herbert Spencer）和一個巴布亞人（Papuan）之間是沒有界定線的。但是，他們和一個巴布亞人之間的差別，就像一個巴布亞人和一隻猴子之間的差別一樣大。

四月十四日。下面這個看法仍然有很大的困難：人無法永生，也沒有自由意志，也沒有靈魂，總之，他只不過是一個被賦予了意識的天才機器。意識本身是人區別於死物的一個性質，但如果人和死物有區別，爲什麼不是一個其他的區別，比如自由意志呢？我說「自由意志」意思是指，比方說，他們不遵循牛頓第一定律，或者至少是他們身上的能量在被運用時，並不完全取決於外部環境。我覺得不可想像：人，偉大的人，有他的理性，有他對宇宙的認識和他自己的對錯觀念，有感情，有他的愛與恨，還有他的宗教，這樣的人，卻僅僅是一種易腐的化合物，他的性格和他的好影響、壞影響，完全獨立地取決於他的大腦中分子的特定運動，最偉大的人物們之所以偉大，是因爲跟常人相比，他們腦中的某些分子會更頻繁地擊中另一些！這難道不是非常難以置信嗎？相信這種謬論的人難道沒有澈底陷入瘋癲嗎？還有一個可供選擇的看法呢，就是承認實際上已經被證實的進化論。類人猿的智慧在逐漸增長，突然之間，上帝透過一個奇蹟給其中一個類人猿賦予了美妙的理性；我們是怎麼擁有理性的，這是一個神祕儀式。那麼，人，被稱爲上帝的傑作的人，在經過如此長期的進化後註定會滅亡嗎？我們不知道，但我喜歡的想法是，上帝曾經用一個奇蹟來製造人，但現在，他讓人自由地做自己喜歡的事。

四月十八日，那麼就接受這個看法：人是凡人，也沒有自由意志。這僅僅只是個看法，就像所有這種事情一樣，都只是猜測，我們對於「對」和「錯」又能形成什麼樣的看法呢？很多人說，如果你提到宿命（宿命也涉及同一回事，雖然人們不這麼認爲）這樣荒唐的信條，那麼良知又由何而來呢？（他們認爲良知已被上帝直接植入了人類。）現在我的想法是，我們的良知首先是源於進化，進化過程中會形成自我保護的本能，第二，則是因爲文明和教育大大發展了自我本能。讓我們來看看以十誡爲原始道德的例子。十誡中有很多條是有利於社會安寧的，這樣的社會可以爲物種提供最好的保護。因此，謀殺始終被認爲是最壞的罪行，是帶來最多懊悔感覺的罪行，因爲謀殺可以直接造成物種滅絕。同樣地，正如我們所知，希伯來人認爲有很多孩子是上帝的恩惠，認爲沒有子息被認爲是上帝的詛咒。在羅馬人之中，寡婦受到人們的厭惡，而且我相信，在羅馬禁止超過一年沒有結婚。爲什麼會有這些獨特的觀念呢？難道不就是因爲這些可憐人無法生養孩子嗎？這種觀念的出現很容易理解：如果在一個社區中常常發生謀殺和自殺，人們就明白這個社區將要滅亡了，所以，深惡痛絕這種行爲的社區會占有很大的優勢。當然，在受過更多教育的社區裡，這些觀念有一定程度的修改。關於我自己的看法，我將在下一次寫出。

四月二十日。我認爲，原始道德總是源於對物種的保存。但這個規則是一個文明的社會應該遵循的嗎？我想不會。我用我的生活準則來指導我的行爲，如果背離它，我會認爲是一種罪惡。我的生活準則就是，以我相信最有可能帶來最大幸福，並同時考慮幸福強度和快樂人數的方式採取行爲。我知道我的祖母認爲這是不切實際的生活準則，她說，因爲你從來不知道怎樣才能帶來最大的幸福，你最好聽從你內心的聲音。但是人們很容易認爲，良知主要是依靠教育（例如，就像愛爾蘭人不認爲說謊是錯誤的），在我看來，光是這一事實就足以證僞良知的神性。而且，由於我相信良知只不過是進化和教育相結合的產物，追隨良知而不是追隨理性顯然是荒謬的。我的理性告訴我，採取能夠帶來最大幸福的行動，比其他方式更好。我曾嘗試考慮其他目標，結果都失敗了。不只是爲了我個人的幸福，而是平等地爲了每個人的幸福，無差別地看待我自己、親戚、朋友或陌生人。在現實生活中，如果別人的觀點和我的不同，對我來說也沒有什麼區別，因爲如果一個人做的事明顯會被發現，他最好還是做他的家族認爲正確的事情。我這麼想，首先是因爲我也找不出任何其他方法，凡是認眞思考過進化的人，都不得不放棄了追問自己良知的舊方法；另一個理由是，在我看來，幸福是值得追求的大事，幾乎所有誠實的公眾人物都尋求幸福。如果把這個看法應用到實際生活中，那麼舉例來說，在只涉及我一個人情況下（如果這種情況確實存在），我當然會做出完全是爲了取悅自己的自私行爲。假設在另一種情況下，我有機會救一個人，我知道他是壞人，沒有他世界會變得更美好，我去救他這個行爲顯然更是在爲自己的幸福考慮。原因是，如果我失去了生命，這將是一個非常不錯的犧牲方式，如果我成功地救了他，我就會因爲獲得無數讚美而感到愉快。但如果我讓他淹死了，我就失去了一個犧牲的機會，而且會受到譴責。但他死了世界將會更好，而且我活著也可能對世界也略有好處（希望如此）。

四月二十九日。我曾立下了要遵循理性，而不是遵循本能的誓言，部分上，這繼承自我的祖先，並透過選擇而逐步增加，部分上則源自於我受的教育。在是非問題上追隨這種做法眞是荒謬。因爲正如我以前所說過的，關於繼承的部分，其原則在於保存我所屬的種族（或該種族中的一部分）。關於教育的部分，或者是好的，或者不好，這是根據個人受教育情況的不同而不同。然而這內在的聲音，這曾讓血腥瑪麗燒死新教徒的神授的良知，這才是我們這種有理性生物將會遵循的。我認爲這個想法是在發瘋，我力圖盡可能地依照理智行事。可以最終產生最多量的最大幸福的事情，就是我認爲可取的事情。然後我再運用理性，找出最有利於此的過程。在我個人來說，由於我受過良好的教育，我會多多少少地依據良知行事，但無論如何，我也會像前面說的那樣運用理性。但奇怪的是，人們不喜歡爲了理性而放棄獸性的衝動……

五月三日……還有一項很有力的論據，我還沒有把它放到合適的地方，即，塵世中的靈魂似乎與身體如此密不可分，它與身體一起成長，一起衰弱，一起睡眠，既影響大腦，又被大腦中的一切異常所影響。華茲沃斯（Wordsworth）的《不朽頌》（*Intimations*）是胡扯，因爲很明顯，靈魂與身體是一起成長的，並不是像他所說，一開始就是完美的。

六月三日。如此之少的原則或教條能令我信服，這眞是非同尋常。我以前深信的信念一個接一個地陷入疑問之中。例如，掌握眞理是一件好事，之前我從來就沒有懷疑過這一點。但現在我對此非常懷疑，覺得很不確定。尋求眞理的決心將我引向了本書中提到的那些結果，但是，如果我能安於接受我年輕時的教訓，我本應該感到舒適。對眞理的追尋已經讓我的大部分舊信念坍塌了，還令我做出一些我原本將視爲罪惡，唯恐避之不及的事情。從任何意義上說，這都沒有讓我感到快樂；當然這讓我的性情更加深沉，讓我輕視瑣事與別人的嘲笑，但它同時也帶走了我的開朗和快活，讓我難以結交知心朋友，最糟糕的是，它已讓我不能與我的家人自由交流，他們對於我最深切的一些想法十分陌生，如果我不小心流露了這些想法，立刻就會成爲嘲笑的目標，雖然這些嘲笑並非出自惡意，卻給我帶來難以言表的痛苦。因此，對我個人而言，我應該這麼說，尋求眞理利大於弊。但是我所接受的眞理，就其本身而言，可能並不被人們視爲眞理，人們可能會告訴我，如果我找到了眞正的眞理，我將會變得快樂，可惜這是一個非常值得懷疑的說法。因此，我對眞理帶來的純粹益處很是懷疑。當然，生物學中的真理會讓人看低人類，這必然非常痛苦。此外，真理會讓你疏遠你的老朋友，並阻止你結交新的朋友，這也是一件壞事。一個人也許應該以殉難的視角看待所有這些事，因爲在很多時候，一個人獲得的真理可能會增進很多人的幸福，除了他自己的。整體而言，我傾向於追求真理，雖然我不打算傳播本書中的這種真理（如果這些確實是真理），相反，我願意防止這些真理的擴散。

在這個時候，我的心智處於混亂之中，因爲我企圖綜合屬於三個不同世紀的觀點和感覺。正如上面那些摘錄所顯示的，我的想法（以一種粗陋的形式）非常接近於笛卡兒的思路。我知道笛卡兒的**名稱**，但我只知道他是笛卡兒座標的發明者，並不知道他寫過哲學方面的文章。因爲自由意志違背了上帝的全能性，我抗拒自由意志，這可能將我引向類似於斯賓諾莎（Spinoza）的哲學。我之所以被引向這個十七世紀的觀點，其原因與它最初產生的原因相同，即：熟知動力學規律，相信它們能夠解釋物質的一切運動。但是過了一段時間，我變得不相信上帝了，這時我進入了一個更類似於十八世紀法國**哲學家**的階段。我贊同他們，並成爲了熱心的理性主義信徒，我喜歡拉普拉斯計算器（Laplace's calculator）；我憎恨我認爲是迷信的想法；我深深相信，結合了理智和機械，人類可以臻於完善。這一切都顯得很熱情，但它在本質上不是感情。不過，與此同時，對於我沒有找到學術支持的東西，我有一種情感化的態度。對於我的宗教信仰的遺失，我感到遺憾；我喜歡自然美景，對它們有一種狂野的激情，在閱讀華茲沃斯、卡萊爾（Carlyle）和丁尼生（Tennyson）的多愁善感的宗教作品時，我也會產生同情，在情感上爲他們難過，雖然我在智識上可以非常明確地否認這些東西。除了巴克爾（Buckle）的書外，我沒有發現任何書在我看來具備智識品格（intellectual integrity，譯者注：指洞悉現實，不自欺欺人的能力），直到我讀了穆勒的《邏輯學》。但是，我被我無法接受的東西的修辭辭藻打動。卡萊爾的「永恆的否定」和「永遠的肯定」在我看來十分精彩，雖然在我的思想深處，我認爲它們是荒謬的。在那個時期的作家中，完全合我口味的，就我所知只有雪萊（Shelley），不僅是他的優點，而且連他的缺點都合我的口味。他的自憐自傷和他的無神論，同樣也讓我感到寬慰。我無法將十七世紀的知識、十八世紀的信仰和十九世紀的熱忱熔於一爐，無法讓它們和諧組合。

我懷疑的不僅有神學，而且還有數學。歐幾里德的一些證明，特別是那些使用了疊加的方法證明，在我看來非常不牢靠。我的一個老師跟我談到了非歐幾里德的幾何學。雖然直到很多年後，除了它的存在之外我對此一無所知，但我發現，這個領域的知識非常激動人心，讓人感受到思維上的愉悅，不過這卻是一種令人不安的、讓人對幾何產生懷疑的來源。教我微積分的人並不知道其基本定理的有效證明，他們試圖說服我，讓我只管接受詭辯就好。我認識到微積分在實踐中很有用，但我對其爲何有用卻茫然不知。可是，我發現使用這項技術給我帶來這麼多的快樂，以至於在大多數時候我都忘記了我的疑慮。在一定程度上，柯利弗德（W. K. Clifford）的《精密科學常識》（*Common Sense of the Exact Sciences*）消除了我的這些疑慮，這讓我十分愉快。

在這些年中，雖然充滿了青春期的苦惱，但我對知識的渴求，對獲得學術成就的期望，讓我一直堅持進行思考。我認爲釐清混亂應該是有可能的，而且我認爲，在一個由機器負責勞作、分配公平的世界裡，每個人都會很快樂。我希望遲早抵達數學的完美境界，一種讓人毫無置疑餘地的境界，並且一點一點地把確定性從數學擴大到其他領域中。在這三年之中，我對神學的興趣逐漸減少，當我拋棄了正統神學的最後殘餘時，我感到了眞正的輕鬆解脫。

第四章　唯心主義之旅

一八九〇年十月我進入劍橋大學，到這時我才接觸到穆勒之外的專業哲學家，或者是讀到他們的書，或是親自見到本人。雖然在劍橋大學的前三年中，我不得不把我的大部分時間花在數學上，但我仍然設法進行了大量的閱讀和哲學論辯。哈樂德．約阿希姆（Harold Joachim）是默頓的一位哲學指導教師，布蘭得利（Bradley）的信徒，他也是我們在黑斯爾米爾的鄰居，後來成了我的叔叔的姻親。我告訴他我在哲學方面的興趣，他非常慷慨地給了我一份閱讀書目。我只記得列表中的兩個項目：一個是布蘭得利的《邏輯》，他說這本書很不錯，但很難；另一本是博山克（Bosanquet）的《邏輯》，他說這本這更好但也更難。大概他沒想到，我開始依照他的書目閱讀。但因為一起意外，我對哲學的閱讀中斷了一段時間。一八九二年初，我患上了輕微的流感，這讓我在數個月中完全對任何東西都沒有精力或興趣。我在這段時間裡過得不太好，而且由於我沒有告訴任何人我患上流感和後遺症的事情，人們以為是哲學閱讀影響了我在數學方面的表現。我向詹姆斯．沃德（James Ward）徵詢意見，問他我應該讀些什麼，他告訴我說，「考試及格了就是考試及格了」。從這個同一律的事例中他得出推論，即在我通過數學榮譽學位優等考試之前，最好不要再閱讀更多的哲學書籍，結果是我的成績不像他在提建議時擔心的那麼糟。

在我讀大學的時候，劍橋大學的數學教學確實很糟糕，部分原因在於學校對優等考試的成績排出高低次序，不久以後這個規定就取消了。學校對不同考生的能力進行微妙的歧視，這導致了對「問題」的重視，和對「根據書籍進行研究」的輕視。他們對數學定理提供的

「證明」是對邏輯智力的一種侮辱。事實上在劍橋的教學中，整個數學科目都被當做了一套巧妙的小把戲，而學生們就用這些把戲來通過優等考試。這一切都讓我覺得數學很噁心。當我完成了優等考試後，我就賣掉了所有的數學書籍，而且我還發誓說我不會再看數學書了。因此，在劍橋的第四年裡，我滿懷喜悅地投入到了哲學的奇妙世界中。

我受到的所有影響都將我帶向德國唯心主義的方向，無論是康德的還是黑格爾的唯心主義。只有一個例外，就是碩果僅存的邊沁主義者（Benthamites）亨利・西奇威克（Henry Sidgwick）。當時，我像其他年輕人一樣，沒有給予他應有的尊重。我們叫他「老西奇」，認為他已經過時了。教我最多的兩個人是詹姆斯・沃德和斯托特（G. F. Stout），沃德信奉康德，斯托特信奉黑格爾。布蘭得利的《表象和實在》（*Appearance and Reality*）在這個時候出版了，斯托特說，這本書在本體論方面已經登峰造極。但上述兩個人都不如麥克塔加特（McTaggart）對我的影響大。相當粗疏的經驗主義曾經讓我感到滿足，而麥克塔加特對這種經驗主義擁有黑格爾式的回答。他說，他可以透過邏輯來證明世界是美好的，靈魂是不朽的。他也承認證明過程是漫長而艱難的。除非一個人對哲學有過一定的研究，否則無法理解它。一開始我抗拒麥克塔加特的影響，但這種抗拒在逐步減少，直到在一八九四年的道德科學優等考試前剛剛不久，我才完全陷入到半康德半黑格爾的形而上學中。

通過優等考試後，下一步就是寫論文。我選擇的論文題目是「幾何學的基礎」，並特別注意了非歐幾里德的幾何對康德的先驗美學的影響。在論文寫作期間，我還研究了經濟學和德國的社會民主主義，這成爲了我的第一本書的主題；我曾花了兩個冬天在柏林進行這方面的研究，爲書中內容打下了基礎。這兩個冬天，以及其後一年（一八九六年）我和妻子在美國的旅行，對於矯正我的劍橋式狹隘觀念很有幫助，並且還讓我了解了德國在純數學領域的研究，這是我以前從未聽說過的。儘管我之前發誓不再讀數學書籍，我還是閱讀了大量的數學書，但後來我發現，它們與我的主要目的毫不相干。我讀達布（Darboux）的《面論》（*Theory of Surfaces*），迪尼（Dini）的《實變數函數論》（*Theory of Functions of a Real Variable*）和幾本法文的論分析的書，高斯（Gauss）的《曲面通論》（*General Theory of Curved Surfaces*），和格拉斯曼（Grassman）的《擴張論》（*Ausdehnungslehre*），我是在懷特海的影響下閱讀了這本書，而懷特海自己的《泛代數》（*Universal Algebra*）不久後也出版了，這令我非常興奮，這本書在很大程度上與格拉斯曼的系統有關係。但是我相信，與純數學的研究相比，應用數學更有價值，因爲以我的維多利亞式樂觀精神來看，應用數學應該更有可能促進人類的福祉。我認眞地讀了馬克士威（Clerk Maxwell）的《電和磁》（*Electricity and Magnetism*），研究了赫茲（Hertz）的《力學原理》（*Principles of Mechanics*）。當赫茲製造電磁波獲得成功時，我非常高興。我也對J．J．湯普森（J. J. Thompson）的實驗工作很感興趣。我還閱讀了更符合我的目的的作品，比如戴德金（Dedekind）和康托爾（Cantor）的書。弗雷格（Frege）的作品本來可以給我更大幫助，但我當時不知道。

我出版的第一本哲學書是《論幾何學的基礎》（*An Essay on the Foundations of Geometry*），它是我的研究員論文的修改版。現在在我看來，這本書有些愚蠢。我想在這篇文章中回答康德的問題「幾何學怎麼可能成立？」我表示，當且僅當空間是三個公認的種類（其中一個歐幾里德的，另外兩個是非歐幾里德的，但具有保持不變的曲率度量的屬性）之一時，幾何學就可以成立。愛因斯坦的革命掃平了所有的這種類似觀點。愛因斯坦廣義相對論（General Theory of Relativity）中的那種幾何學，我曾經聲稱是不可能的。被愛因斯坦作爲基礎的張量理論（The theory of tensors）本應對我十分有益，但在愛因斯坦使用它之前，我從來沒有聽說過它。除了細節之外，我不認爲《論幾何學的基礎》中有什麼可以令人信服的內容。

但是更糟糕的還在後面。我的幾何學觀念主要是康德派的，但此後我投身到了黑格爾辯證法中。我寫了〈論數與量的關係〉（On the Relations of Number and Quantity），這是一篇十足的黑格爾派文章，其要點在開頭的兩個段落中，摘錄如下：

> 我將在本文中討論最基本的數理哲學問題之一。我們對微積分及其所有結果（簡而言之，就是整個高等數學）的解釋都必須取決於我們對數與量的關係的看法。連續性的概念，它無論是在哲學上還是在數學上，都已逐漸變得越來越重要，尤其是最近，休謨（Hume）和康德所主張的原子觀也被它取而代之。我認爲，數與量哪個在數學中更合理，關係到連續

性的概念是會站得住腳還是會垮掉。但是這裡沒有必要進行數學方面的考慮；在純邏輯方面考慮數和量就足夠了。我會一直用「量」這個詞指連續的量，我也會在本論文中嘗試釐清「連續」這個詞的含義。

我的論辯如下：首先，我將討論數，並說明，其超出正整數之外的擴展是單元屬性的逐次吸收所導致，我會對整數談得越來越少。然後我將討論數在連續統上的應用，並嘗試說明，數本身沒有提供量的資訊，僅僅是與已經有量的單元進行比較。因此，量必須從對單元的分析中得出。假定量是若干量的內在屬性，我將討論兩個假設。第一，關於量作為一個不可約的範疇，第二則是把量作為直接的感覺材料。在第一個假設上，我們將看到，廣延的量如果可分，就會出現矛盾；我們必須認為量是眞正不可分的，因此也就是內涵的。如果內涵量是若干內涵量的內在屬性，那麼它一定也僅僅是它們之間的一種關係。因此必須拒絕「量是一個帶來內在屬性的範疇」這個假設。量是一個感覺材料的假設也會導致矛盾。所以我們將不得不否定量是若干量的一個內在屬性。我們應把它當做一個比較範疇；我們可以說，可以用量來對待的東西是沒有共同屬性的（除去涉及外在屬性的東西，存在其他在質上相似的東西，它們可以在量上與這些東西做比較）。這就在廣義上讓量成為了測度，我認為，我們以前的困難就會隨之消失。但與此同時，和數的所有聯繫都斷絕了。我們會說，量或測度是一個完全獨立的比較概念。但這種涉及測度的討論會將我們以前的困難以一種新的形式帶回來；我們會發現，雖然我們不再把被比較的項看做量上的，它們卻出現了一些矛盾，而這些矛盾類似於在本文的第一部分中屬於量本身的那些矛盾。我要做出的結論是，量只適用於實際上的和可能立即獲得的材料的類，而不適用於任何被充分理解了的材料。

雖然古圖拉特（Couturat）形容這篇文章「是精妙的辯證主義傑作」，但現在在我看來，它只不過是十足的垃圾。

在我比較年輕的時候，我曾對自己觀點抱有幾乎令人難以置信的樂觀態度，也許現在我也是如此。我在一八九六年完成了《論幾何學的基礎》，於是立刻著手爲物理學的基礎寫一本書。那時我感覺幾何學方面的問題已處理完了。我研究了兩年的物理學基礎，但那時我發表的關於自己看法的文章是關於數和量的。在這個時候，我已經完全是個黑格爾信徒了，我想要構建一個完整的科學辯證法，這個辯證法應該證明所有的實在都是心智上的。我接受了黑格爾的觀點，即，沒有什麼科學完全符合事實，因爲它們都依賴於一些抽象的東西，所有抽象的東西遲早都會導致矛盾。在康德與黑格爾之間存在的任何衝突上，我都站在了黑格爾的一方。康德的《自然科學的形而上學基礎》（*Metaphysische Anfangsgründe der Naturwissenschaft*）給我留下了深刻的印象，我做了詳細的筆記，但我寫道，「這本書分爲四個部分，與他的範疇表相對應，每個部分有三個定律，分別對應三個範疇，但是三個規則通常是人爲的：本來兩個就足夠了。」

我對物理哲學中的兩個問題尤其感興趣，第一是絕對或相對運動的問題。牛頓有一個觀點，認爲旋轉是絕對的，而不是相對的。儘管這種說法讓人們擔心，但他們也找不出答案來，相反的觀點，即所有運動是相對的，似乎至少也同樣令人信服。這一難題一直未解決，直到愛因斯坦提出了相對論。從黑格爾辯證法的觀點來看，這很容易產生悖論：（我當時認爲）沒有必要在物理學中找到一個解決方案，但需要承認物質是不實在的、抽象的東西，沒有任何一種物質科學可以在邏輯上令人滿意。

我關心的另一個問題是，物質是由怎樣的空間隔開的原子所構成，是空的空間，還是充滿物質的「充盈實空」（plenum）？我一開始傾向於前者，在這一點上，博斯科維克（Boscovitch）的看法非常合乎邏輯性。他認爲，一個原子只占據空間的一個點，所有的相互作用都是超距作用，就像牛頓的萬有引力定律中一樣。但法拉第的實驗產生了不同的看法，馬克士威在討論電和磁的偉大著作中也體現了這種看法。懷特海的研究院論文*就是在探討這本著作，而且懷特海還要求我更加傾向於這本書中的看法，而不是博斯科維克的意見。這種看法除了擁有對它有利的經驗參數外，還有一個優勢，就是放棄了「超距作用」，超距作用一直都難以令人信服，甚至是對牛頓來說。當我採納了這個更爲現代的觀點時，我給它穿上了黑格爾的外衣，並把它作爲一種從萊布尼茲到斯賓諾莎的辯證過渡，像這樣，我

* 因此，懷海特在劍橋大學一直被認為是一名應用數學家，而不是一位純數學的數學家。儘管著有《泛代數》這樣的作品，也沒有改變劍橋對他的看法，劍橋對《泛代數》的重視遠遠少於其理應獲得的重視。

辨認出了邏輯上的次序，並將這個次序置於年代次序之前。

現在重讀我在一八九六年至一八九八年間寫下的物理哲學筆記，我覺得它們完全是一派胡言，我很難想像我曾經有那樣的觀點。幸運的是，在我認爲它們合適發表之前，我就澈底改變了我的哲學，並忘記了我在這兩年中做的所有事。不過我當時做的這些筆記，可能還有些歷史上的價值，雖然現在在我看來它們是錯誤的，但我不認爲它們比黑格爾的作品錯得更離譜。這些筆記中有一些較爲重要的段落，現錄於下。

關於科學辯證法理念（一八九八年一月一日）

透過從一開始就包括時間和空間在內，似乎有可能獲得一種這樣的辯證法，它對表象的關係比對純邏輯的關係更加密切，而且這種不同不僅是在範疇的圖式上。因爲在範疇和感覺之間存在著一種我們可以稱爲化學聯合的東西，導致了一些新想法的產生，而僅僅透過之後的純範疇的圖式不能得到這些新想法。在這個辯證法上，我應該從結果出發，即，量這個概念只適用於直接材料，但是由於這樣的運用，材料變爲了間接的了。所以，從量辯證地得出的所有一切，都在實質上不同於邏輯範疇，沒有任何一個邏輯範疇適用於直接材料。數學上的成功既支持了目前的看法，目前的看法又解釋了數學上的成功。似乎可以說，在「連續統」和「充盈實空」這樣的理念中，仍然存有邏輯無法找到的直接性。因此，我們可能會找到一種將表象變成實在的方法，而不是先構建實在，然後再遭遇一個無可救藥的二元論。

但必須指出的是，在這樣的辯證法裡，除最後階段以外，在各個階段中我們都必須避免過分嚴格地追求自洽性。由於感覺元素始終存在，我們不能將**每個**矛盾都視爲對我們的概念的威脅；有些矛盾必須看做是無可避免地由感覺元素造成的。因此在構造這樣的辯證法之前，我們必須找到一個原則，透過它來區別不可避免的和可以避免的矛盾。我相信，唯一不可避免的矛盾就是屬於量的矛盾，即兩種在概念上完全相同的東西可能是不同的，而且它們之間差異可能就是一個概念。這種矛盾必定會存在，因爲感覺可能會帶來差異。

關於從幾何學過渡到動力學

人們通常認爲，物質由下面兩個屬性之一來界定：廣延或力。但是，如果像幾何學所說的那樣，空間**純粹**是相對的，那麼就不能用廣延來區別物質，廣延必須起到實體的作用。因此只能用力來界定物質，即認爲：原子是力的無廣延的中心，不在本質上具有空間性，只有透過它們之間的相互作用才具有了位置。現在，力只能透過生產運動來體現其自身：力的平衡靜態概念只是其動態概念的演繹。因此，幾何學涉及了對物質的考慮，而且對物質的主要考慮必須是，它是造成其他物質運動的東西。在這裡，我們對物質的概念主要是相對的，這樣比較可取；而且，如果物質被視爲最終範疇，這個概念的相對性就會包含矛盾。我們首先必須討論運動定律，這些定律及其對物質的看法會涉及到更多的東西，並將我們引向一些其他的科學。

注意：在幾何學到動力學的辯證過渡中，幾何學涉及空間中不同部分或形狀的對立，這又涉及到運動，運動則又涉及到一種不只是具有空間性的物質，因爲完全**由**其位置來界定的空間位置不能移動。因此，如果沒有運動著的物質，也就沒有幾何學。這將我們引向運動學，從而再引向動力學。運動涉及到運動著的物質，它的運動只是相對於其他物質而言。運動必須有一個原因，小塊物質之間存在互反關係，這種相互關係必定是運動的原因。這就已經包含了運動定律。

物質的幾個定義

一**般定義**。物質可以被視爲邏輯主語或者實體，其外感材料的矛盾少於任何其他感覺材料。

I 運動學的定義。**物質是這樣一種東西：空間關係是它的形容詞**。

我們看到，在幾何學中，讓空間成爲邏輯主語的嘗試失敗了：那些僅僅靠自身就讓空間知識成爲可能的公理，只有在空間是形容詞的情況下才是正確的。因此，它必須是**什麼東西**的形容詞：甚至是本來與物質關係不大的幾何學，一般也會把這個東西作爲可能性的一個條件。幾何學比較空間的不同部分：因此它可能涉及到運動的可能性，即位置變化的可能性。就幾何而言，這並沒有引入時間，因爲如何影響位置變化是無關的；這也沒有引入任何物質屬性，除了這一個屬性：能夠被不同空間的形容詞所影響而不會喪失同一性。不過這些都是必需的，因爲運動是必然的，運動涉及的不只是空間，因爲位置只由位置界定，是不動的。簡而言之空間是不動的，因此，如果沒有運動幾何學就不可能的話，我們就需要某種可以在空間中運動的東西。而且，幾何學所需要的空間不僅是一個形容詞，確切地說是一個關係形容詞：因此，這種運動學物質最終成分必定不**包含**任何空間，但會被空間關係確定在像點一樣的位置上。依照自由運動之類的公理，這些成點的原子必定實際上是在運動著的，也即是說，在改變著它們的空間關係，但它們如何運動在這裡卻無關緊要。確定原子位置的唯一因素是它們之間的相互關係，這些關係有多種**可能**的值，不需其他條件就能產生空間。因此，舉例來說，如果只有兩個原子，空間就只**是**連接它們兩個的直線：如果有三個原子，空間就是連接它們的平面。

II 物質的動力學定義。物質不僅可以運動，也可以讓別的東西運動：兩塊物質可以互爲因果地影響對方，從而改變它們之間的空間關係。

從前面的定義中，我們知道，原子實際上必定是運動著的，也即是說，必定在改變著它們的空間關係；現在這種變化成爲了一個事件，而且根據因果律，它必須有其原因。而且，動力學是運動中的物質的科學，並不考慮宇宙中的其他事物，如果要構建動力學，我們就必須從我們已有的概念，即空間關係中，找出這個原因來。絕對運動的悖論證明，我們無法真正構建一種獨立於更高範疇的科學。物質運動的原因必然是一種更爲複雜的東西，不僅僅是物質或力。因此我們說，物質的運動是由物質引起的：任何兩塊物質之間都有一個互反的因果關係，這種關係勢必改變它們的空間關係，即它們的距離。這種關係就是**力**。

力必然是相互的（第三定律），因爲它導致距離的改變，這是一種互反關係：而且，除非我們假設它在無限小的時間能產生有限的結果（這種假設是荒謬的），它必然會導致空間關係的有限變化，因此，會在有限的時間內產生有限的速度，其暫態效應就是加速度（謬論！）。（這相當於第一定律。）此外，爲了使力的科學成爲可能，兩個原子之間的力必須是其空間關係的函數，因爲這樣不需要其他東西就可以進行測量了。（這種必然性可能也是從共變定律逆向推導而來，因爲空間關係和力之間存在因果關係。）因此，力 = f（距離），這是萬有引力定律的一般形式。因爲經驗不能直接對此加以證實，我們就發明了一個新的概念「質量」，得出 $F = mm'f(\pi)(r)$。（這包括第二運動定律。）其假設是，對相同的粒子而言，質量（相當於運動量子）在所有時間和地點都是恆定的，這個假設源自於將物質作爲實體的概念（不！）。這使引力成爲動力學的最終定律，將質量的天文學度量作爲根本度量。因此就動力學而言，物質由相互關聯的事物構成，物質的關係包括 (1) 空間關係，(2) 勢必改變空間關係的因果關係（力）；這種因果關係透過它們對空間關係改變的影響來進行測量，而且它們與空間關係的改變之間具有函數聯繫。因此對它們的測量，以及附帶的對質量的測量，依賴於空間和時間的測量，並最終依賴於對空間的測量。

動力學和絶對運動

確定一個位置，從而也是確定運動，唯一的途徑就是參照軸線；軸線必須是物質的，或者說必須是由物質的點的關係產生的，這樣它才可以被感知，才有能力爲空間關係提供關係項。因此運動只能透過與物質的關係來定義。但對運動定律來說必需的是，作爲軸線的物質應該與我們研究的那塊物質，或者，與**所有**物質之間都沒有**動力**（即因果）關係。如果它們之間**有**這種關係，運動定律就不再適用，我們的方程式也就變得不正確了。但是運動定律涉及到引力，如果這種情況普遍存在，那麼所有物質都與任何特定物質之間具有動力關係。於是悖論就出現了。就動力學而言，在**幾何**上軸線必須是物質的，在**動力學**上它們又必須是**非物質**的。

如何解決這個悖論呢？很明顯，這個悖論如此重要，以致讓純粹的動力學世界顯得荒謬。簡單來說，眞實的事物除了空間和力之外必定有其他的形容詞，空間和力的相對性毀掉了它們。在實踐中，這個悖論並沒有破壞動力學的效用，因爲我們總能找到一些物質，它們與我們研究的物質足夠無關，因此我們的方程式可以在實踐上是正確的。但在理論上，我們必須用關係來代替空間和力，關係的相對性不會令它們讓人感到難以理解。**也許「此**

地」（here）的崇高地位仍有可能恢復，並成爲絕對位置的來源：**也許**我們可以用「意動」（conation）來取代力，進入心理學領域。

關於物質和運動

由斯特洛（Stallo）等人提出的普通機械理論，完全從實體和屬性、物質和運動這樣的二元論概念出發，把兩者都視爲眞實的量子，並各自獨立，運動可以在物質之間傳遞，但是不可被毀滅。此外，這個學說還假定存在著絕對空間，運動就發生在這個絕對空間裡。絕對空間論導致這個學說主張(1)物質的元素必然有廣延性，(2)運動的所有傳遞都必須透過接觸進行（一個事物無法在它不存在的地方活動）。隨著空間相對性的盛行，這兩個公理都消失，取而代之的是(1')物質的元素不含有空間，但是由幾何關係確定像點一樣的位置。(2')所有活動都是隔著一定距離的活動，距離本身是一種相互作用。以後兩個命題代替前面兩個，就消除了很多悖論，例如：(a)有無彈性的悖論：因爲不能變形，所以是無彈性的，但又因爲撞擊沒有導致能量喪失，所以又是有彈性的。(b)質量的元素必定在量上相等，但在化學上卻並不相等這個悖論：因爲如果這些元素是點，就可以收集任意數目的原子，它們會占有一定的體積，不管體積有多小，而且最終原子不會從任何經驗中獲得。(c)沒有自動力，卻仍然隔著一定距離活動的悖論：在物質的定義中，物質最不可或缺的屬性就是透過一定的距離活動：

如果去掉它運動並造成其他物質運動這一事實，物質定義的完整性就毫無希望可言了。以上觀點說明引力是暫態的，而中介體對此也是**透明**的。這是否解決動能和勢能的悖論呢？我還不知道。絕對運動的基本悖論尚未解決，即必須把一個系統的運動看做是相對的，其參照物件是在不受力作用下的物質自身，但是物質的概念排除了此類物質的存在。這是物質定義過分相對而造成的一個結果，「物質可以運動且由其他物質導致了它的運動」這一定義，讓物質永遠都不可能被視爲一個邏輯主語、實體或者絕對物。

簡述絕對運動悖論

(1)物質可以運動且由其他物質導致了它的運動。
(2)物質的運動是相對於一些其他物質的空間關係的變化。
(3)物質之間的空間關係的改變，只能透過物質之間一些不變的空間關係來進行測量。
(4)無法知道兩塊物質之間有不變的空間關係，除非它們相互之間、它們與其他物質之間不存在動力學關係。
(5)但是（在第一項中）這種關係構成物質的定義。
因此，
(a)無法測量任何空間關係的變化。

(b)沒有運動，因此無法測量任何物質或力。

(c)物質必有的相對性引起了矛盾，因此動力學在辯證法上就站不住腳了。

(d)物質和運動無法形成一個自存的世界，不能構成「實在」。

注意：運動的相對性導致了空間上的無限倒退，這對應了因果關係在時間上引起的無限倒退。運動在空間和時間上存在著雙重的相對性，導致了兩個同等致命的無限倒退。而且我們需要看到，嚴格來說，悖論不是由運動學原因引起的，只有當物質被視爲運動的**原因**時，才產生了悖論，這一點非常重要。

觀察：企圖把質量視爲固有的，這與絕對運動的必要性之間具有密切聯繫。質量的相對性可以消除絕對運動必要性。也許這將爲「充盈實空」提供幫助。

我們可以從點的物質辯證過渡到「充盈實空」嗎？

絕對運動的悖論只出現在動力學中，在運動學中不會出現。因此，這表明錯誤在於我們對力的概念，即我們原子之間連接的看法。我們將物質元素定義爲可以運動且由其他物質導致了它的運動。但在這個定義中，元素已經不再是自存的了。相反，元素的所有的形容詞，除質量以外，完全是由與所有其他元素的關係組成，而質量只有在這些關係中才會表露出來。因此，必要的途徑似乎是，僅僅把原子看做是單一實體的形容詞，或者，如果我們喜歡的話，也可以把原子看做是在不同地方出現的同一實體。這兩種途徑會得到同樣的結果，因爲在其中任何一種情況下，不管是什麼東西導致了它們的特殊性，這種東西都是形容詞的。

眞知灼見似乎來自於洛采（Lotze）：如果M是「整體」，而A、B成爲A′和B′，那麼M = ø (A, B, ...) = ø (A′, B′, ...)，連接A和B的是這個方程式，而不是有任何直接短暫的因果行爲。我們仍然視物質爲自存的，現在我們應該說M是一個「整體」，空間和運動都只是它的形容詞，這個整體無法有效地被分析爲簡單的實物，儘管從某種意義上說，它可能存在凝聚的中心，就像在精神世界中一樣。也即是說，可能存在一些形容詞，分布在空間的點上，爲離散點賦予了特殊的屬性。但是既然所有的空間是物質的形容詞，在某種意義上，物質將會無處不在。類似地，以太和厚重物質之間的區別也許可以得到保留。從某種意義上說，物質的定律必須來自於「整體」的不變性，就像上面的方程式M = ø (A, B,...）中一樣。這個原則如何運用，可能純粹是實證調查方面的問題。這種看法似乎可以解決絕對運動的悖論，因爲現在除了一個「整體」以外就沒有物質了，而且永遠都沒有任何力。但是不受任何力影響的物質正是我們解決悖論所需的東西。我們的辯證法原則，似乎在於使「整體」逐漸變得更加清晰明確。我們的單獨粒子，首先會與其他粒子產生聯繫，然後必然會與**所有**其他粒子產生聯繫，最終粒子就不再是單獨的了，於是我們由此通向了「充盈實空」。關於「充盈實空」，有一種不成器的觀點認爲，在不同的地方，物質的確存在不同的部分，但這些部分彼此之間沒有分開，這個觀點明顯是無可救藥了。眞正的「充盈實空」觀點是：同一物質存在於空間的每一個點上，「單一整體」自然也是如此，這不是一般意義上的延伸，而且包含了所有的廣延。（「光存在於靈魂中，她的全部存在於每一部分中」，《鬥士參孫》〔*Samson*

Agonistes〕）我們的運動原則在於「整體」的永恆性中，而不在於單子的習性中。因此，「整體」的清晰度會在整個過程中逐步增加；但是我不知道如何讓這個過程持續到動力學以外。

觀察。涉及到在「充盈實空」中運動的運動學，以及絕對運動的問題（或第一定律），重要的是要考慮這種可能性：**存在著一種不是變化的運動**。如果只有在**改變**運動時才會出現變化，這就可以解釋第一定律，並且運動可以在均勻的「充盈實空」中出現。應該指出的是，我們的「整體」沒有被適當地延伸：空間是在它裡面，不是它在空間中。空間必須被視爲僅僅是其區別的一個方面，時間亦是如此。這將導致不同的定性形容詞附著在空間和實踐的每個點上，但這只是一種表面現象；實際上，空間和時間是從這些定性的形容詞上提取出來的，而不是相反。這樣，時間或空間的任一變化都將會產生差異，而這正是運動的表象所需要的。有趣的是，我們觀察到，從某種意義上說，整個宇宙都存在於每一空間點上，也存在於每一時間點上。（這來自於我們之前對物質的定義，某一東西存在於它活動的地方，物質無處不在活動。）

關於科學的邏輯

每種科學都基於一定數目的基本理念，這個數目小於全體基本理念的數目。現在我們可以將每種科學都看做是一種努力，一種以自身理念爲全部基礎來構建世界的努力。因此在科學的邏輯中，我們必須做的就是，使用一套恰當的理念來構造一個沒有矛盾的世界，但這個世界中包含著的東西不可避免地源自於這些不完整的理念。在任何科學中，如果出現了並非如此不可避免的矛盾，在邏輯上都會遭受譴責。從一般的知識理論的立場來看，整個科學，如果看做是形而上學，即獨立自足的知識的話，是應該遭受譴責的。因此，我們必須首先安排好科學的假設，以把矛盾減少到最低限度；再對這些假設或理念進行補充，以便消除這門科學中特有的矛盾，然後我們進入到一門新的科學中，並以同樣的方式對待它。

比如數，這是算術的基本概念，它涉及到可以計數的東西。於是我們進入幾何學，因爲空間是在感覺上唯一可以直接測量的元素。而幾何學又涉及到可以定位的東西，以及可以運動的東西，位置則被定義爲不能移動的。於是我們又進入了物質問題和物理學。

但我認爲，必須區分兩種類型的辯證過渡：一種過渡，比如從數過渡到可計數的東西，從空間過渡到物質。這種過渡只爲抽象的概念提供必要的、實體性的補充，而將其自身水準的合理性留給理論科學去解決。在這種情況下，幾乎不存在矛盾，只存在不完備性。另一種過渡，比如從連續體過渡到離散體，從物質過渡到力到（？），這種過渡是眞正意義上黑格爾辯證法，它還表明，這門科學的概念從根本上是自相矛盾的，在對現實的任何形而上學的構建上，它必須澈底被另一門科學所取代。

第五章　叛入多元論

接近一八九八年年底時，摩爾和我叛離了康德和黑格爾的哲學。摩爾率先叛離，但我緊隨其後。摩爾在《心智》（*Mind*）雜誌上發表的一篇名爲〈判斷的性質〉（The Nature of Judgement）的文章，我認爲這是對新哲學的最早論述，摩爾和我現在都不再堅信這篇文章中的所有學說，但我想我們仍然同意文中的否定部分，即贊同事實一般獨立於經驗存在。雖然我們意見一致，看法相似，但我們對新哲學中最感興趣的部分不盡相同，我認爲摩爾最關注的是對唯心主義的駁斥，而我則對駁斥一元論最感興趣。但這兩者透過關係學說緊密相連。布蘭得利從黑格爾哲學中提煉了關係學說。我將它稱爲「內在關係學說」，而把我自己的理念稱爲「外在關係學說」。內在關係學說認爲，兩項之間的所有關係主要是體現這兩項的內在屬性，最終則是體現了由兩項組成的整體的屬性。對於有些關係而言，這種說法有一定的道理。用愛或恨舉例，比如A愛B，就是典型的這樣一種關係，而且可以說它存在於A的某種心智狀態中。即便是無神論者，也必須承認一個人可以愛上帝。因此，上帝的愛是人們感覺到的狀態，而不是一種關係的事實。但讓我感興趣的關係是更爲抽象的類型。假設A和B是事件，A早於B，我不認爲這意味著：在A中存在任何獨立於B的東西可以讓A具有某種屬性，而我們透過提及B可以對這個屬性進行不精確的表達。萊布尼茲給出了一個極端的例子。他說，如果一個男子住在歐洲，而他的妻子住在印度，他不知道妻子已經過世，在妻子死去的那一刻，該名男子會經歷一種內在變化。這就是我抨擊的那種原則。我發現，內在關係學說特別不適用「不對稱」的關係，即這樣的關係：存在於A和B之間，卻不存在於

B和A之間。現在讓我們再回到前面談到的關係。如果A早於B，那麼B就不會早於A。如果你嘗試用A和B的形容詞來表達A對B的關係，你就必須透過日期的方式進行。你可能會說，A發生的日期是A的屬性，B發生的日期是B的屬性，但是這幫不了你什麼，因爲你必須繼續往下說：A發生的日期早於B發生的日期。這時你會發現，你還是沒有避開關係。如果你把A和B視爲一個整體，將關係作爲這個整體的屬性看待，你會陷入更糟糕的困境，因爲A和B組成的整體沒有秩序，所以你不能區分「A早於B」還是「B早於A」。由於在數學的絕大部分領域中，非對稱關係都是必不可少的，這一學說也就相當重要。

要說明這個問題的重要性，也許最好的方法就是引用一篇論文中的部分段落。一九〇七年我在亞里斯多德學會宣讀了這篇論文，文中討論了哈樂德．約阿希姆的《眞理的性質》（*The Nature of Truth*）一書。

我們一直在考慮的學說，可以完全透過一個中心邏輯理論推斷而來，這個中心邏輯理論可以表述爲：「每個關係都以相關的項爲基礎。」我們可以稱之爲**內在關係公理**。因此，從這個公理可以直接得出，全部現實或眞理在約阿希姆先生看來必定是一個有意義的整體。每個部分都有一個性質，可以展示這個部分與其他每個部分，以及與整體的關係；因此，如果任何一個部分的性質是完全已知的，整體和所有其他部分的性質也會稱爲完全已知；反過來，如果整體的性質完全已知，它會包含整體與每個部分的關係的知識，還有各部分的相互關係的知識，以及每個部分的性質。很明顯，如果事實或眞理在約阿希姆先生看來是一個有意義的整體，內在關係公理就一定是正確的。因此，這個公理相當於一元論的眞理理論。

此外，假如我們不區分的一個事物和它的「性質」，根據這個公理，任何事物，除非它處於與整體的關係中，否則就不能認爲它是眞實的。因爲如果我們考慮「A對B有關」，A和B其實也對所有其他事物有關；A和B所涉及的事物，其實也就是宇宙中的所有其他事物。當我們考慮的僅僅是A的某些性質，這些性質涉及A對B的關係，那麼我們是在用「對B的關係」來考慮A：但這是一個抽象的考慮A的方式，而且只有部分正確，因爲A的性質與A是一回事，包含了A對其他所有東西的關係，當然也包括對B的關係。因此，如果不考慮到整個宇宙，關於A的說法就不那麼正確；而關於A的說法也會與所有其他事物的一模一樣，因爲不同事物的性質，就像萊布尼茲的單子的性質一樣，都體現了相同的關係系統。

現在讓我們更深入地考慮一下內在關係公理的意義，以及支持和反對它的理由。首先，這個公理主張每個關係都是由項或整體的性質**構成**，或者它僅僅主張每個關係在這些性質中都存在**依據**，因此這個公理可能有兩個含義。我沒有看到唯心主義者區分這兩個含義，事實上，一般而言，他們傾向於將命題與其後果等同起來，這體現了實用主義的一個獨特原則。但兩個含義之間的區別其實沒有那麼重要，因爲我們將會看到，這兩個含義都引向了同一種看法，即關係根本就不存在。

正如布蘭得利先生公正地指出的那樣〔參看《表象與實在》第二版，第五一九頁：「實在是一。它必須是單一的，因爲假設它是複多的，就會產生自相矛盾。複多性意味著關係，而且，由於有關係，它就只能總是斷言一個高級的統一體。」〕，內在關係公理兩種形式的任中一個都涉及這樣的結論：不存在任何關係，事物也不多，只有一件事物。（唯心論者會加上「**最終**」這個詞。但這只意味著，把後果忘掉會比較方便省事。）這個結論是透過考慮到多樣性的關係得到的。因爲如果眞的有兩件事情，A和B，這是多樣的，不可能完全將這種多樣性減少爲A和B的形容詞。A和B必須有**不同**的形容詞，而這些形容詞的多樣性，不能被解釋爲它們又有不同的形容詞，否則會遭受無休止的倒退。因爲，如果當A有「不同於B」的形容詞，而B也有「不同於A」的形容詞時，我們說A和B不同，那麼我們必然假設這兩個形容詞不同。那麼「不同於A」肯定有個形容詞是「不同於『不同於B』」，而這個形容詞又肯定不同於「不同於『不同於A』」，這樣下去就會無窮無盡。我們不能把「不同於B」視爲無需進一步還原的形容詞，因爲我們必須要問是，在這句話中，「不同」是什麼意思，它代表從一個關係中得出一個形容詞，而不是從一個形容詞中得出一個關係。因此，如果眞的存在多樣性，必定有一個多樣性是不能還原爲形容詞的，也就是說，必定有一個多樣性並非以不同的項的「性質」爲依據。因此，如果內在關係公理是正確的，多樣性就不會存在，只有會存在一件事情。因此，內在關係公理相當於本體一元論的假設，相當於否認了任何關係的存在。我們覺得存在著的任何關係，其實都是一個整體的形容詞，這個整體是假設出來的關係構成的。

因此，內在關係公理相當於是假定每個命題都有一個主項和一個謂項。如果一個命題聲稱存在一個關係，它必定總是可以被還原成一個主謂命題，和由關係中的項組成的整體。以這種方式向越來越大的整體前進，我們逐漸糾正了最初的粗略抽象判斷，越來越接近於關於整體的眞理。最終的完整眞理必定是一個主謂結構的命題，主項即整體。但是，由於這涉及到將主項和謂項區分開，彷彿它們可能是多樣的似的，即使這樣也並不準確。我們最多也只能說，它不是「可以從**智力**方面得到糾正的」，也就是說，它跟任何眞理一樣爲眞，但即使是絕對眞理也並非總是完全爲眞。〔參看《表象與實在》第一版，第五四四頁：「即使是絕對眞理，似乎最後也會證明是錯誤的。而且我們必須承認，最終，沒有什麼眞理是完全爲眞的。眞理自詡爲完整，其實只提供了不全也不佳的翻譯。這種內在不一致之處是眞理的秉性，無法消除。不過，我們必須堅持絕對眞理和有限眞理之間的區別，因爲簡單地說，前者不是「可以從智識方面得到糾正的」。」〕

如果我們問自己，什麼會成爲贊成內在關係公理的理由，那些對這個公理堅信不移的人無法消除我們的疑問。例如，約阿希姆先生雖然始終支持這個公理，卻並沒有提出支持它的論據。到目前爲止，大家可以發現的理由似乎有兩個，儘管它們之間也許眞的沒有什麼區別。根據充足理由定律，所有東西都並不僅僅是一個簡單的事實，必定有什麼原因，致使事情成爲這樣而非其他。〔參看《表象與實在》第二版，第五七五頁：「如果項的內在性質令其不能進入關係，那麼就它們而言，關係似乎是強加的。」並參看第五七七頁。〕其次，有一個事實是，如果兩項有一定的關係，它們就無法不處於這種關係中，如果沒有了關係，項也將有所不同；這似乎表明，在項自身之中的某些東西導致了它們具有的關係。

(1)充足理由定律很難準確制訂。它不能僅僅意味著每一個眞正的命題都從其他一些邏輯眞命題推斷而來，因爲這是一個顯而易見的眞理，它無法產生充足理由定律所需要的結果。例如，2＋2＝4可以從4＋4＝8演繹推斷出來，但是把4＋4＝8視爲2＋2＝4的原因則相當荒謬。一個命題的**原因**始終都應該是一個或多個**更簡單**的命題。因此，充足理由定律應當意味著，每個命題都可以從更簡單的命題推斷而來。這似乎明顯爲僞，無論如何都不能在唯心主義中講得通，因爲唯心主義認爲命題越簡單就越不眞，從簡單的命題出發是非常荒謬的。所以我認爲，如果要讓任何形式的充足理由定律講得通，應該考察支持關係公理的第二個理由，即，有關係的項只能具有這種關係。

(2)我認爲，這一論辯的力量主要取決於一種荒謬的陳述形式，像「如果A和B以某種方式有關係，你就必須承認，如果它們的關係不是這樣，那麼它們就不是它們了，所以它們自身之中必定存在什麼東西，令它們以現有的方式具有關係。」但是，如果兩項以某種方式有關係，那麼，在它們沒有這樣的關係時，可能就會有各種異想天開的後果隨之而來。因爲如果它們有這樣的關係，沒有關係的假設就爲僞，從僞假設出發，什麼都可以演繹推斷出來。因此，上述陳述的形式必須改變。我們可以說：「如果A和B以某種方式有關係，那麼不具有這種關係的事物就必定不是A和B，諸如此類。」但是這只能證明，不具有A和B這種關係的事物一定**在數目上**不同於A和B；不能證明形容詞上有區別，除非我們假設內在關係公理是正確的。因此，這個論證只擁有修辭上的力量，它會陷入惡性循環，無法眞正證明其結論。

我們也要問，是否有反對內在關係公理的依據。這個公理的反對者自然而然會想到的第一個理由是，實際執行這項任務的困難。我們已經有過一個關於多樣性例子；在許多其他情況下，困難則更加明顯。例如，假設一個體積大於另一個。人們可能說一個的尺碼如何如何，另一個的尺碼又如何如何，像這樣就把體積之間的「大於」關係作爲形容詞。但一個的尺碼必須大於另一個的尺碼。如果我們試圖把這種新關係簡化爲兩個尺碼的形容詞，這個形容詞仍然必須具有一個和「大於」相對應的關係。因此，如果不陷入永無休止的倒退，我們就必須承認：我們遲早會到達一種關係，這種關係不能簡化爲相關的項的形容詞。這種說法尤其適用於一切非對稱關係，也就是說，A和B有而B和A卻沒有的關係。〔這裡的論證在我的《數學原則》（*The Principles of Mathematics*）一書中有全面闡述，二一二—一一六。〕

反對內在關係公理的一個更有力的證據來源於對項的「性質」的思考。它跟項本身一樣，還是有什麼不同？如果是不同的，它必須與這個項有關係，而項對自身性質的關係不能化爲不是關係的其他東西，它會陷入無休止的倒退。因此，如果必須遵守這個公理的，我們必須假定，一個項就是它的性質。在這種情況下，每一個給主項添加謂項的眞命題都純粹是分析性的，因爲該主項就是它自己的所有性質了，謂項只是這種性質的一部分。但在這種情況下，是什麼樣的紐帶讓謂項成爲一個主項的謂項的呢？如果主項只是自己的謂項的一個系統，那麼隨意地把一些謂項集合在一起，就有可能構成一個主項。如果項的「性質」是由謂項構成，並同時也是項自身，那麼當我們問是否S有P這個謂項時，簡直就無法讓人理解我們的意思是什麼了。因爲這並不意味著：「在我們用來解釋S所需列舉的所有謂項中，P是其中之一嗎？」但依據上述的看法，它又很難有什麼別的意思。我們不能在謂項之間引入**協調**關係，試圖透過這個關係把謂項稱爲一個主項的謂項。因爲這將讓述謂基於一個關係，而不是把關係簡化爲謂項。因此，對於一個主項是否是它的「性質」，我們要肯定或否定它都同樣困難。〔關於這個問題上，參看我的《萊布尼茲的哲學》（*Philosophy of Leibniz*）§§21, 24, 25。〕

同樣，內在關係公理也無法與所有的複雜性相容。因爲正如我們前面提到的，這一公理將導致嚴格的一元論。只存在一件事，只有一個命題。這個唯一的命題（它不僅是唯一**眞**命題，而且是**唯一**的命題）給一個主項添加了一個謂項。但是這個命題卻並非全眞，因爲它涉及將謂項從主項中區分開。但是這時出現了困難：如果述謂涉及到謂項和主項的不同，而且如果這個謂項和這個主項**無法**區分，那麼，就算就人認爲給這個主項加上謂項是個**僞**命題，現在連這個僞命題都不存在了。因此我們必須假設述謂不涉及謂項和主語的不同，這個謂詞與這個主語是同一的。但是對於我們正在討論的這種哲學而言，否定絕對的同一性，堅持「差異中的同一性」非常重要，否則現實世界中明顯的多樣性就無法解釋了。困難的是，如果我們堅持嚴格的一元論，「差異中的同一性」就是不可能的。因爲「差異中的同一性」涉及很多局部眞理，它們透過相互給取而結合成眞理的整體。但是在嚴格的一元論中，局部眞理不僅不是全眞的：它們澈底不存在。如果有這樣的命題，不論眞僞，都會帶來複多性。總之，「差異中的同一性」的整個概念與內在關係公理不能相容；但沒有這個概念，一元論就無法解釋世界，它會像折疊式大禮帽一樣垮塌。我的結論是，這是一個僞公理，基於這個公理的那部分唯心主義是毫無依據的。

因此，對於關係以它們的項或項組成的整體的「性質」爲基礎這樣一個公理，似乎有理由來反對它，卻沒有理由支持它。如果這個公理被否定了，討論關係的項的「性質」就變得毫無意義：相關已不再是複雜性的證據，對於一個給定的關係，可能存在很多對不同的項，一個給定項可能與不同的項之間有很多不同的關係。「差異中的同一性」消失了：有相同，也有相異，複雜體可能有些元素是同一的，有些則是相異的，但我們不再需要說任何一對可能提及的物體「在某種意義上」既同一又相異，不去定義這裡的「某種意義」極其必要。因此，我們得到了包含很多事情的世界，它們的關係不是從相關事情的假定「性質」或經院學派的精髓中推斷出來的。在這個世界中，複雜的東西都由相對簡單的東西構成，分析不會再在每一步中都遭遇無休止的倒退。假設有了這樣一個世界，剩下來就要談談我們對眞理的性質的看法了。

在研究萊布尼茲的時候，我第一次認識到了關係問題的重要性。我發現關於萊布尼茲書上沒有明確表示他的形而上學是基於這樣的學說：每一個命題都爲一個主項加上了謂項，而且（在他看來，這幾乎是相同的）每個事實都由具有屬性的實體構成。我發現，斯賓諾莎、黑格爾和布蘭得利都以同樣的理論爲基礎，事實上他們都發展了這個學說，他們的邏輯都比萊布尼茲的更嚴格。

這些邏輯學說相當枯燥，但讓我陶醉於新哲學的並不僅僅是它們。實際上，我覺得這讓我獲得了極大的解放，就好像我從一間暖房逃到了風卷雲舒的海邊。像空間和時間只存在於腦海中這種假設，其憋悶之處讓我感到厭憎。我熱愛星空勝過喜歡道德律，無法忍受康德認爲星空僅僅是主觀虛構。在解放的快感第一次襲來之際，我成了一個樸素的現實主義者，心中歡欣鼓舞，覺得草都眞是綠的了，儘管從洛克（Locke）算起的諸位哲學家們對此都持反對意見。雖然我沒有能維持這種信心的新鮮活力，但是我再也沒有將自己困在主觀的牢獄中了。

黑格爾已經用各種方法來證明，這個或那個都不是「實在的」。他們公然裁定：數、空間、時間、物質，都是自相矛盾的，還向我們保證，沒有什麼是實在的，除了「絕對」。「絕對」只能只思考它自己，因爲沒有什麼別的東西可供思考，而且它思考的，永遠都是唯心主義哲學家們在他們的書中思考的那種東西。

黑格爾主義者攻擊數學和物理學上的東西，他們的所有論證都以內在關係公理爲基礎。因此，當我否定這個公理時，我開始相信黑格爾所不信的一切東西。這給了我一個非常完整的宇宙。我想像著所有的數目都在柏拉圖的天堂裡坐成一排。〔參看，我的《名人的夢魘》（*Nightmares of Eminent Persons*）中的〈數學家的夢魘〉。〕我認爲，空間的點和時間的瞬是實際存在的存在體，那種物質很可能是由物理學中定義的眞實元素構成。我相信一個具有普遍性的世界，透過動詞和介詞來表達的含義，構成了這個世界中主要部分。最重要的是，我不再認爲數學不是全眞的了。黑格爾主義者一直認爲，二加二等於四並不全眞，但是他們並不是說二加二等於 4.00001 這樣的數字。儘管黑格爾主義者沒有這麼說，但他們的意思其實是：比起把心智用在做加法上，「絕對」可以找到更好的事情做；但他們不喜歡用這樣簡單的語言來說這件事。

隨著時間的推移，我的宇宙變得不再那麼茂盛。在我最初叛離黑格爾的時候，我相信，如果黑格爾證明某事不存在是不成立的，那麼它就一定存在。漸漸地，奧卡姆剃刀原理展現給我一幅更乾淨的實在性圖片。我並不是說，奧卡姆剃刀能證明不必要的存在體的非實在性；我是說，它消除了支持它們的實在性的論辯。我仍然覺得無法證偽整數、點、瞬或奧林匹斯衆神的存在。說不定這些可能都是實在的，只是我不知道而已，但是我沒有絲毫根據認爲它們是實在的。

在發展的新哲學的初期，我花費了很多時間在語言問題上。我關注的是，是什麼造就了一個複雜的統一體，尤其是一個句子這樣的統一體。一個句子和一個詞之間的差異讓我感到有點奇怪。我看到，一個句子統一體有賴於它包含一個動詞的事實，但在我看來，動詞的意思與相應的動名詞的意思相同，雖然動名詞已不再具有力量將這個複合體的各部分拴在一起。我爲 is 和 being 之間差異感到不安。我的岳母是一位堅強的知名宗教領袖，她對我保證說，哲學之所以困難，只是因爲它使用很長的詞。我則用筆記中的一句話來回應她：「因爲『is 是』會是廢話，is 的含義是並因此不同於 is。」讓這句話困難的並不是很長的詞。隨著時間的推移，我不再受這些問題困擾。這些問題的根源就在於我相信，如果一個詞意味著一些東西，那麼就必定存在它所指的一些東西。我在一九〇五年得出的「描述詞理論」證明這是一個錯誤，並掃除了許多原本會無法解決的問題。

自從這些早期的日子後，我對很多問題的看法都已改變，但某些觀點並沒有改變，這些觀點在當時和現在看來都最爲重要的。我仍然堅持外在關係學說，堅持與其密切相關的多元論。我仍然認爲，一個孤立的眞理也有可能是全眞的；分析不是僞造；任何不是同義反複的命題如果爲眞，則是透過對**事實**的關係爲眞的；一般而言，事實是獨立於經驗的。我認爲在一個沒有經驗宇宙中萬事皆有可能。而且，我認爲經驗是宇宙中非常有限的、微不足道的一個方面。在這些問題上，自從我放棄了康德和黑格爾的學說後，我的看法就沒有改變過。

第六章　數學中的邏輯技術

我認爲大學劃分院系是必要的，但這也會帶來一些非常可惜的後果。邏輯被認爲是哲學的一個分支，亞里斯多德也曾研究過邏輯，但現在它已被認爲是一門只能由那些希臘語熟練的人研究的學問。結果，數學只能由那些不知邏輯爲何物的人研究了。從亞里斯多德和歐幾里德的時代一直到本世紀，邏輯和數學之間的這種的分離是災難性的。一九〇〇年在巴黎舉行的國際哲學大會上，我才知道了邏輯改革對數理邏輯的重要性。我是聽到了來自都靈的皮亞諾和到會的其他哲學家們的討論，才意識到這一點。我以前不知道皮亞諾的研究，但在每次討論中，他的發言都表現得比其他任何人的更精確，更具邏輯嚴謹性，這令我印象深刻。我走過去對他說：「我很想拜讀你的所有作品。你手頭有嗎？」他有，於是我立刻把他的作品全看了一遍。就是這些作品給了我動力，激發我在數學原理上產生了自己的觀點。

數理邏輯絕不是一個新課題。萊布尼茲已對它進行一些嘗試，但卻被對亞里斯多德的尊重所阻礙。布林（Boole）在一八五四年出版了他的《思想規律》（*Laws of Thought*），並建立了一套主要用於處理類包含的演算法。皮爾斯（Pierce）創造了關係邏輯，施羅德（Schröder）發表了三大卷的著作，總結他之前完成的所有工作。懷特海在他的《泛代數》的第一部分中專門闡述了布林的演算法。上述的大部分作品我都很熟悉，但我沒有發現它們能給算術原則帶來什麼啟示。就在去巴黎之前，我寫了一篇關於算術原則的文章，在重新閱讀了這篇文章後，我發現，在解決算術對邏輯提出的問題上，這篇文章連門都沒有入。

我從皮亞諾那裡獲得的啟蒙主要是兩項純粹的技術進展，一般人很難理解的它們的重要性，除非他（就像我）花了數年的時間來試圖理解算術。在更早的時候，弗雷格就取得了這兩項技術進展，但我懷疑皮亞諾是否知道這一點，我知道它們的時候更晚一些。我一定盡我所能來解釋這兩項進展，以及它們爲什麼很重要，雖然解釋起來很困難。我先從它們是什麼開始。

第一項進展是把「蘇格拉底是會死的」形式的命題和「所有的希臘人都是會死的」形式的命題分開。在亞里斯多德學說和公認的三段論理論中（康德認爲它不可能再改進了），這兩種命題的形式沒有被區分對待，或者至少是沒有被認眞地區分對待。但事實上，除非這兩種形式被看做是完全不同的，否則算術和邏輯都難以有大的進展。「蘇格拉底是會死的」給一個是人名的主項加上了謂項。「所有的希臘人都是會死的」，表達了兩個謂項之間的關係，即「希臘人」和「會死的」之間的關係。「所有的希臘人都是會死的」的完整敘述是「對於x所有可能的值而言，如果x爲希臘人，x就是會死的。」這裡我們看到的不是一個主謂命題，而是兩個命題函數的連接，當變項x被賦予了一個值時，每一個函數都成爲了一個主謂命題。「所有的希臘人都是會死的」，這不是特別指希臘人，而是對宇宙中萬事萬物的陳述。「如果x爲希臘人，x就是會死的。」這個命題在x是希臘人爲眞，在x不是希臘人的時候也爲眞。實際上，就算根本沒有希臘人，它也爲眞。「所有的小人國裡的人都是會死的」也是成立的，雖然不存在小人國。「所有的希臘人都是會死的」這個陳述和「蘇格拉底是會死的」有所不同，前者沒有指出人的名稱，純粹表示謂項之間的連接。它不能透過枚舉來證明，因爲（再次重申）這裡的 *x* 並不侷限於等於希臘人的 *x*，而是整個宇宙中的萬事萬物。但是，儘管它不能用枚舉來證明，人們仍然可以理解它。我不知道是否有長翅膀的馬，當然，我從未見過一個，但無論如何我也知道，所有長翅膀的馬是馬。總之，每一個含有「**所有的**」這個詞的陳述都涉及命題函數，但不涉及這些函數中任何特定的值。

我從皮亞諾處得知的第二項重要進展是，由一個項組成，但又與這個項不同的一個類。比如「地球的衛星」就是一個只含一個項的類，這個項就是月亮。但是，將一個類和它唯一的項等同起來，就會給集合的邏輯引入完全無法解決的問題，而由於數適用的是集合，因此也會給數的邏輯引入無法解決的問題。一旦被指出來，人們就會容易看到將「地球的衛星」等同於月亮是不適當的。如果我們發現了第二顆衛星，「地球的衛星」這個短語並不會因此就改變了含義；而對於一個了解天文，卻不知道地球有顆衛星的人而言，這個短語的含義也不會就此變得貧乏。另一方面，如果我們將「月亮」當做一個名稱，那麼對於不知道有月亮存在的人而言，關於月亮的命題就是毫無意義的噪音，除非將它解釋爲等同於短語「地球唯一的衛星」；如果這個解釋被取代，比如我們說「今晚的月亮是明亮的」，關於月亮的命題對我們的含義就有所不同了。一個沒有進行描述的人是處在概念連接的領域內，而不是像說「月亮是明亮的」這個人一樣，直接連接到感覺的世界中。從這個方面來說，我們現在所關注的領域之間的區別，類似於我們前面談到的關於「蘇格拉底是會死的」和「所有的希臘人都是會死的」之間的區別。

讀者可能會認爲，上述區別僅僅不過是學術上的迂腐賣弄。現在我必須解釋一下爲何並非如此。

在弗雷格以前，每個作者對算術哲學的理解都是錯誤的。他們全都犯下了一個很自然的錯誤。他們認爲數來自於計數，從而陷入無法脫身的困境中，因爲計數爲「一」的東西同樣也可以被計爲「多」。想想這個問題：「英國有多少足球俱樂部？」在回答這個問題時，你把每個俱樂部都當做「一」，但你可能同樣會問：「這樣的一個足球俱樂部有多少人？」在這種情況下，你就把這個俱樂部當做「多」。而且，如果A先生是這些俱樂部的一名成員，之前也把他計爲「一」，你這樣問也很妥當：「構成A先生的分子有多少？」那麼，這時A先生就被當做「多」來對待了。因此很明顯，讓任何東西計數爲一的，不是它自身的物理構造，而是問的問題「這是什麼東西的一個實例？」你透過計數得到的數，是某個集合的數，在你計數之前，這個集合包含的數是任意多的。只有作爲某樣東西的很多實例，這個集合才是很多。集合本身也可能是另一東西的一個實例，並作爲這樣東西的實例計數爲一。因此，我們不得不面對這樣的問題，「什麼是集合？」和「什麼是實例？」如果不使用命題函數，這兩個問題就無法理解。命題函數是一個運算式，包含一個變項，一旦給變項賦了值，它就成爲了一個命題。例如，「*x*是一個男人」就是一個命題函數。如果我們在*x*的位置上放入蘇格拉底或柏拉圖或其他什麼人，我們得到了一個命題。我們還可以放上某個不是人的事物，雖然在這種情況下我們得到的是一個僞命題。一個命題函數只不過是一個運算式。它本身並不代表著什麼，但它可以構成一個具有含義的句子，無論眞僞：「x是一個傳道者」沒有含義，但是，「當『x是一個傳道者』爲眞時這裡有十二個x」就是一個完整的句子了。類似的思考方式也適用於概念**實例**。當我們把某個東西作爲一個實例，我們就是把它當做一個命題函數的變項的一個可能值。如果我說，「蘇格拉底是**人類**的一個實例」，我的意思是，當「x是一個人」爲眞時，蘇格拉底是x的一個值。經院學派有一個格言，大意是「一」和「**存在**」是可互換的。只要人們還對這個格言信以爲眞，就無法定義1。事實是，**存在**是一個無用的詞，而一些人把這個無用的詞誤用在一類東西上，這類東西既可以是一也可以是多。一是特徵，不是事物的特徵，而是某些命題函數的特徵，即，有該特徵的命題函數具有以下屬性：有一個x使得函數爲眞，而且如果y也使函數爲眞，那麼y和x就是完全相同的。這是一元函數的定義，有些函數是一元的，數1就是一元的屬性。同樣地，一個零函數是x的所有值都爲僞的函數，作爲零函數，屬性是0。

一些關於數的舊理論總是在超過0和1後陷入困境，而皮亞諾處理這些困難的能力一開始就給我留下了深刻印象，但直到多年以後，我才得出新觀念的完整結論。在數學中，很容易想到「類」，很長一段時間裡，我認爲有必要區分「類」和命題函數。然而最後我得出的結論是，這種區別是不必要的，除非是作爲一種技術手段。「命題函數」這個短語聽起來過分令人生畏，其實在很多方面，都可以用「屬性」取代它。因此我們可以說，每個數都是某些特定屬性的一個屬性，但是，除了在最終分析中，繼續使用「類」這個詞也許會更加容易一些。

但是，我是由上述思考得到的數的定義，弗雷格早在十六年前就得出來了，但我不知道這一點，直到我重新發現這個定義的約一年之後。我定義2爲所有兩個一組的「類」，3爲所有三個一組的「類」，等等。兩個一組定義爲這樣的一個「類」：有x和y兩個項，x不與y相同，並且，如果z是這個「類」的一項，那麼z就等於x，或者z等於y。一般而言，一個數就是一組具有「相似性」的「類」。「相似性」的定義如下：如果兩個類的項可以一一對應，它們就具有相似性。例如，在一夫一妻制的國家，已婚男性人數和已婚婦女人數是相同的，知道一個就會知道另一個（排除寡婦和鰥夫的情況）。同樣，如果一個人四肢健全，你可以相當肯定，他的右腳鞋的數和左腳鞋的數一樣。如果公司的每一個成員都有椅子坐，也沒有空椅子，椅子的數目必定就等於坐在椅子上的人數。所有這些情況就是一個類的項與另一個類的項所謂的一一對應關係。存在這種一對一的關係，即被定義爲具有「相似性」。任何一個「類」的數的定義就是所有相似於它的「類」。

這個定義有各種優勢。它可以處理所有之前出現的關於0和1的問題。0就是那些沒有項的那些類的類，即這個類的唯一項是一個沒有項的類。如果一些類的屬性由和x項相同的任何東西組成，那麼一是這些類的類。這個定義的第二個優勢是克服了關於一和多的困難。由於計數的項是作爲一個命題函數的實例來計數的，所涉及的一僅僅是命題函數的一，它絕對不會和實例的複多性相矛盾。但遠遠比這兩個優勢都重要的是，我們擺脫了數的形而上學存在體。事實上，數單純成爲了語言上的便利指代，不會比「等等」「即」更有內涵。克羅內克（Kronecker）在研究數學的哲理時說：「上帝創造了整數，數學家們創造了其餘的所有數學裝置。」他這樣說的意思是，每個整數都必須有一個獨立的存在，但其他種類的數則不必這樣。上面對數的定義消除了整數的特權，數學家的原始裝置減至純邏輯術語，比如**或**、**非**、**全部**和**若干**。一個特定的知識領域需要一些不確定的術語和未經證實的命題，這是我第一次使用奧卡姆剃刀，消滅了這些術語和命題的數目。

上面關於數的定義還有進一步的優勢，而且這個優勢極爲重要，即它掃除了關於無限數的障礙。儘管數是透過對項一個一個地計數得來，但是很難想像不能一次詳盡列舉的集合的數。例如，你無法對有限數進行計數：不管你進行多久，總會有更大的數。因此，只要數是來自於計數，似乎就不可能說出有限數的數。然而，現在似乎計數只是發現一個集合是有多少數的方法之一了，並且它只適用於那類碰巧是有限的集合。計數的邏輯像這樣融入新的理論中：例如，假設你在計數英鎊鈔票。透過意志的活動，你在不同的鈔票和數1、2、3等之間建立了一個一對一的關係，直到將所有的鈔票計數完畢。然後，按照我們的定義，鈔票的張數和剛才你計數所得是一樣的；同樣，如果你從1開始計數，中間沒有跳過哪個數，那麼你計數所得的數目，就是你計數所得的最後一個數。你不能把這個過程用於無限數，因爲你壽命沒有那麼長。但是，當計數不再是必需的時候，你就無需再關心那個了。

像上面那樣定義了整數，數學所需要的擴展就不再有阻礙。有理分數是來自於乘法的整數之間的關係。有理數是大於零並到某個點的所有數，實數則是有理數的系列。例如，2的平方根是所有的平方小於2的有理數。我相信是我發明了這個定義，終結了自畢達哥拉斯時代開始就困擾數學家的謎團。複數可被視爲實數對，使用「對」這個詞，是指有第一項和第二項，即是說，項的次序不可或缺。

除了我已提到的這些，皮亞諾和他的弟子們的作品中還有其他東西也令我歡欣鼓舞。我喜歡他們不使用圖形來發展幾何學的方式，這說明了康德所說的「**直觀**」是不必要的，我喜歡可以塡滿了整個區域的皮亞諾曲線。但在遇到皮亞諾之間，我腦海中充滿了關係的重要性，因此，我幾乎立刻開始著手，透過象徵性的邏輯關係處理來補充他的工作。我是在七月底遇見了他的，在九月，我寫了一篇關於關係邏輯的論文，發表在他的雜誌中。同年十月，十一月和十二月，我都花在了《數學原則》上。這本書裡第三、四、五和六部分和我當初寫的時候一模一樣，但我後來重寫了第一、二和七部分。我在十九世紀的最後一天，即一九〇〇年十二月三十一日，完成了《數學原則》的第一稿。從那年七月起的之後幾個月，對我而言猶如思維的蜜月，之前之後我都沒有過這樣的經歷。每一天，我都發現自己理解了一些前一天沒有理解的東西。我認爲所有的困難都解決了，所有問題已經結束了。但蜜月無法持久，第二年年初，思維災難降臨到了我的頭上。

第七章　數學原理：哲學方面

從一九〇〇年至一九一〇年，懷特海和我花了大量時間來寫作《數學原理》（*Principia Mathematica*）。雖然《數學原理》的第三卷直到一九一三年才出版，其實在一九一〇年我們就完成了它（除了校對），並把整部手稿交給到了劍橋大學出版社。我在一九〇二年五月二十三日完成的《數學原則》，可以說是《數學原理》的一個原始的、不成熟的版本，但是，後者與前者的不同之處在於，後者包含了和其他數理哲學觀念有爭議的內容。

在《數學原理》中，我們必須處理的問題分爲哲學和數學兩個類別。一般來說，懷特海讓我來處理哲學問題。對於數學問題，懷特海自己創造了大部分記號法，也借用了一些皮亞諾的；級數的部分主要是我寫，懷特海主要寫其他部分。但這只是指初稿。其實每一部分都要經過三道工序。當我們其中一人完成了初稿，就會發送給對方，而那個人通常會做相當大的修改。然後寫初稿的人再最終定稿。很難說這三卷《數學原理》中的哪些部分不是合作的結晶。

《數學原理》的主要目的是說明，所有純數學都從純邏輯前提推導的，並且只使用可以用邏輯術語定義的概念。這當然走到了康德學說的對立面，一開始時，我認爲這本書可以順便反駁康德，喬治．康托爾（Georg Cantor）稱康德是「那個詭辯的庸人」，爲了強化對康德的定性，他還添了一句「他對數學所知無幾」。但是隨著時間的推移，這項工作開始向兩個不同的方向發展。在數學方面出現了全新的課題：以前用散漫粗疏的日常語言處理的事情可以用新的演算法象徵性處理了。哲學方面則向兩種相反的方向發展，令人愉快的和令人不快的。令人愉快的是，所需的邏輯裝置比我預想的小。具體地說，類不是必要的。在《數學原則》中有大量的討論是關於「一」類和「多」類之間的區別。在類上的全部討論，以及這本書中的很多複雜論點，其實都是不必要的。結果《數學原則》的最終版本顯得缺乏哲學深度，它最顯著的缺點就是晦澀難懂。

而令人不快的方面，則毫無疑問地令人非常不愉快。有些前提是自亞里斯多德的時代以來就被各門各派的邏輯學家所接受的，但它們似乎會推導出矛盾來，這表明事情**有些**不對勁，但我又全無糾正事情的線索。一九〇一年春，這樣一個矛盾的出現終結了我的邏輯蜜月。我把這一不幸消息告知懷特海，結果他引用了一句「再也沒有欣喜和充滿信心的晨曦」，眞是缺乏安慰效果。

將我引向這一矛盾的是，我思考了康托爾對不存在最大的基數的證明。我天眞地想，世界所有事物的數一定就是最大的數了，於是我把康托爾的證明運用在這個數上，看看會發生什麼。這個過程讓我開始考慮一個非常特別的一類。沿著一條在那時看似適當的思路，我認爲一個類有時是它自己的一個成員，有時不是。例如，茶匙這個類不是另一個茶匙，但是，「並非茶匙」這個類卻是並非茶匙的東西之一。似乎有些實例不是負的：比如，所有類的類是一個類。對康托爾的論點的應用，讓我思考那些不是自己成員的類：而這些類看來似乎會形成一個類。我問自己是否這個類是其本身的成員。如果它是本身的一個成員，它一定具備這個類被定義的屬性。如果它不是自身的成員，它就不擁有被定義的屬性，因此它必須是自身的成員。像這樣，任一選擇都會走向其反面，因而出現了矛盾。

起初，我認為我的推理中必定有一些細微的錯誤。我在邏輯顯微鏡下仔細檢查每一步，但我沒有發現任何錯誤。我寫信告訴弗雷格這件事，他回信說，算術正搖搖欲墜，他發現他的第五個定律是錯誤的。這個矛盾讓弗雷格如此不安，以至於讓他放棄從邏輯推導算術的嘗試，而在此之前，他一直都主要致力於這個領域的工作。就像畢達哥拉斯學派在遭遇無理數時一樣，弗雷格也到幾何學中尋求逃避，顯然他認為自己之前的研究誤入歧途了。就我而言，我覺得麻煩在於邏輯，而不是在數學，需要進行改革的是邏輯。當我發現了一種方法，可以製造出無限數的矛盾時，這一觀點就得到證實。

哲學家和數學家對這一情況的反應各不相同。龐加萊（Poincaré）不喜歡數理邏輯，曾指責數理邏輯是不毛之地，現在他開心地說：「它不再是不毛之地了，它產生了矛盾。」眞是妙語如珠，就是對解決問題沒有半點幫助而已。其他一些不贊成康托爾的數學家則採用了「三月兔」（March Hare）式的解決方法，表示「我已對此感到厭倦。讓我們換個話題吧。」但我覺得這樣做似乎不太合適。然而過了一段時間，有幾個人認眞地進行了嘗試，希望找到解決方案，這些人了解數理邏輯，並認為找到邏輯解決方案非常有必要。其中第一個就是拉姆齊（F. P. Ramsey），可惜他英年早逝，未能完成這項工作。但這些尋找解決方案的嘗試後來才出現，在出版《數學原理》之前的那幾年裡，我基本上是一個人在疑惑。

更早一些的悖論，其中有些是希臘人就知道的，我認為它們也會引起類似的問題，雖然繼我之後的作家們認爲它們是另外一種類型。其中最著名的是關於艾皮米尼地斯（Epimenides）的悖論，即一個克里特島人說所有克里特島人都撒謊，這引起人們的思考：他這麼說的時候是否也在撒謊。這種悖論是最簡單的形式是一個人說：「我在撒謊。」如果他在說謊，這是一個謊言，他是在撒謊，所以他是誠實的；如果他是在說實話，他的確在說謊，因爲他自己就是這麼說的。因此矛盾難以避免。聖保羅*提到過這種矛盾，但他對其邏輯方面不感興趣，只是用來展現異教徒的邪惡。但是數學家可能不會理睬這種古老的難題，覺得這與他們的研究毫無關係，雖然數學家們無法忽視是否有最大的基數或最大序數的問題，這兩個問題都會引起矛盾。在我發現我自己的矛盾之前，布拉里—福爾蒂（Burali-Forti）就發現了最大序數矛盾，但他遇到的這個問題複雜得多，因此我還以爲我只是在推理上出現了一些不重要的錯誤。無論如何他的矛盾都遠比我的更複雜，只是表面上看似較爲溫和。但最後，我也不得不承認了我遇到的矛盾的嚴重性。

在《數學原則》中，我沒有自稱找到了解決辦法。我在這本書的序言中說：「出版一本含有如此之多未解決的困難的書，我要爲此道歉，調查表明，近期沒有可能充分解決第十章中的矛盾，對於類的性質也不會出現更深刻見解。一些曾令我感到滿意的解決方法，卻被不斷發現包含著錯誤，這讓我覺得：問題被看似令人滿意的理論掩蓋了，而這種理論可能是稍

* Titus i. 20.

長時間的沉思製造出來的；因此，我最好是僅僅陳述困難，而不是等到我被一些幾乎可以肯定是錯誤的學說的僞裝勸服。」在討論矛盾的這一章的結束時，我說：「上述矛盾不涉及特別的哲學，它們直接來自於常識，只有放棄一些常識性的假定才能解決。只有從矛盾中獲取養分的黑格爾哲學才能對此無動於衷，黑格爾哲學認爲類似的問題比比皆是。在其他任何學說中，這麼直接的挑戰都需要一個答案，否則就是承認自己的無能了。幸運的是，我認爲《數學原則》其他的章節中沒有類似的困難。」在書後的附錄中，我建議透過類型學說來尋找解決方法。最後我確信可以透過這個學說來找到解決辦法，但在我寫《數學原則》時，這個學說還只是一個粗糙的雛形，不夠完備。《數學原則》的最後一段體現了我當時的結論：「總而言之：我覺得第十章中談及的這個矛盾可以用類型學說解決，但至少還存在一個極爲相似的矛盾，是這一學說無法解決的。所有邏輯對象或所有命題的整體，似乎涉及一個邏輯上的基本難題。我還沒有發現這個難題的完整解決方法；但因爲它影響到推理的基礎，我衷心建議所有學習邏輯的學生們都對此予以關注。」

在《數學原則》完成時，我定下心來，試圖爲這些悖論找到一個解決方法。我覺得這是在挑戰自我，如有必要，我會用我的整個一生來迎接這個挑戰。但是我發現這樣做極不愉快，原因有兩個。首先，整個問題給我的印象是微不足道，我不喜歡把注意力集中在缺乏有趣本質的問題上。其次，像我這樣嘗試無法取得任何進展。在整個一九〇三年和一九〇四年，我的工作幾乎全部都集中在這一問題上，但卻沒有顯露出任何成功的跡象。一九〇五年春，我獲得了第一個成功，即我現在要談的描述詞理論。它看起來和矛盾沒有聯繫，但在某個時候，一個未曾料到的聯繫出現了。最後我澈底認識到，某些形式的類型學說是必不可少的。我並不是在著意強調《數學原理》一書中體現的那種形式的學說，但我仍然完全相信，沒有**某些**形式的學說，悖論就無法得到解決。

在尋找解決方法時，如果想要解決方案澈底令人滿意，我認爲有三個必要條件。第一，解決方案應該讓矛盾消失，這一條絕對必要。第二條從邏輯上而言不是強制性的，但如能達到會非常理想：該解決方法應盡可能地讓數學保持原樣。第三條很難確切說清楚，它是指這個解決方法應該被「邏輯常識」所接受，即它應該不會大大出乎預料。在這三個條件中，第一條當然是世所公認的。但第二條被一個很大的學派否定了，他們認爲分析的很大一部分都是不成立的，因爲他們的立場遭到拒絕。而自負於邏輯技巧的人認爲第三個條件沒有必要。例如奎因教授（Professor Quine），他創建的系統在技術上令我深深佩服，但我不認爲他的系統令人滿意，因爲它們似乎是專門創建的，即便是最聰明的邏輯學家，如果不知道這些矛盾，也無法創建出這樣的系統。然而，已經有大量深奧的文獻在論述這個題目，我就不再贅述更多的細節了。

我們可以解釋類型理論的大致原則，而無需進入困難的技術細節。也許開始講解這個理論的最好方式是從「類」的含義開始。我們先來看一個通俗的例子。假設在晚宴結束時，主人爲你提供了三款不同甜食的選擇，你可以任選一款或兩款，或者三款全要也行。那麼你有多少種可能的選法呢？你還可以拒絕，一款甜食也不要，這也是一種選法。你可以從三款甜食中選一款，這就有三種不同的方式，因此，給了你三個選法。你可以選擇其中兩款。這又有了三種選法。或者你可以選擇三款，這樣你就有了一個最後的選法。因此選法的總數爲八種，即 2^3。這個過程很容易歸納爲通則。假設你有 n 個物體，你想知道一共有多少選法，包括全不選、選一個或幾個和全選，你會發現選法的數目有 2^n。用邏輯語言來表述：包含 n 項的類有 2^n 個子類。當 n 爲無限時，這個命題仍然爲眞。康托爾證明了，即使在這種情況下，2^n 仍然大於 n。把它運用到宇宙中的萬事萬物，那就會像我一樣，得出事物的類多於事物這個結論。因此，類是不是「事物」。但是，人們對這個陳述中「事物」一詞的含義並不清楚，所以要把已證明的觀點確切表達出來極爲不易。而我得出的結論是，「類」僅僅是爲了使講述更加方便流暢而使用的一個詞。在我寫《數學原則》的時候，「類」已經讓我深感困惑。但是在那些日子裡，我用來表達自己想法的語言，比現在我認爲合適的更傾向於實在論（經院意義上的）。我在《數學原理》的序言中寫道：

難以定義的東西形成了哲學邏輯的主要部分，討論這些東西就是看清楚這些存在體，也讓別人看清楚它們，以便讓心智知道它們，就像知道鳳梨的色澤或味道。就像在目前的這個例子中一樣，難以定義的東西主要是作爲分析過程中的殘餘而獲得的，知道這種存在體必定存在比眞正地感知到它們更容易，一個與此類似的過程導致了海王星的發現，不同之處在於，用一個心智上的望遠鏡來搜索已被推斷出來的存在體，這個最後階段往往是最困難的部分。在「類」的情況下，我必須承認，我沒有到察覺任何概念滿足了類的必要條件。而在第十章中討論的矛盾證明，有些事好像有點問題，但是我至今仍未發現究竟是哪裡有問題。

現在我來講這件事就會有所不同了。如果有任何命題函數，我會說，某個範圍的 x 值讓這個函數「有意義」，即爲眞或爲僞。如果 a 在這個範圍內，那麼 fa 就是一個或眞或僞的命題。而且，如果用一個常量來替代變項 x，那麼對命題函數還可以做另外兩件事情：一件是聲明它始終爲眞，另一件就是聲明它有時爲眞。「如果 x 是人，x 是會死的」這個命題函數始終爲眞；而「x 是人」這個命題函數有時爲眞。這樣就可以對命題函數做三件事了：第一是用常量取代變項；第二是對該函數所有的值進行聲明，第三是對某些值或至少一個值進行聲明。命題函數本身只是在一個運算式，它不主張或否認任何事情。同樣地，類也只是一個運算式。它僅僅是一種方便的方式，用來談論讓函數爲眞的變項的值。

前面提到，一個解決方法要滿足三個必要條件，關於第三個條件，我提出了一個理論，雖然其他邏輯學家並不認同，但是在我看來仍然很合理。這一理論是這樣的：當我聲明一個函數 fx 的所有值時，如果我聲明的值是限定的，那麼可以賦予 x 的值必然是限定的。也就是說，x 的可能值的總和必定存在。如果我現在開始創造被那個總和所界定的新的值，總和就會顯得擴大了，因此涉及總和的新的值就與擴大後的總和有了關係。但是新的值必定包含在總和之中，所以總和永遠也無法趕上它們。這個過程就像是你的影子投射於地上，而你想跳到影子的頭部處。用撒謊者悖論來說明這一點最爲簡單。撒謊者說，「我講的一切都是假的。」事實上，這是他做的聲明，但它涉及到他的聲明的總和，而且只有在它被包含在這個總和之中時，才會導致悖論。我們必須把涉及到和沒有關係到命題總和的命題區分開。那些涉及總和的命題永遠都不能成爲那個總和的成員。首先我們可以把不涉及總和的命題定義爲一階命題；把涉及到一階命題的總和的命題定義爲二階命題；並依此無限類推下去。因此，現在我們的撒謊者就只好說：「我聲明一個僞的一階命題是假的。」但是它本身是個二階命題。因此，撒謊者沒有聲明任何一階命題。因此他說的很明顯是假的，認爲他說的也是眞的這種論點不能成立。這個論證也同樣適用於任何更高階的命題。

我們會發現，在所有的邏輯悖論中都有一種反身的自指，這種自指應該出於同樣的理由遭受譴責：即，作爲一個總和的成員，它包含了涉及了總和的東西，而在該總和已經固定的情況下，這種東西只能有限定的含義。

我必須承認，這一理論並未被大家廣泛接受，但我認爲它很有說服力，我看不出任何反對它的理由。

前面提到過描述詞理論，我第一次提出這個理論是在一九〇五年，在《心智》雜誌上發表的一篇文章〈論指稱〉（On Denoting）中。這個理論令當時的編輯大爲震驚，以至於他請求我重新考慮，不要要求他們就這樣發表出來。但是我堅信這個理論的合理性，並拒絕讓步。後來描述詞理論獲得人們普遍接受，並逐漸認爲是我最重要的邏輯貢獻。的確，現在有些人不相信名稱和其他詞之間有區別，他們反對描述詞理論。但我認爲，有這種看法的人從來沒有試圖了解過數理邏輯。無論如何，我一直看不出他們的批評中存在任何正確之處。但是我也承認，名稱學說也許比我曾認爲的更困難一些。現在我們暫且先忽略這些困難，從通常運用的日常語言講起。

讓我們先來對比一下人名「史考特」和描述「《威弗利》的作者」之間的區別。「史考特是《威弗利》的作者」這個敘述顯示了同一性，而不是同義反複。喬治四世希望知道是否史考特是《威弗利》的作者，但他不想知道是否史考特是史考特。雖然沒有研究過邏輯學的任何人都可以明白這一點，它卻給邏輯學家提出了一個難題。邏輯學家認爲（或曾經認爲），如果兩個短語指稱同一物件，包含其中一個短語的命題總是可以被一個包含另一個短語的命題取代，而且如果取代前爲眞，則取代後仍不失爲眞，如果取代前爲僞，取代後也爲僞。但是，正如我們剛才看到的，用「史考特」取代「《威弗利》的作者」，一個眞命題就可能變成了僞命題。這說明有必要區分名稱和描述：「史考特」是一個名稱，但「《威弗利》的作者」是一個描述。

名稱和描述之間的另一個重要區別在於，名稱無法有意義地出現在一個命題中，除非它指某樣東西，而描述則不受此限制。我對邁農（Meinong）的作品一直心存敬意，但他沒有注意到這種差異。他指出人們可以做出這樣的陳述：其中邏輯主語是「金山」，即便並不存在金山。他認爲，如果你說金山不存在，則很明顯存在著一種你聲稱不存在的東西，即金山；因此金山必定存在於某種飄渺的柏拉圖哲學的有的世界中，否則你聲稱金山不存在就沒有意義。我承認，直到我得出描述詞理論之前，我都認爲這種說法令人信服。這個理論的基本要點是：雖然「金山」可能在語法上是一個重大命題的主項，這個命題在正確地分析時就不再有這樣的主項了。「金山不存在」這個命題變成了「對x的所有值而言，命題函數『x是金質的，而且是一座山』都爲僞」。「史考特是《威弗利》的作者」這個陳述變成了「對x的所有值而言，『x寫了《威弗利》』都等同於『x是史考特』」。在這裡，短語「《威弗利》的作者」不再出現。

這個理論也有助於理解「存在」的含義。「《威弗利》的作者存在」是指「對於命題函數『x寫了《威弗利》』始終等同於『x是c』，存在一個c讓它爲眞」。在這個意義上，存在只能聲明爲一個描述，在分析的時候，至少變項有一個值讓命題函數爲眞。我們可以說「《威弗利》的作者存在」，我們可以說「史考特是《威弗利》的作者」，但「史考特存在」這個語法就很糟糕了。它最多可以解釋爲，「一個名爲『史考特』的人存在」，但「一個名爲『史考特』的人」是一個描述，而不是一個人的名稱。每當一個名稱被正確地作爲名稱使用時，說它「存在」是很糟糕的語法。

描述詞理論的中心問題是這樣：一個短語在獨立使用時可能毫無意義，但它在句子中時可能有助於形成句子的含義。在描述的情況下，正好有一個證明：如果「《威弗利》的作者」

具有「史考特」以外的含義，「史考特是《威弗利》的作者」就會爲僞，但它實際上並不爲僞。如果「《威弗利》的作者」代表的是「史考特」，那麼「史考特是《威弗利》的作者」就會是一個同義反複，但它實際上並不是同義反複。因此，「《威弗利》的作者」的含義既不是「史考特」也不是任何其他事物，即是說「《威弗利》的作者」不代表任何事物。證明完畢。

第八章　數學原理：數學方面

很多人僅僅從哲學的觀點來看待《數學原理》，這令懷特海和我都頗感失望。人們感興趣的是書中對矛盾的看法，和普通數學問題是否能有效地從純邏輯前提推導出來，但他們對書中發展的數學技術缺乏興趣。我以前只知道有六個人讀過這本書的後面部分，其中的三個波蘭人後來（我相信）被希特勒所害。其他三個是德克薩斯人，後來被成功同化了。即使是那些研究同一題目的人，也不認為值得了解一下《數學原理》對這個題目的看法。我舉兩個例子：在《數學原理》出版約十年後，《數學紀事》（*Mathematische Annalen*）刊登了一篇長文，它所提供的結果其實已經在《數學原理》第四部分解決過了（但這篇文章的作者不知道這一點）。這篇文章的不準確之處正是我們避免了的，它所包含的有效內容也沒有超出《數學原理》之外。文章提交人顯然完全不知道早已有人做過類似的研究。第二個例子發生在我和賴興巴赫（Reichenbach）在加利福利亞大學共事期間。賴興巴赫告訴我說他發明了一種「超限歸納法」，是數學歸納法的延伸。我跟他說，《數學原理》第三卷對這種方法有很完整的闡述。一個星期後他告訴我，他已經核實過，事情確實如此。在本章中，我希望從數學而非哲學的角度，不帶過多技術性地，把《數學原理》中我認為重要的內容盡可能地解釋一下。

我們先來看看關係的重要性，它與數學和哲學有著同等密切的關係。我在書中談到萊布尼茲時，強調了有關係的事實和命題的重要性，而不是由主體—和—屬性構成的事實，主項—和—謂項構成的命題的重要性。我發現，對於關係的偏見已經在數學和哲學中引起了不良後果。像萊布尼茲流產了的嘗試一樣，布林的數學邏輯只是三段論的一種發展，而且也涉及類包含。皮爾斯曾制定出一種關係邏輯，但卻把關係作爲一個成對的類來處理。這在技術上是可行，但沒有自然地把注意力引向重要的方面。在關係邏輯中，重要的是與類的邏輯不同的東西，我在關係上的哲學觀點令我重視一些東西，而結果證明這些東西確實是最有用的。

在那個時後，我幾乎把關係完全視爲是**內涵**。我想的句子比如「x先於y」，「x大於y」，「x在y以北」。在我看來，實際上，雖然從形式演算的觀點來看，一個關係可以被看做是一套有序的偶，我們似乎仍然認爲只有內涵可以讓這套偶成爲統一體。當然，這同樣也適用於類。讓統一體形成一類的只有其成員共同而特有內涵。當我們處理一個類，而類的成員無法列舉時，這一點顯而易見。顯然我們不可能列舉無限類的成員，但大多數有限類的成員也無法列舉。比如，誰也不能列舉出蠼螋這個類的所有成員，但是我們可以對所有蠼螋（的眞或僞）進行陳述，而我們是憑藉定義了這個類的內涵來這一點的。類似地，這也適用於關係的情況。可以說，因爲我們了解「先於」這個詞，所以我們能說出很多事情的時間順序，雖然我們無法列舉出所有「x先於y」的x、y對。但是，有人反對將關係作爲偶的類：這些偶必須是**有序的**，這就是說，我們必須能夠區分x、y對和y、x。這只有透過內涵中的一些關係才能辦到。只要我們侷限在含於類和謂項，就無法解釋順序，也無法將一個有序偶和沒有順序的兩項區分開。

這一切就是我們在《數學原理》中開發的演算法的哲學背景。我們用符號來代表一些概念，這些概念是數理邏輯學家們以前沒有強調過的。其中最重要的是：(1)一個類，由項組成，對某個給定的項y有R關係；(2)一個類，由項組成，一個給定的項x對這個類的項有R關係；(3)R的「範疇」，這個類是由所有這樣的項構成：它們對其他東西有R關係；(4)R的「相反範疇」，這個類是由所有這樣的項構成：其他東西對它們有R關係；(5)R的「領域」，它包括了「範疇」連同「相反範疇」；(6)R關係的「相反」，當x與y之間有R關係的任何時候，y和x之間就有了R關係的「相反」；(7)R關係和S關係的「關係產物」：y是x和z之間的中介物，當x對y有R關係，而y對z有S關係時，x和z之間就有了這種「關係產物」；(8)複多，定義如下：對於一個給定的a類，我們形成了一個類，它的所有項都對a的成員有R關係。我們可以透過各種人際關係來解說這些概念。例如，我們假設R是父母與子女的關係。然後(1)是y的父母；(2)x的子女，(3)一切有子女的父母；(4)一切有父母的子女，即除了亞當和夏娃的每個人；(5)「爲人父母」這個關係的「領域」包括一切爲人父母者和一切爲人子女者；(6)「爲人父母」這個關係的「相反」是「爲人子女」；(7)「爲人祖父母」是「爲人父母」和「爲人父母」之間的「關係產物」，「爲人兄弟姊妹」是「爲人子女」和「爲人父母」之間的「關係產物」，「堂親表親或兄弟姊妹」是「爲人孫輩」和「爲人祖父母」的「關係產物」，諸如此類；(8)「伊頓公學學生的父母」就是這個意義的上複多。

不同種類的關係有不同種類的用途，我們先來講一種會產生我所說的「描述函數」的關係。它是這樣一種關係：對於一個給定項，最多只能有一個項對它有這種關係。這種關係導致我們在單數中使用「the」這個詞，例如，「the father of *x*」（*x*的父親）、「the double of *x*」（*x*的兩倍）、「the sine of *x*」（*x*的正弦）和數學中所有的普通函數。只有我稱爲「一對多」的那種關係才能產生這種函數，即最多只能有一個項對其他任何項有這種關係。例如你在談及一個基督教國家時，你可以用「the wife of *x*」（*x*的妻子）來清楚地指代某人，但是如果你把這句話應用到多配偶制的國家，這個短語的指代對象就變得不明確了。在數學中你可以說「the square of *x*」（*x*的平方），但不能說「the square-root of *x*」（*x*的平方根），因爲*x*有兩個平方根。前述的「範疇」、「相反範疇」和「領域」都會產生描述函數。

我要講的第二種關係非常重要，它在兩個類之間建立了相關性，我稱這種關係爲「一對一」的。在這種關係中，不僅是最多只能有一個*x*對於給定的*y*有R關係，而且也最多只能有一個*y*對給定的*x*有R關係。禁止多配偶制的國家的婚姻就是一個例子。在這樣的國家，兩個類中存在相關關係，它們的項的數是相同的。我們無需進行列舉就知道，妻子的數和丈夫的數是相同的，而人的鼻子的數和人的數是相等的。有一種特別形式的相關關係也非常重要。在這種情況，給定的兩個類分別是P關係和Q關係的領域，它們之間有這樣的相關性，當兩個項之間有P關係時，它們的相關者就有Q關係，反之亦然。例如，已婚官員的位次和他們的妻子的位次。除非妻子有貴族血統或者官員是主教，否則妻子的位次與丈夫是相同的。這種相關關係產生機制被稱爲「序相關器」（ordinal correlator），因爲P領域中成員的次序無論是怎樣的，這種次序也會在Q領域中的相關者中存在。

第三種重要的關係是產生系列的關係。「系列」不是一個新詞，雖然大家都很熟悉它了，但我想我是第一個賦予它確切含義的人。一個系列就是一組有次序的項，決定它們的次序的關係有三個屬性：(a)它必須是不對稱的，也就是說，如果*x*對*y*有這種關係，*y*則對*x*沒有這種關係；(b)必須能夠傳遞，也就是說，如果*x*對*y*有這種關係，*y*對*z*有這種關係，則*x*對*z*有這種關係。(c)必須能夠連接，也就是說，如果*x*和*y*是領域內的任意兩個不同項，那麼不是*x*對*y*有這種關係，就是*y*對*x*有這種關係。如果一個關係有這三個屬性，它的領域內的項就可以被排成一個系列。

用人類關係爲例，可以很容易讓大家理解這三個屬性。首先「爲人**丈夫**」這個關係是不對稱的，因爲如果A是B的丈夫，B就不是A的丈夫。相反，「爲人**配偶**」關係是對稱的。「爲人**祖先**」關係可以傳遞，因爲A的祖先的祖先是A祖先；但「爲人**父親**」不能傳遞。「爲人**祖先**」具有系列關係三個屬性中的前兩個，但不具有第三個連接屬性，因爲領域內任何兩個不同的項並非都有這種關係，即一個必定是另一個的祖先的關係。另一方面我們可以想想，在王室的情況下，兒子總是繼承父親的王位，因此爲人祖先的關係在王室家族線內是可以連接的，所以國王可以排成一個系列。

在邏輯和普通數學之間的過渡區域中，上述三種關係是最重要的。

這些邏輯裝置對一些發展很有用，我將會簡要講述一下這些發展，但我先來說一些總的看法。

在我小的時候，人們告知我說，數學是數和量的科學，或者說是，在數和度量的關係。這個定義過於狹窄。第一：傳統數學中講到很多不同種類的數，但它們僅僅是數學方法適用的領域的一小部分，而建立算術基礎所需要的大量推理，它們又與數之間沒有非常密切的關係。第二：在進行算術及其緒論處理中，我們必須牢記，只要命題對有限和無限的類或數同樣有可能爲眞，我們就不應該只爲前者進行證明。一般而言，當命題在更普遍的情況下可以被證明爲眞時，我們認爲在一些特殊類的情況下證明它們是浪費時間。第三：我們把建立傳統的一般運算定律作爲目標的一部分，這些定律包括：

加法結合律

$$(a+b)+c=a+(b+c)$$

加法交換率

$$a+b=b+a$$

類似的乘法結合律和交換律，以及乘法分配律

$$a\times(b+c)=(a\times b)+(a\times c)$$

初學數學的人總是會學到這些定律，但通常不知道這些定律是如何證明的，或者即使有人講解如何證明，也只是使用數學歸納法，因此只對有限數有效。加法和乘法的一般定義假設加數和乘數的數是有限的。這也是我們計畫要消除的限制之一。

使用名爲「選擇」的方法，我們可以把乘法的乘數擴展到無限個。以國會議員選舉爲例來說明「選擇」概念比較易懂。假設在國家中，每一個選出的代表必須是他所在選區的成員，總議會的構成則是多個選區的選擇。一般概念如下：給定的類的類，這些類全不爲空，一個選擇就是一個關係，它挑選出每個類的一個成員作「代表」。選法的數（假設沒有任何兩個類有共同的成員）是每個類的數的乘積。例如，假設我們有三個類，第一個類由x_1、x_2、x_3組成，第一個類由y_1、y_2、y_3組成，第三個類由z_1、z_2、z_3組成，那麼任何包含一個x，一個y和一個z的類就是來自三個類的類中的一個選擇，任何一位讀者都可以很容易地發現，一共有二十七種方法來做出這個選擇。

當我們採用了乘法的這個定義，我們遭遇了意想不到的困難。當類的數是無限的時候，我們不能確定任何一種選擇是可能的。當類的數是有限的，我們可以任意從每個類中挑選出一個代表，就像在政治大選中做的一樣；但是，當類的數是無限的時候，我們不能任意地選出一個無限數，我們不能肯定某個選擇是可能的，除非有某種內涵可以保證理想的效果。我舉一個例子：曾經有一個百萬富翁，凡是當他買鞋的時候，他都會買雙襪子。我們可以做出一個選擇，從每雙鞋中選一隻，因爲我們可以總是選擇左鞋或者右鞋。因此對鞋子而言，選擇是存在的。但是襪子是不分左右的，我們不能使用選鞋子一樣的規則來選擇。如果要能夠對襪子進行選擇，我們就不得不使用一些更具體的方法。舉例來說，我們確定一個點，在每一雙襪子中，都會有一隻襪子比另一隻更接這個點。這樣我們就可以透過找到離那個點更近的襪子來進行選擇。有一次，我在聖三一學院的「高桌」職員餐席用餐時，把這個想法告訴碰巧坐在旁邊的一位德國數學家，但他的唯一的評論是：「爲什麼要假設是百萬富翁？」

有些人認爲這是不言而喻的：如果相關的類沒有一個爲空，必定有可能從每個類中選出一個成員。也有人認爲並非如此。關於這一點，皮亞諾說得最好：「這個原則眞還是僞？我們的意見毫無價值。」我們定義了我們所稱的「乘法公理」：假定總是可以從一組非空的類的每個類中選出一名代表。我們沒有發現支持或反對這個公理的論據，因此，我們明確地認爲「乘法公理」是所有用到它的命題的假設之一。同時，我們也遇到了一個問題，策梅洛（Zermelo）建立他所說的「選擇原則」，這是一個略有不同，但在邏輯上等同的假定。策梅洛和許多人一樣，也認爲這是一個不言自明的眞理。由於我們沒有採納這種觀點，我們尋找了盡可能多的方法，在無需假設公理爲眞的情況下處理乘法。

選擇的邏輯理論，在任何時候都不依賴於「數」概念，我們在定義「數」之前就在《數學原理》中建立了選擇學說。這也同樣適用於另一個非常重要的概念，即在日常語言中「以此類推」（and so on）表達的概念。

假設你想用「爲人父母」的概念來定義的「爲人祖先」的概念。你可能會說，A是Z的一個祖先，如果A是B的父親，B是C的父親，以此類推，經過有限的步驟，你就得到了Y是Z的父親。這個類推過程很不錯，只是它含有「有限」這個單詞，而這個單詞必須加以界定。只有透過一個完全一般的概念的特別應用，才有可能定義「有限」這個詞，即從任何特定的關係所產生的「為人祖先」關係。早在一八七九年，弗雷格最初提出了這個「為人祖先」關係的概念，但他的工作被很多人忽視了，直到懷特海我和發展了它。我們希望定義的概念可以大致解釋如下：如果 x 對 y 有 R 關係，我們將從 x 到 y 的步驟稱為「步驟 R」。然後就可以從 y 進行一個「步驟 R」到 z。我們定義 x 關於 R 關係的屬性是：你可以從 x 開始進行「步驟 R」。我們不說經過「有限數的步驟 R」你可以達到所有事，因為我們還沒有定義「有限」這個詞，我們只能透過「後代」這個概念來定義。X 的 R 關係後代定義如下。我們首先定義一個 R 關係的「世襲」類，這個類的屬性是：它的一個成員透過步驟 R 到達的任何事，也都是它的一個成員。例如，被稱為「史密斯」這個屬性是在父親和兒子之間世襲的，人類的屬性是在父母與子女之間世襲的。我現在定義：「如果 y 屬於任何一個 x 在 R 關係上屬於的世襲的類，則 y 是 x 的 R 關係後代。」現在讓我們把這個定義套用在普通的整數上，令一個整數對它的後面跟著的那個整數的關係是 R 關係。如果我們現在想想 0 這個整數的後代，很明顯，1 屬於它後代，自 $1=0+1$；由於 1 屬於 0 後代，那麼 2 也是 0 的後代；由於 2 屬於 0 後代，那麼 3 也是 0 的後代。以這種方式前進，我們得到了一整組都屬於 0 的後代的數。所有這些數字，我們可以使用「數學歸納法」來證明。數學歸納法是這樣一個原則：如果一個數有某個屬性，而這個屬性也屬於這個數的直接後代，那麼它則屬於全體有限數。因為這個定義，就可以把 0 的後代定義為「有限」的數。人們曾經認為數學歸納法是一個原則，因為人們以為所有的數必定都是有限的。這是錯誤的。數學歸納法不是一個原則，而是一個定義。對於有些數它是正確的，但對另一些數卻是錯誤的。它能正確適用的數被定義爲有限數。例如，給一個有限數加上1，它就增加了；對無限數則不會這樣。

祖先關係這整個理論是非常重要的，不僅是在數方面。爲此，我們在引入數的定義之前建立了這個理論。

現在我來介紹《數學原理》下半部分的主要內容，我稱之爲「關係算術」。從數學的角度來看，這是我對本書最重要的貢獻。我所稱的「關係數」是一種全新的數，序數只是它的一個非常特殊的例子。我發現，所有對普通序數爲眞的一般定律，對這種更爲普遍的種類也爲眞。我還發現，關係數對理解結構來說是必不可少的。「結構」是像「以此類推」或「系列」這樣的短語，儘管其含義並不確切，人們卻常常運用它們。我們可以透過「關係算術」來精確地定義「結構」這個概念。

這個問題中的基礎定義，是對我們前面提到過的「次序類似」或「相似」的定義。凡就關係而言，它對相似性發揮了對類相同的作用。類之間的相似性是指，一個類的每個項與另一個類的相關項之間存在著一對一的關係。P關係和Q關係之間的次序相似則是指，P的領域中存在Q領域的相關器，但凡兩個項之間有P關係，那麼這兩個項的相關項就有Q關係，反之亦然。讓我們來看一個例子：假設P是已婚官員的位次關係，Q是他們的妻子的位次關係，那麼妻子對丈夫的關係使得P領域和Q領域有這樣的關聯：每當妻子們之間有Q關係的時候，她們的丈夫就有P關係，反之亦然。當兩個關係P和Q之間「次序類似」，如果

S是這種關聯關係，Q就是S和P和S的倒轉的關係產物。比如在上面的例子中，如果x和y是兩個妻子，x對y有Q關係，如果S是「爲人妻子」的關係，那麼x的丈夫對y的丈夫就有P關係，也就是說，Q是S和P和S的倒轉的關係產物；在本例中，S的倒轉是「爲人丈夫」關係。當P和Q是序列關係時，它們之間的相似性也包括：它們的項可以不變次序地進行關聯，但相似的概念適用於一切有領域的關係，即，這種關係的範疇和相反範疇是同一類型。

我們現在把P關係的關係數定義爲：在次序上與P關係相似的那些關係的類。這對於基數算術，就像用次序的相似性代替類的相似性，用關係代替類。而加法、乘法和指數的定義，或多或少地有些類似於基數算術中的定義。加法和乘法都遵循結合律，分配律一般在乘法中存在，加法中則沒有。只有在關係是有限的領域中才存在交換律。例如，在一個系列中，比如自然數列，給它加上兩個項。如果你在開頭添加這兩個項，新的系列就像之前一樣；但如果你在結尾處加上兩個項，情況就不一樣了。P關係和Q關係被定義爲x和y之間的關係，只要x對y有P關係，或者x對y有Q關係，或者x屬於P領域並且而y屬於Q領域。在此定義下，P和Q的和一般不同於Q和P的和。一般來說，不僅關係數是這樣，而且序數在任一或兩者都是無限的情況下也是如此。

序數是關係數的一個亞類，即它適用於「良好有序」系列。「良好有序」系列是這樣的系列：它的任何一個有成員的亞類都有第一項。康托爾研究了超限序數，但據我所知，我們在《數學原理》中才首次定義和研究了一般的關係數。

我們現在來看一兩個例子。比如，假設有一個成對的系列，你想用來從這些對中進行一系列的選擇，我們前面解釋過選擇公理，你就是從這個公理的意義上做選擇。這個過程非常類似於基數算術中的過程，只有一點不同，即我們現在關注的是把選擇排序，而之前我們只關心它們是一個類。假設我們就像在進行類的選擇時一樣，我們有三個組，(x_1, x_2, x_3)、(y_1, y_2, y_3) 和 (z_1, z_2, z_3)，我們打算從中做出一系列選擇。完成這個任務的方法有很多種，也許最簡單的一個是這樣：所有含有 x_1 的選擇都放在不含有 x_1 的選擇之前；在滿足這個條件的前提下，所有含有 y_1 的選擇都放在不含有 y_1 的選擇之前。在滿足前兩個前提的情況下，所有含有 z_1 的選擇都放在不含有 z_1 的選擇之前。我們也爲尾碼是2和3的項制定類似的規則。像這樣，我們就可以得到所有可能的選擇，這個系列開始於 (x_1, y_1, z_1) 並結束於 (x_3, y_3, z_3)。顯然該系列將有二十七個項，但這裡的數27已不再是一個基數，如我們之前的例子中那樣，而是一個序數，即一種特殊的關係數。它不同於基數，因爲它在選擇中建立了次序，而基數沒有。只要我們在有限數的範圍之內進行討論，序數和基數之間就不會有重大的一般差別；但當我們涉及到無限數的時候，差異就變得非常重要，因爲交換律不再適用了。

在證明關係算術的一般定律時，我們經常需要對系列的系列（series of series）加以處理。我們可以透過下面的例子進行直觀的了解。假設你必須壘砌大量的磚，爲了讓這個例子更有意思，我們假設你是被諾克斯堡（Fort Knox）的金庫僱傭，在那裡壘砌金磚。我假設，你先疊起一排磚，把每塊磚都置於前一塊的正東方；你然後另起一排，靠著第一排，但它在第一排的正北方；以此類推，直到你疊起盡可能多的排。然後你開始加上第二層，再在第二層上添加第三層，以此類推，直到所有的磚塊都疊砌起來。像這樣，每一排是一個系列，每一層就是一個系列的系列，整個金磚堆就是一個系列的系列的系列。我們可以將這個過程表述如下：設P是上下層之間的關係，P的領域由層構成；而每一層都是排的系列。設Q_1是頂層的各排南到北之間的關係，Q_2是第二層的各排之間的這種關係，以此類推。Q的領域是一系列的排。我們設頂層的最南端的排的東到西關係是R_{11}，而R_{12}是頂層南端第二排的東到西的關係，以此類推，直到R_{mn}結束，m指層數，n指在每一層的排數。在這個例子中，我假定層數和排數都是有限的，但這個限制其實是不必要的，目的只是爲了讓例子比較簡單。用日常語言來講述整個情況眞是既複雜又囉嗦，但用符號來表示就簡潔容易多了。設F是x對P的關係，x是P的領域的一個成員，則F^3是F和F和F的相關產品。例如，獨立的金磚對於P有F^3關係——這也就是說，每塊磚是P的領域的一個成員領域的一個成員領域的一個成員。在證明加法和乘法的結合律中，我們需要這樣的系列的系列的系列。

當兩個關係數在次序上相似時，我們可以說它們產生相同的「結構」，但結構是比這個更加一般性的概念，因爲它不僅限於二元關係，即兩個項之間的關係。三項或四項之間的關係在幾何中非常重要，而且懷特海本打算在《數學原理》的第四卷中處理這個問題，但在他做了大量的前期工作後，他的興趣減退了，於是他放棄這個打算，轉向了哲學。然而，我們很容易看出結構的概念可以如何進行概括。假設P和Q不再是二元的，而是三元關係，這種關係有許多我們熟悉的例子，例如「**兩個之間**」和「**嫉妒**」。如果有P和Q領域相關，只要*x y z*按這個次序有P關係，它們的相關項也就會以同樣的次序有Q關係，反之亦然，那麼我們會說P和Q領域具有相同的結構。結構之重要有經驗上的原因，但也有純邏輯的理由。當兩個關係具有相同的結構時，那麼除去取決於各自領域成員的性質之外，它們的邏輯性質是同一的。我所說的「邏輯性質」，是指可以用邏輯術語**表達**的性質，包含的不僅是那些可以透過邏輯**證明**的性質。用來定義系列關係的三個特點就是這樣一個例子。這三個特點是不對稱、傳遞和連接。它們可以用邏輯術語表示；如果一個關係具有這些特點的其中之一，那麼與它次序相似的所有關係也會有這個特點。每個關係數，無論是有限還是無限的，都是有這個數的任何一個關係的邏輯性質。一般來說，你在談到一個關係時，如果不提與有這個關係的項，也不引入任何不能用邏輯術語表示的性質，那麼你談到的有關這個關係的任何事，也同樣符合與這個關係相似的任何關係。邏輯性質和其他性質之間的區別非常重要。假設P是色彩之間的關係，比如彩虹的顏色秩序，「在顏色之間有關係」這一性質就不屬於所有在次序上類似於P的關係，但是「有次序」這個性質屬於這些關係。再來看看一個更複雜的例子：一張唱片和它播放的音樂在邏輯性質上是不可區分的，雖然它們是由截然不同的東西形成。

下面這個例子則有助於闡明結構的概念。我們假設，你知道一種特定語言的語法規則，但除了邏輯方面的單詞，你完全不知道其他單詞。假設你看到了用這種語言寫的一個句子：它可能有哪些不同的意義？它們有什麼的共同點？你可以給這個句子中任何一個單獨的詞賦予含義，使得整個句子具有意義，即在邏輯上有含義。那麼這個句子的含義就會有很多種可能性，也許是無限種可能性，但它們都具有相同的邏輯結構。如果這種語言滿足一定的邏輯要求，那麼在令你的句子爲眞的原因中，相應的結構同一性也是其中一種。

我認爲關係算術十分重要，不僅是作爲一個有趣的歸納，而且也因爲它提供了處理結構所需要的符號技術。在我看來，那些不熟悉的數理邏輯的人很難理解「結構」的含義，而且，由於這種困難，他們很容易在理解經驗世界的時候誤入歧途。主要是由於這個原因，大家對關係算術理論的忽視讓我感到十分遺憾。

但我驚訝地發現，並不是所有的人都忽視了它。一九五六年，我收到柏林洪堡大學的尤爾根·施密特（Jürgen Schmidt）教授的一封信，他告訴我說，關係算術的部分理論在「辭書編輯問題」中曾用過。一種語言中有無限個字母，如何規定字母次序，這就是「辭書編輯問題」。

第九章　外在世界

《數學原理》寫完之後不久，仍在印製過程中的時候，吉伯特·穆雷（Gilbert Murray）邀請我爲「家庭大學圖書館叢書」寫了一本小書，用通俗的語言介紹我的哲學的大致概要。這一邀請來得正是時候，脫離象徵演繹推理的艱苦工作讓我感到愉快，而且在那個時刻，我的觀念變得十分清楚明晰，這種情況是在那之前之後都不曾有過的，這種確定性讓我很容易地以淺顯的方式來表達它們。這本書是一個巨大的成功，至今仍在廣泛銷售。我想，大多數哲學家都仍然認爲這本書充分地論述我的觀念。

我重新閱讀了這本書，發現我仍然相信其中的大量觀點。我相信仍然同意「知識」不是一個精確的概念，而是匯入了「可能的觀點」之中。我仍然同意不證自明有程度之分，而且我們可以了解一個普遍命題而無需知道令其爲眞的實例，例如「所有以前從未被相乘在一起的數對，它們的乘積超過1,000」。但是我對其他一些事情的看法已經發生了重大變化。我不再認爲邏輯規律是事物的規律，相反，我現在認爲它們是純粹的語言問題。我不再認爲點、瞬和粒子是這個世界的部分原材料。我在這本小書中提及的歸納法現在看來十分粗疏。在談到普遍性和我們對它們的認識時，我曾信心十足，但現在我對此已經沒有那麼有信心了，雖然在這個問題上我並沒有產生任何信心十足的新看法。

關於點、瞬和粒子，是懷特海讓我從「教條休眠」中覺醒過來。懷特海發明了一種把點、瞬和粒子構築成事件組的方法，每組事件的範圍都是有限的，每個粒子的程度有限。這就讓我們可以在物理學中使用奧卡姆剃刀，我們曾在算術中以同樣的方式使用過它。數理邏輯方法的這個新應用讓我非常高興。這似乎表明，用於理論物理中的那些概念，它們所有的光滑性都來自於數學家的發明創造，而非世界的性質。而且，這似乎也爲感知問題開啟了一個全新的境界。一九一四年春天，我應邀到波士頓做羅威爾講座，我選擇的主題是「我們關於外部世界的知識」，在這個問題上，我開始利用懷特海的新裝置進行研究。

感知是我們了解物質世界的源泉，感知問題令我感到十分困惑。當兩個人在看一個給定的物件時，由於角度和光線的不同，他們所看到的東西也會存在差異。我們沒有理由挑選出一個感知者，說他看到的才是事物的本來面目。因此我們不能假設物質是任何人看到的樣子。對物理學家而言，這很普通：我們看不到原子和分子，但物理學家可以向我們保證，它們是構成物體的成分。生理學家同樣令人沮喪。他們清楚地表示，有一條複雜的因果鏈從你的眼睛直到大腦，你所看到的是什麼東西取決於大腦中發生的事情。如果除了通常原因以外，還有其他東西也可以引起同樣的大腦狀態，那麼你就可能會產生一個視覺感受，與通常引起這個視覺感受的實物沒有關係。這種事情和視覺沒有特別的關係。我們熟知的一個例子是，一個人會感到他的腳趾疼痛，儘管他的腿已被截肢。這些論證清楚地說明了，我們直接體驗到的東西不是物理學上的外部物件，然而，只有我們直接體驗的東西才使我們有理由相信物質世界。

我們可以嘗試用不同的方法來解決這個問題，其中最簡單的方法就是唯我論。我把唯我論看做一個假設，而不是信條。這就是說，我正在考慮這個學說，除了我自身的經驗之外，還沒有充分的理由接受它或拒絕它。我不認爲這個理論可以被反駁，但我也並不認爲任何人可以眞正相信它。

有些人認爲接受經驗是合理的，無論自己或是他人的經驗，而相信沒有任何人體驗過的事件則是不合理的。這一學說接受其他人的體驗，但拒絕相信沒有生命的事物。

最後，有一個成熟的理論獲得了樸素的現實主義者和物理學家的贊同；這個理論認爲，有些東西是活著的，並且是一組組的體驗，其他的東西則是無生命的。

第二個和第三個看法要求從我的體驗中推斷出我沒有體驗過的東西。這種推斷無法在邏輯上得到結論，只有透過接受某些原則才能證明它，而這些原則不在演繹邏輯範圍之內。在《哲學問題》（*Problems of Philosophy*）和我以前所有的想法中，我按物質在物理學中的樣子接受它們，但是這在物理學和感知之間留下了令人不安的鴻溝，或者說是在物質與心智之間留下了鴻溝。在我滿腔熱誠想要拋棄物理學家們的「物質」時，我希望能夠用結構展示某種假設性存在體，特定的感知者無法感知這個存在體，因爲那種結構是由他完全無法感知的元素構成的。當我第一次闡述我在羅威爾講座中構建這個原理時，我暗示這是一種可能性。在一九一四年出版的《科學》（*Scientia*）中，我透過論文〈感覺材料對物理學的關係〉（The Relation of Sense-Data to Physics）第一次闡述了這個原理。我在文中寫道：「如果物理學是可被證實的，那麼我們正面臨著以下問題：物理學將感覺材料展示爲物體的函數，但只有在物體可以被展示爲感覺材料的函數時，才有可能對物理學進行證實。因此，我們就必須解決用物體來表示感覺材料的方程式，讓方程式用感覺材料來表示物體。」但是，我很快開始相信，這是一個不可能行得通的方案，物體不能被解釋爲實際上體驗到的元素所構成的結構。在這篇論文後面的一段中，我解釋說我進行了兩類推論：(a)其他人的感覺材料，(b)我稱之爲「可感物」的東西，是事物出現在某個地方，但那裡沒有可以感知它們的心智。我繼續說，我倒希望能摒棄這兩類推斷，「並且因此將物理學建立在唯我論的基礎上；但我擔心大多數人的人性情感都強過他們對邏輯上的節省的渴求，毫無疑問，他們不會樂意把唯我論作爲物理學的基礎。」因此，我放棄了僅僅從體驗的材料中構建「物質」的嘗試，並滿足於將物理學和感知和諧地融爲單一整體的設想。

一九一四年的元旦，在我們關於外在世界的知識上，我突然有了幾個新的看法。其中最重要的一個，是我認爲空間有六維而非三維。我得出的結論是，在物理空間中被認爲一個點的東西，或更確切地說，作爲一個「最小區域」的東西，實際上是一個三維的複合體，一個人的全部感知就是它的一個實例。導致我產生這個看法的因素有多種。也許最有說服力的是，在沒有感知者的地方也可以形成工具，留下各種事情的紀錄，如果有人在那裡就可以感知它們。一張底片可以製作出某片選定星空的照片。一個答錄機可以記錄下附近人們所說的話。用這種方式記錄下的東西類似於一個人在相似的位置上所感知的東西，理論上是沒有什麼限制的。我們可以用拍攝星空的例子來解釋這涉及到了什麼。在任何地方，所有對於人眼可見的星星都可以被拍攝下來。因此在放置底片的地方，一些事情正在發生，這些事情和所有可以被拍下的星星有關。所以，在物理空間的一個微小區域內，每一個時刻都有各種各樣的大量事件在發生，這些事件與人眼可見或者儀器可以記錄下的所有事情有關係。而且這些事物互相之間具有空間關係，這種空間關係或多或少地與物理空間中的相關物體相對應。從物理學的角度來看，顯示在星空照片中的整個複雜世界，是位於照片拍攝的地方，同樣地，我的感知對象的複雜世界，就位於我說話的地方。根據這一理論，當我看到一顆星時，就涉及到三個地方：兩個物理空間和一個我的私人空間：星星在物理空間中的位置，我在物理空間中的位置，還有我知覺的星星位於我的其他感知對象之中的位置。

在這一理論中，有兩種方法來收集「事件束」。第一，你可以把同一「事情」的所有表象集成一束。例如，我們假設那件「事情」是太陽。首先，你收集人們看到太陽的所有視覺知覺。接下來，你收集天文學家拍攝太陽的所有照片。最後，你就得到了在不同地方發生的事件，透過這些事件可以在這些地方看到或者拍攝到太陽。整個「事件束」與物理學中的太陽有因果關係。事件透過光速，從太陽所在的物理空間的位置向外行進。當它們開始從太陽向外行進時，它們的特徵以兩種方式發生了變化。第一個方式可稱爲「常規的」方式，指根據平方反比定律發生的大小和強度的減弱。從非常近似的程度而言，這種改變在只在眞空中發生。但太陽在某個有物質的地方表現出的模樣變化，取決於這些物質的性質。薄霧讓太陽顯得發紅，淡淡的雲讓太陽看起來比較暗淡，完全不透明的物質將讓太陽完全看不見。（當我講「表象」的時候，我想的不只是人們所看到的太陽的景象，而且也是沒有感知者在場時太陽的模樣。）當中介物包含眼睛和視神經時，由此而呈現的太陽模樣就是人們實際上看到的景象。

一個給定物件在不同地方的表象，只要是「常規的」表象，在可見的情況下，是由透視規律聯繫起來的，如果它們是由其他感官察知，則會由一些或多或少相似的規律聯繫起來。

有正如我前面所說，還有一種將事件收集成束的方式。這個方式不同於收集事件的所有表象，而是把一個物理位置發生的所有事件收集起來。在一個物理位置發生的所有事件，我稱之爲「視景」。在一個給定的時間，我的所有感知對象構成了一個視景。在一個給定的位置上，儀器能記錄下的所有事件也是如此。在使用第一種收集事件束的方法，我們會得到太陽的許多景象。但是使用這第二個方法，事件束只包含太陽的一個景象，這個景象涉及那個位置上的每一可感知的「事件」構成了的表象。第二種收集成束的方式尤其適用於心理學。一個視景，當它正好出現在一個人的大腦中時，就會包含他的所有瞬間感知對象。從物理學的角度來看，所有這一切都存在於同一個地方，但是在視景中存在著空間關係，透過這種空間關係，物理學中的單一地方就變成了三維複合體。

有了這一理論，很多謎題都不復存在，包括不同的人對同一件事的感知存在差異的謎題，物理事物和它在不同地方的表象的因果關係的謎題，以及（也許是最重要的）心智和物質之間的謎題。這些謎題之所以形成，是因爲與給定感知對象有關的三個位置沒有區分開：(1)「事件」在物理空間中的位置；(2)我在物理空間中位置；(3)在我的視景中，我的這個感知對象相對於其他感知對象所占據的位置。

我並不認爲上述理論是能夠解釋事實的唯一理論，也不認爲它必定爲眞。我把它作爲這樣一個理論提出來：它與所有已知事實是一致的，而且到目前爲止，它是唯一能做到這一點的理論。在這個方面，它和愛因斯坦的廣義相對論處於同一水準上。所有這些理論都超越了事實可以證明的範圍之外，而且，如果它們可以釋疑解惑，並和已知事實相容，那麼至少就暫時來說，它們是可以接受的。這就是我對這個理論的說明，像所有一般的科學理論都應該有的說明一樣。

懷特海把點解釋成事件的類，這個方法對我得出上述理論有很大的幫助。但我認爲值得懷疑的是，事件是否可以構建成任何具有某種特點的東西，而這種特點正是我們期望幾何點所具備的。懷特海假設每個事件都有有限的範圍，但事件的範圍沒有最小限制。我發現了一個方法，可以把具有最小限度的事件的類中構建爲點，但他和我的方法都只能在有某些設定的條件下才起作用。如果沒有這些假定，儘管人們可以到達非常小的區域，但卻可能無法到達點。正是由於這個原因，我才會在前面的敘述中使用「最小區域」，而不是點。我不認爲這會造成重大的區別。

第十章　維根斯坦的影響

《數學原理》起初並不太受歡迎。歐洲大陸的數理哲學分爲形式主義和直覺主義兩個學派，他們都完全拒絕把從邏輯中推導數學，並且把矛盾作爲他們拒絕的理由。

希爾伯特（Hilbert）所領導的形式主義者認爲，算術符號不過是紙上的痕跡，不具任何意義，而且認爲算術中的規則是爲了運用這些符號而制定的，就像國際象棋中的規則。這種看法的優點在於，它可以避免一切哲學爭論，但是它的問題是無法解釋數在計數中的運用。形式主義者給出的所有運用規則都被證實了，如果符號被用來表示100或1,000或任何其他有限數。但這種看法無法解釋一些簡單語句的含義，比如「這個房間裡有三名男士」或者「曾經有十二名使徒」。對於做加法而言，這個看法完全說得通，但對數的運用就不行了。但數的運用非常重要，所以我們只能認爲，形式主義者的看法是一種不能解決問題的逃避。

直覺主義學派由布勞威爾（Brouwer）領導，他們的看法需要更認眞地討論。直覺主義者的關鍵看法是否定排中律。他們認爲，當有方法確認一個命題的眞僞時，這個命題不爲眞則爲僞。一個常見的例子是命題「在π的小數點後有三個連續的7」，在已經知道的π值部分沒有三個連續的7，但沒有理由認爲在後面的部分這是不可能發生的。如果後面的確出現了三個連續7，這件事就有了定論，但如果還沒有出現三個連續7，就無法證明後面不可能再出現。因此，雖然我們可以成功地證明**存在**三個連續7，但我們永遠不能證明不存在三個連續7。這個問題在分析方面非常重要。無限小數有時會根據規則延續位數，這個規則讓我們可以計算任意多少的項。但有時（我們必須這樣假設）它們並不依照任何規則。根據人們普遍承認的原則，後一種情況比前一種常見不知多少倍，而且如果這種「無法無天的」小數不被承認，整個實數學說就會崩潰，微積分和幾乎整個高等數學體系也會隨之瓦解。布勞威爾毫不畏縮地面對這場災難，但是大多數數學家都覺得無法忍受。

跟在上述的數學例子中出現相比，這個問題更加普遍得多。問題是：「當沒有辦法確定一個命題是眞是僞時，說這個命題不爲眞即爲僞是否有任何意義？」或者換個說法，「『眞』是否相當於『可被證明』？」我不認爲我們可以把這兩者當做同一回事，除非我們想莫名其妙地陷入拙劣的悖論之中。看看下面這樣一個命題：「西元一年一月一日在曼哈頓島下雪了。」我們沒有方法來證實這個命題是眞是僞，但認爲它既不爲眞也不爲僞就顯得很荒謬了。這裡我不會進一步探究這個問題，因爲我在《對意義和眞理的探究》（*Inquiry into Meaning and Truth*）的第二十和第二十一章中詳細討論過了，在本書後面的章節中我會再回到這個問題上來。與此同時，我認爲應當否定直覺主義者的看法。

直覺主義者和形式主義者從外部攻擊《數學原理》中的觀點，擊敗他們的攻擊似乎並不十分困難。維根斯坦和他的學派則完全不同，他們從內部攻擊《數學原理》，提出了值得尊重的批評意見。

維根斯坦的看法對我影響深刻。我認爲在許多問題上我過分地贊同他了，但我必須首先解釋一下問題是什麼。

維根斯坦對我產生了兩次影響：第一次是在第一次世界大戰之前；第二次則是在戰爭剛

剛結束，他把他的《邏輯哲學論叢》（*Tractatus*）手稿送給我的時候。他後來的學說，像《哲學研究》（*Philosophical Investigations*）中的那些，就完全沒有再影響到我了。

在一九一四年初，維根斯坦送給我一篇打字機打出來的短文，是他關於各種邏輯問題的筆記。這篇短文和我們之間的大量交談一起，影響了我在戰爭時期的想法。戰爭時期他在奧地利的軍隊中，我們之間的所有聯繫都中斷了。在這個時期，我對他的學說的了解全都來自於未發表的資料。我認為我的看法來源於他的觀點，但實際上那些觀點是不是他的，我自己也不能肯定，無論在當時還是後來。他總是堅決否定別人對他的觀點的闡述，即便是他熱誠的弟子們的闡述。就我所知，唯一的例外是拉姆齊，我很快就會談到這個人。

一九一八年初，我在倫敦舉辦了一些講座，內容後來發表在《一元論者》學報上（一九一八和一九一九年）。在序中，我表達了對維根斯坦的感謝：「下面的文章是一共八個講座中的開頭兩篇，一九一八年初我在倫敦舉辦了這些講座，主要是解釋我從我的朋友和以前的學生路德維希．維根斯坦那裡學到的一些某些觀點。自一九一四年八月起，我已經無法再了解他的看法，我甚至不知道他是否仍在世。因此，除了最初提供了一些想法之外，他對這些講座的內容不負任何責任。剩下的六篇將在以後的三期《一元論者》中登出。」

正是在這些講座中，我第一次使用了「邏輯原子主義」這個名稱來形容我的哲學。但多談這個階段並不值得，因為維根斯坦在一九一四年的學說尚不成熟。重要的是《邏輯哲學論叢》，維根斯坦在停戰後很快就送給了我一份打字稿本，那時他仍然是關在蒙特卡西諾的囚犯。我會討論《邏輯哲學論叢》中的學說，首先講它當時對我的影響，然後談自那之後我對它的思考。

《邏輯哲學論叢》中的基本哲學觀點也許就是，命題是它所斷言的事實的一幅圖片。是一幅清楚傳達了資訊的地圖，無論資訊是否正確。而當資訊是正確的，這是因爲地圖和相關的區域具有結構上的相似性。維根斯坦認爲，這也適用於語言對事實的斷言。例如他說，如果你使用的符號 aRb 來表示一個事實，即 a 對 b 有 R 關係，你的符號之所以能夠這樣做，是因爲它在 a 和 b 之間建立了一種關係，這種關係代表了 a 和 b 之間的關係。這個觀點強調了結構的重要性。例如他說，語言和世界之間存在圖案式的內在關係，唱片、音樂構思、樂譜、聲波，相互之間都有那種關係。它們擁有共同的邏輯結構。

> （就像故事中的兩個年輕人，他們的兩匹馬，和他們的百合花。在某種意義上他們就是一回事。）（《邏輯哲學論叢》，4.014）

在強調結構的重要性方面，我仍然認爲他是對的；他的另一個觀點，認爲眞命題必然複製了相關事實的結構，雖然現在我覺得非常可疑，但當時我接受了。即使它在某種眞正意義上爲眞，我也不認爲它有什麼重大意義。但是在維根斯坦看來，這是根本性的。他在這個基礎上發展了一種奇怪的邏輯神祕主義。他認爲，一個眞命題與相應事實共有的**形式**，只能被顯示出來，而不能被說出來，因爲它不是語言中的另一個詞，而是詞或相應事情的一種安排整理：「命題可以表現整個實在，但它們不能表現它們和實在之間所共有的東西，它們正是透過這種東西才能夠以邏輯形式表現實在。」

「爲了能夠表現邏輯形式，我們必須能夠忍受邏輯之外的命題，那是世界之外的東西。」（《邏輯哲學論叢》，4.12）這是唯一的一個我至今仍未相信的觀點，但當時我差不多就同意維根斯坦了。我在《邏輯哲學論叢》的導言中建議，雖然在任何特定的語言中，有些事是語言所不能表達的，但總歸是可以構建一種更高層次的語言來表達這些東西。在新的語言中仍然有無法表達的東西，但它們可以在下一種語言中表達，以此類推永無止境。這在當時是個新建議，現在它已經成爲人們普遍接受的邏輯通識了。它解決了維根斯坦的神祕主義，而且我認爲，它也解決了後來哥德爾（Gödel）提出的謎題。

下面我來談談維根斯坦對同一性的看法，這一點非常重要，可能一開始並不十分明顯。爲了解釋這一看法，我必須首先談談《數學原理》對同一性的定義。在一個物件可能具有的屬性中，懷特海和我將一些「謂項的」屬性區分開來。這些屬性不指任何屬性的整體，比如你可能會說「拿破崙是科西嘉人」或「拿破崙是胖的」，在這樣說的時候，你沒有指任何屬性的組合。但如果你說「拿破崙具有一名偉大統帥的所有特點」或「女王伊莉莎白一世擁有她父親和祖父的一切優點，並且沒有他們兩個的缺點」，你指的是一個屬性整體。爲避免某些矛盾，我們將這種指一個整體的屬性和「謂項的」屬性加以區分。我們定義「*x*與*y*是等同的」意思爲「*y*具有*x*所有的謂項屬性」，而且，在我們的體系中，*y*會具有*x*的所有屬性，無論是否爲謂項的屬性。對此，維根斯坦反對如下：「羅素不能這樣定義『=』，因爲根據這個定義，我們不能說兩個物件的所有屬性都是共有的。（即使這個命題永不爲眞，它仍然**有意義**。）

「大致來說：說**兩**件事是等同的，這是無稽之談，但說一件事與它自己是等同的，相當於什麼也沒有說。」（《邏輯哲學論叢》，5.5302 和 5.5303）有段時間我接受這個批評意見，但很快我得出結論，這個批評讓數理邏輯成爲不可能之事，而且，實際上維根斯坦的這個批評是不成立的。如果我們想想計數，這就顯得尤爲明顯：如果 *a* 和 *b* 的所有屬性都是共有的，你在提到 *a* 的時候一定就會提到 *b*，或者計數到 *a* 的時候同時一定也會數到 *b*，不是作爲一個單獨的項，而是在同一次計數中。因此你可絕不會發現 *a* 和 *b* 是兩個項。在維根斯坦的批評意見中，他假定差異性是一種不可定義的關係，儘管我不認爲他知道他做出了這樣的假定。但如果他沒有這樣做這樣的假定，我看不到他有什麼理由可以說：兩個物體所有的屬性都是共有的，這具有意義。但是如果承認了差異性，那麼，如果 *a* 和 *b* 是兩個物體，*a* 就會具有一個 *b* 不具有的屬性，即與 *b* 具有差異。因此，我認爲維根斯坦在同一性上的觀點是錯誤的。而且，如果這個觀點是錯誤的，他的系統中的很大一部分就不能成立。

比如，數2的定義。我們說，一個類有兩個成員，如果有成員 *x* 和 *y*，而且 *x* 不是與 *y* 等同的，並且，如果 *z* 是這個類的成員，則 *z* 與 *x* 或 *y* 等同。這樣的界定非常難以符合維根斯坦的習慣，即要求我們永遠不使用「$x = y$」或「$x \neq y$」這種表達形式。但是，我們應該使用不同的字母來代表不同的東西，絕不使用兩個不同的字母來表示同樣的東西。除了技術上的困難之外，由於上述的原因，很明顯，如果兩個事物的所有屬性都是共同的，那它們就不能**算作**兩個，因爲這涉及到對它們加以區別，從而給它們賦予不同的屬性。

還有更遠一步的後果，那就是我們不能生產這樣一個內涵：它是一組特定的列舉物件所共有和特有的。例如，假設我們有三個物件，*a*、*b*、*c*，那麼，與*a*等同或者與*b*等同或者與*c*等同的屬性則會是*a*、*b*、*c*所共有和特有的。但是在維根斯坦的系統中，就無法用這個方法。

還有一點相當重要，那就是維根斯坦不會認可有關世界上事情整體的任何陳述。在《數學原理》中，所有事情的總體被定義爲*x*的類，這些*x*滿足x = x，我們可以指定一個數給這個類，就像我們指定一個數給其他所有類一樣，當然，我們不知道是指定哪個數才是對的。維根斯坦也不會認可這一點。他認爲「世界上存在三個以上的東西」的說法是毫無意義的。一九一九年，當我在海牙與他討論《邏輯哲學論叢》時，我面前有一張白紙，我在上面抹了三處墨點。我希望他承認，因爲有這三個墨點，世界上就必然有三個以上的東西，但他堅決拒絕了。他承認頁面上有三個墨點，因爲這是一個有限的說法，但他完全不認可世界是一個整體的任何說法。這與他的神祕主義有關，但爲這提供理由的卻是他拒絕承認同一性。

在我稱爲「無窮公理」的方面，這類問題也很重要。如果一個世界只包含有限數的東西，對這批東西而言，就會有一個數上限。在這樣一個世界中，所有的高等數學會坍塌。在我看來，世界上有多少東西是一個純經驗的問題，我不認爲邏輯學家應該對這一點有什麼意見。因此，數學上的所有部分，只要涉及到無限數的東西，都被我當做假設來處理。所有這一切都激怒了維根斯坦。他說你可以問自己「倫敦有多少人？」或「陽光所到之地有多少分子？」但推斷世界上存在至少那個數的東西則毫無意義。他的這部分學說在我看來澈底錯誤的。

維根斯坦公布了兩個一般原理，外延性原理和原子原理；如果爲眞，這兩個原理是非常重要的。

外延性原理說，一個命題*p*的陳述的眞僞，完全取決於*p*的眞或僞；一個命題函數的陳述的眞僞，完全取決於函數的外延，這就是說，取決於令命題爲眞的取值範圍。從表面看來，反對這個原理的論據顯而易見。我舉個例子，「A相信*p*」。很明顯，一個人可能相信一些眞命題，卻不相信其他的眞命題，所以「A相信*p*」並不完全取決於*p*的眞僞。維根斯坦在這個問題上說過一段非常神祕的話。他說，「在一般命題形式中，命題出現在一個命題中僅僅是作爲眞值演算的基礎。

「一眼看上去，一個命題出現在另一個命題中似乎還可以有一種不同的方式。

「特別是在心理學的某些命題形式中，比如『A認爲，這是*p*的情況』，或者『A認爲是*p*』，等等。

「〔在現代認識論中（羅素、摩爾等），那些命題都是以這種方式構想出來的。〕

「但是很明顯，『A相信那是*p*』，『A認爲是*p*』，或者『A說是*p*』，都是

『「*p*」說是*p*』的形式：這裡的事實和物件沒有協同關係，而是依靠物件之間的協同關係讓事實之間也具有了協同關係。

「由此可見，並不存在像靈魂（主體，等等）這樣的東西，雖然淺薄的現代心理學認為靈魂存在。」（《邏輯哲學》，5.54ff）

維根斯坦的說法是，「A相信*p*」不是*p*的函數，而是A表達命題*p*或者身體狀態的函項，不管是什麼樣的身體狀態，都形成了他的這種相信。維根斯坦，像往常一樣玄妙難懂，他發表意見就好像是在發布沙皇的敕令，但是謙卑的草根小民對這種方式難以感到滿意。在《對意義和眞理的探究》中（第二六七頁後），我詳細地研究了這個問題，但我得到的結論卻不太確定。

下面是維根斯坦敘述原子性原理的原話：「對複雜物的每個敘述都可以被分析為對其組成部分的敘述，並分析為澈底描述這些複雜物的一些命題。」（《邏輯哲學論叢》，2.0201）這一原理可以說是體現了對分析的信念。在維根斯坦寫《邏輯哲學論叢》的時候，他相信（我認為，後來他後來不相信了）世界是由大量的簡單物構成，這些簡單物有不同的屬性和關係。簡單物的簡單屬性和簡單關係是「原子事實」，對它們的斷言是「原子命題」。這一原則的要點是，如果你知道所有的原子事實，也知道那就是全部了，你將能夠僅僅透過邏輯推斷出其他所有的眞命題。與這個原則有關的最重大困難，仍然是像「A相信*p*」這樣的命題，因為這裡的*p*是複雜的，是**作為**一個複合體進入命題的。這種命題的特點是，它們包含兩個動詞，一個主要動詞，一個附屬動詞。讓我們來看一個非常簡單的例子，「A相信B是火熱的」，這裡的「相信」是主要動詞，「是」則是附屬動詞。原子性原則要求我們找到一個方式來表達事實，而不引入附屬的複合體「B是火熱的」。對於這一原則，我也在《對意義和眞理的探究》中（第二六二頁後）進行了詳盡的討論。

對這兩個原則，我的結論如下：「(1)在對外延性原則進行嚴格地詮釋，並分析像『A相信*p*』這樣的句子中，這個原則沒有顯示出爲僞的跡象；(2)類似的分析同樣不能證明原子性原則爲僞，但也不足以證明其爲眞。」（《對意義和眞理的探究》，第二七三頁）

對於維根斯坦的兩個原則，更常見的是批評是，沒有理由相信簡單體或原子事實。我相信維根斯坦自己後來也想過這個。但要討論這個問題，我們就會遠遠離開《邏輯哲學論叢》。後面我會再回到這個問題上。

維根斯坦認爲邏輯完全是由同義反複構成。我覺得他在這一點上是正確的，雖然我直到讀到他關於這個題目的文章時才這樣認爲。與此有關係的另外一點也非常重要，就是所有的原子命題都互相獨立。人們曾經認爲一個事實可能在邏輯上依存另一個事實。其實只有在某個事實是由兩個事實合在一起的時候，才會出現這種情況。「A和B是男士」，邏輯上可以得出A是一名男士，那是因爲「A和B是男士」實際上是把兩個命題放在了一起。這個原則的結果是，在現實世界中爲眞的原子事實的任何選擇集，可能就是邏輯可以證明的原子事實的整體，但顯而易見的是，原子性原則在這方面是不可或缺的，如果它不爲眞，我們就不能斷定最簡單的事實有時可能沒有邏輯上的聯繫。

在《數學原理》（一九二五）的第二版中，我考慮了維根斯坦的一些觀點。我在新的導言中加入了外延性原則，並將該原則的反對意見放入附錄C中，我在總體上判定這些反對意見是不成立的。這個新版本的主要目的是將「還原性公理」的使用減少到最低限度。我很快就會解釋到「還原性公理」。如果我們一邊想避免矛盾，一邊又想保留那些通常被認為是無可爭議的數學系統，這個公理就顯得很必要。但它是一個遭受非議的公理，因為人們懷疑它是否為眞，而且因為（這一點更重要）如果它為眞，這種為眞似乎是在經驗上而非邏輯上。懷特海和我意識到，這個公理是我們系統中一個薄弱點，但我至少認為，它跟平行公理類似，平行公理一直被視為歐幾里德幾何學中的薄弱點。我認為遲早會發現一些方法，可以讓我們無需再使用這個公理，而在同時，把疑難都集中在單獨的一個點上是件好事。在《數學原理》的第二版中，我成功地在大量情況下去掉了這個之前看似必不可缺的公理，尤為突出的是，在所有用到數學歸納法的情況中都去掉了它。

現在我來解釋一下這個公理以及為什麼它顯得不可或缺。我之前已經解釋過，涉及屬性整體的命題和其他命題之間的差異。針對屬性整體的命題很容易成為麻煩的根源。例如，假設你定義「一個典型的英國人就是擁有大多數英國人所具備的屬性的人。」你可以很容易意識到，大多數英國人其實並不具備的多數英國人所具備的**所有**屬性，因此根據你自己的定義，一個典型的英國人就不典型了。但問題出現了，因為事實上「典型」這個詞的定義涉及到所有屬性，而且這個詞自身就被視爲是一個屬性。因此看上去，如果要正當地談論「所有屬性」，你就不是眞的在指「所有屬性」，而只是在指「所有不涉及屬性整體的屬性」。如我前面談到過，這樣的屬性被我們定義爲「謂項的」屬性。還原性公理稱，不是謂項的屬性總是在形式上等價於一些謂項的屬性。（當兩個屬性屬於同一組主項時，或者更確切地說，對每一個自變項它們的眞値都相同時，它們在形式上就是等價的。）

在《數學原理》的第一版，我們解釋了接受這個公理的原因：「『還原性公理是不證自明的』這個命題難以站得住腳。但事實上，不證自明僅僅是接受公理的部分原因，絕不是不可或缺的原因。一直以來，接受一個公理，或者接受任何其他命題的理由主要仍是歸納，也就是說：許多幾乎不容置疑的命題可從公理中推斷得出，公理爲僞卻令命題爲眞不太可能，並且從這個公理不能推斷出任何僞的東西。如果一個公理明顯是不證自明的，那僅僅意味著它實際上幾乎毋庸置疑；事情被認爲是不證自明的，而且也尙未被證明爲僞。而如果公理本身幾乎是毋庸置疑的，這僅僅是增加了歸納證據，因爲其後果幾乎是不容置疑的：它並沒有提供完全不同的新證據。無懈可擊的情況永遠都不會有，每個公理和它所有的後果總會被貼上一些懷疑成分。在形式邏輯中，懷疑的成分比大多數科學中都少，但也不是沒有，比如悖論就是來自一些以前不知道需要限制的前提。在還原性公理的情況中，對它有利的歸納證據很強大，因爲它所容許的推理及其結果都顯得是有效的。但是，雖然這個公理變爲僞的可能性似乎很小，它也有可能是從其他一些更根本、更明顯的公理推斷出來的，我們有可能過於強烈地使用了惡性循環原則（就像在前面所述的層型中），如果使用得比較溫和，我們也許就能避免用到這個公理。但是這種變化，不會讓任何基於上面說明的原則而爲眞的東西變爲僞：變化僅僅是爲同一定理的證明提供了更容易的方式。因此幾乎不用擔心使用還原性公理會導致我們走向錯誤。」（導言，第二章，第七節）

在第二版中，我們說：「在涉及還原性公理的問題上加以改善顯然非常可取。使用這個公理的理由完全是務實的：它會導致理想的結果，而不是導致其他結果。但顯然這個公理並不是令我們滿意的那種。但是關於這個問題，還不能說我們現在已經獲得一個令人滿意的解決方案。萊昂．屈斯特克博士（Dr Leon Chwistek）英勇無畏地剔除了這個公理而沒有採取任何替代物，他這樣的做法顯然會迫使我們犧牲大量的普通數學；維根斯坦從哲學出發建議了另外一個方法。它假設命題函數總是眞值函數，並且一個函數只能透過自己的值出現在一個命題中。這種方法存在著困難，但也許並不是不能克服的。它涉及這樣一個後果，即所有函數的函數都是外延的。這就需要我們堅持『A相信p』不是p的函數。爲什麼這是可能的？《邏輯哲學論叢》中有詳細解說（如上，第十九—二十一頁）。我們不打算宣稱這一理論是完全正確的，但它似乎值得我們在後面的篇幅中弄出結果來。看來第一卷中的所有內容仍然爲眞（雖然往往需要新的證據）；歸納基數和序數的理論完好無損，但無限戴地欽德和良序級數的學說基本上崩潰了，因此再也不能對實數（一般來說）和無理數進行適當處理了。此外康托爾$2^n > n$的證明也坍塌了，除非n是有限的。也許還有其他一些不像還原性公

理那麼遭受非議的公理，也有可能造成這些結果，但我們還沒有發現這樣一個公理。」（導言，第十四頁）

《數學原理》第二版出版後不久，拉姆齊在兩篇很重要的論文中談到還原性公理的問題：一是一九二五年發表的《數學的基礎》（*The Foundations of Mathematics*），另一篇是一九二六年發表的《數理邏輯》（*Mathematical Logic*）。不幸的是，拉姆齊英年早逝，他沒有能深入全面地發展他的看法，但他已經取得了非常重要的成果，值得我們認眞考慮。他的主要論點是，數學必須進行純粹外延，《數學原理》的麻煩自於一個內涵觀點的不合規則的入侵。懷特海和我認爲，一個類只能由一個命題函數的方法來定義界定，而這也適用於似乎是被列舉所定義的類。例如，一個包含三個人 a、b、c 的類，是由命題函數「$x = a$ 或 $x = b$ 或 $x = c$」的命題函式定義的。維根斯坦拒絕了同一性（拉姆齊接受了這一點）讓這種方法成爲不可能，但在另一方面，拉姆齊認爲，用列舉來定義一個無限類，這在**邏輯**上是無可厚非的。**我們**不能定義這樣一個無限類，因爲我們是凡人，但我們的死亡是一個經驗上的事實，邏輯學家應該忽略這一點。基於這個理由，他認爲，乘法公理是一個同義反複。例如，在那個百萬富翁有無限多雙襪子的例子中，拉姆齊認爲，沒有必要制定一個**原則**來從一雙襪子中挑選出一隻。他認爲，就邏輯而言，一個無限數的任意選擇，如同一個有限數的選擇一樣，都是可容許的。

他運用一個類似的觀點來改變命題函數的概念。懷特海和我把命題函數作爲包含一個未知變項的表達，一旦給變項賦值，它就成爲了普通的句子。比如「x是人類」這個命題函數，一旦將合適的名稱代入「x」，它就成爲了一個普通的句子。從這樣的觀點來看，命題函數由內涵（除去那些關於變項的）構成。「是人類」則形成了大量普通句子的一部分，而命題函數是產生一堆這種句子的方法。函數的值則根據短語的內在性質，由變項的幾個不同值而確定。拉姆齊對命題函數有頗爲不同的看法。他認爲命題僅僅是一種手段，用以把命題及其相關變項的值聯繫起來。他說，爲了某些目的，我們仍然需要之前定義的謂項函數概念，此外，我們應該透過外延來定義，或者說是解釋（因爲在我們的系統中它必須被視爲不可定義的）命題函數的新概念。一個個體的這樣一個函數，來自於命題和個體之間外延上的「一對多」關係；這就是說，一個相互關係，無論是否可行，它都把每個個體聯繫到一個獨特的命題上，個體成爲函數的自變項，命題成爲函數的值。

因此，Φ（蘇格拉底）或許安妮女王已經死了，

Φ（柏拉圖）或許愛因斯坦是一個偉人；

$\Phi\hat{x}$ 只是命題Φx和個體們x''的任意的聯繫（《數學的基礎》，第五十二頁）。

透過對「命題函數」概念的新解釋，他就能省去還原性公理，而且還可以用在符號上與《數學原理》中的定義沒有區別的東西來定義「$x = y$」，儘管它現在有了一個新的解釋。就這樣，他成功地保留了《數學原理》原有的符號部分，幾乎沒有做任何改動。關於符號部分，拉姆齊說，「形式上它幾乎沒有變動過；但其意義已大大改變。我採取像這樣保留形式

同時又改變其含義的做法，是在追隨數理邏輯學家們的一個偉大流派，他們透過一系列驚人的定義，將數學從懷疑論者手中拯救出來，並爲數學命題提供了嚴格的論證。只有這樣，我們才能保護數學免遭布勞威爾和韋爾（Weyl）的激進主義威脅。」（《數學的基礎》，第五十六頁）

拉姆齊對「命題函數」概念的新解釋是否有效，我覺得很難評判。存在體對命題具有完全任意的相互關係，我認爲這不能讓人滿意。舉例來說，從「對 *x* 的所有值而言，*fx* 爲眞」推到「*fa*」，按照拉姆齊對「*fx*」這個概念的解釋，我們仍然不知道「*fa*」可能是什麼。相反，在我們知道「*fx*」是什麼之前，我們必須知道「*fa*」、「*fb*」、「*fc*」等等，它們分布在整個宇宙之間。一般命題會失去了維護自己存在的理由，因爲它們的斷言只能透過列舉所有的單獨情況來說明。不管人們如何看待這個反對意見，拉姆齊的建議無疑是巧妙的，而且，如果說這個建議還沒有提供一個完整的解決方案的話，那它的方向也是正確的。拉姆齊自己也曾表示過懷疑。他說，「我認爲，對懷特海和羅素觀點的重構雖然克服了許多難題，但它並非澈底地令人滿意。」（《數理邏輯》，第八十一頁）

在有件事上，我認爲拉姆齊是絕對正確的。我曾列舉了各種矛盾，其中一類是像有人說「我在說謊」這樣的，其他類則和是否有一個最大基數的問題有關係。拉姆齊表明，前一類矛盾涉及單詞或短語對它的含義的關係，是將這兩者的混淆所產生的結果。避免了這種混淆，這樣的矛盾就會消失。其他類的矛盾，拉姆齊認爲，只能由類型學說來解決。在《數學原理》中有兩種不同的層型。一種是外延階層：個體，個體的類，個體的類的類，以此類推。拉姆齊保留了這個階層。但還有另一種階層，正是這個階層令還原性公理成爲必要。這是一個給定物件的給定自變項或屬性的函數階層。首先是謂項函數，它並不指任何函數的總體；然後是指謂項函數總體的函數，比如「拿破崙具有一名偉大統帥的所有特點」。我們可以稱之爲「第一級函數」。然後是指第一級函數的總體的函數，以此類推至無窮。拉姆齊對「命題函數」這個概念的新解釋則消除了這種階層，並因此剩下的只有外延階層。我希望他的理論是成立的。

拉姆齊雖然以維根斯坦弟子的身分著書立學，並且除神祕主義以外，他在所有方面都追隨了維根斯坦，但他處理問題的方法卻與維根斯坦迥然不同。維根斯坦發布警句格言，讓讀者憑自己的最大能力去揣摩這些警句格言的深意。他的一些警句格言，從字面上看，幾乎無法與符號邏輯的存在相容。拉姆齊則相反，雖然他對維根斯坦亦步亦趨，但他細緻謹慎地展示了，無論什麼學說都可以置入數理邏輯的資料之中。

關於數理邏輯的基礎，存在著大量非常深奧的文獻。自從一九二五年《數學原理》第二版出版，除在《對意義和眞理的探究》中討論外延性原則、原子性原則和排中律以外，我就沒有在這方面做過切實的研究。因此，後來關於這一方面的研究並沒有影響我的哲學發展，也就不在本書討論的範圍之中。

第十一章　認識論

從一九一四年八月至一九一七年底，我一心忙於反戰事務，但到一九一八年初，我相信自己在促進和平方面已經無法做得更多了。我儘快寫完了一本我曾答應會寫的書，名爲《自由之路》（*Roads to Freedom*），但在這本書完成後，我就再次開始了哲學研究。我之前談到過邏輯原子主義講座，我在入獄之前剛剛完成這些講座。在監獄裡，我先寫了一篇批評杜威（Dewey）的文章，然後開始寫《數學的哲學導論》（*Introduction to Mathematical Philosophy*）。在此之後，我發現我的思想轉向認識論，轉向心理學和語言學中似乎與認識論有關的部分。這是我的哲學興趣中的一個永久性變化，其成果體現在下面三本書中：《心的分析》（*The Analysis of Mind*）（一九二一年）；《對意義和眞理的探究》（一九四○年）；《人類的知識——其範圍和界限》（*Human Knowledge: Its Scope and Limits*）（一九四八年）。

這項工作開始之初，我沒有固定的信念，只有某些格言警句和成見。在進行廣泛閱讀之後，我終於發現，就像是我在《數學原則》之前的閱讀一樣，我讀的很大一部分東西與我的目的無關。

在我一開始的成見中，我下面列出的六點特別重要：

首先，我認爲強調動物和人類之間心智的連續性很重要。我發現人們普遍反對說動物行爲具有理智，雖然我大致上也反對，但我認爲解釋動物行爲的方法應該遠遠廣泛於解釋人類「思維」、「知識」或「推理」的方法。

這種成見導致我閱讀了大量的動物心理學資料。令我感到好笑的是，我發現這個領域中有兩個學派，其中最重要的代表人物是美國的桑代克（Thorndike）和德國的科勒（Köhler）。觀察動物的人自己有某種哲學，而動物的舉止方式似乎總是在顯示這種哲學的正確性。這種毀滅性的發現存在於更廣泛的領域。在十七世紀，動物的形象本來相當兇殘，但在盧梭（Rousseau）的影響下，牠們開始體現出聖潔的野性來，就像皮科克（Peacock）在小說《奧蘭哈特頓爵士》（*Sir Oran Haut-ton*）中嘲諷的一樣。在整個維多利亞女王時代，所有的類人猿都是高尚的一夫一妻制者，但在放縱不羈的二十世紀，牠們就出現了災難性的道德墮落。但是，我並不關心動物行爲的這個方面，我關心的是動物如何進行學習的觀察。美國人觀察的動物暴走抓狂，直到牠們偶然撞上了解決辦法。德國人觀察的動物則坐著撓頭，直到牠們從內在意識中找出解決方案。我相信這兩組觀察都完全可靠，一隻動物的行動取決於你給牠設置的困難。在這個主題上，我的閱讀收穫是：對於把任何觀點延伸到觀察能夠證實的範圍之外，我變得非常謹慎。

有一個領域中存在著大量精確的實驗知識，這就是巴夫洛夫（Pavlov）對狗的條件反射的觀察。這些實驗導致了曾盛行一時的行爲主義。這種哲學的要點是，在心理學中，我們要完全依賴於外部的觀察，永遠不要接受完全從內省中得出的證據材料。作爲一種哲學，我從來都沒有傾向於同意這種看法，但作爲一個要儘量多採用的方法，我認爲它很有價值。事先我就決定好要盡可能推進這種方法，但同時我也相信它存在著相當分明的侷限。

第二，除了贊成行爲主義方法的成見，我還有另一種成見，即在任何有可能的時候都以物理學進行解釋。我一直深深相信，從宇宙的角度來看，生活和經歷在因果上毫不重要。天文學的世界主宰了我的想像，我深感地球之於銀河系的渺小。下面是拉姆齊在《數學的基礎》中有一段話，我的感覺與他不一樣：

「我不重視物理大小，在這一點上我似乎不同於我的一些朋友。在蒼穹下我並不感覺卑微。恆星可能是巨大的，但它們不能思考，也無法有所愛；而這些特質遠遠比尺寸更能令我銘記。我的體重接近十七英石，這不是我的功業。

「我的世界圖景以透視法繪製，而不是合符比例的模型。人類占據了前排，星星全都像三便士的硬幣一樣小。我並不眞的相信天文學，它只不過是作爲人性的（可能是動物性的）一部分感覺的複雜描述。我的透視法不僅用於空間，而且也用於時間。隨著時間的推移，世界將會冷卻，一切都歸於消亡；但這仍然是一段漫長的時間，以複利來計算，它現值幾乎爲零。而且現在的珍貴也不會因未來的慘澹而減損。我覺得人性非常有趣，總體而言令人欽慕，它塡充了我畫中的前景。」

我並非對感覺有所爭論，也不想假稱我感覺世界的方式比拉姆齊的更好，只是我們的方式截然不同。我從思考人類及其愚蠢的行爲中無法獲得滿足感。與思考成吉思汗相比，我在思考仙女座的時候更感幸福。我無法像康德一樣，將星空與道德律相提並論。嘗試將宇宙人性化，是自稱爲「唯心主義」的哲學的基礎，它令我感到不快，而這與眞僞無關。我不願意認爲世界是黑格爾苦心孤詣的產物，甚或是其「天體原型」的結果。在任何與經驗有關的題材中，我預計（儘管這種預計並非信心十足）透澈的了解會把更重要的因果律還原爲物理學定律，但我懷疑，如果問題很複雜，簡化工作就不具有實際上的可行性。

第三，我覺得「經驗」的概念被過分強調了，特別是在唯心主義哲學中，而且也在多種形式的經驗主義哲學中。當我開始研究認識論的時候，我發現沒有任何一個強調「經驗」的哲學家告訴我們這個詞是什麼意思。他們似乎願意接受它是一個不可下定義的詞，覺得它的意義應該是顯而易見的。他們往往認爲只有經驗過的東西，人們才能知道它們的存在，他們還認爲「儘管我們不知道有些東西存在，但它們是存在的」這種觀點沒有意義。我認爲這種看法過於重視知識（或至少類似於知識的東西）了。而且我還認爲，那些信奉這種看法的人，並沒有意識到它們的所有影響。似乎很少有哲學家明白，形式如「所有的A都是B」或「這裡存在一些A」的命題，是人們無需知道任何個體的A就可以了解的。如果你在卵石海灘上，就算你沒有看到或者觸摸到一塊卵石，你也可以肯定這裡有卵石。事實上，有關沒有經歷過的事情的無數主張，都被大家所接受了，但是當人們開始進行哲學思考時，他們似乎認爲有必要令自己變得人爲地愚蠢起來。我現在就承認，在解釋我們如何獲取超越經驗的知識時有重重困難，但我認爲「我們沒有這種知識」的觀點是完全站不住腳的。

第四，我以前有，現在仍有另一個成見，同我們剛講的那個成見方向正好相反。我認爲，關於「世界上存在什麼」的所有知識，如果不是直接敘述我們透過感知或記憶獲得的事實，那就必定是從前提推斷出來的，這些前提中的至少其中之一也是透過感知或記憶獲得的。我不相信存在任何先驗的方法來證明任何東西的存在，但我認爲存在著或然性推理的形式，儘管它們不能被經驗所**證明**，但我們必須承認這些形式。

第五，我在一九一八年意識到的事情之一，是我沒有足夠重視「意義」和語言上的問題。就在那時，我開始注意到許多問題都涉及文字和事物之間的關係。首先是單個單詞的分類：專名、形容詞、關係詞、連詞，以及像「全部」和「若干」這一類詞。其次是句子的意義，以及它們的眞僞兩重性從何而來的問題。算術中的形式主義者滿足於制定做加法的規則，而不考慮數必定用於計數之中，我發現形式主義者存在於更廣泛的語言領域中，他們認爲眞理就是遵循某些規律，而不是與事實相對應。很多哲學家批評眞理「符合論」，但我一直認爲，除了在邏輯和數學中，任何其他學說都毫無正確的可能。

我還認爲語言雖然重要，但卻被過分強調了。有這樣的看法，是因爲我希望保持動物智識的連續性。在我看來，信念和知識有先於語言的形式，而且如果不認識到這一點，就不能正確地分析它們。

當我第一次對語言問題感興趣的時候，我完全沒有領會它們的困難和複雜性，我起初並不很了解它們是什麼，只是感覺它們很重要。我不認爲自己在這一領域中完整掌握了任何知識，但無論如何，我的想法已經逐漸變得更加清楚明確，也更能意識到所涉及的問題。

第六，這是我最初成見中的最後一條，或許是我所有想法中最重要的一條。它和方法有關。我使用的方法，往往是從一些模糊卻令人費解的東西著手，這些東西似乎是不容置疑的，但我卻無法對它們進行準確的表達。過程就像是首先裸視查看一些事情，然後再把它們放到顯微鏡下檢查。我發現，透過集中注意力，區分和差別就會出現在最初看似無差異的地方，就像只有透過顯微鏡，你才可以看到在汙水中的桿菌，不用顯微鏡它們是看不出來的。有很多人對分析進行詆毀，但在我看來，就像汙水的例子一樣，顯然分析會帶來新的知識，而且又不破壞以前存在的任何知識。這不僅適用於有形事物的結構，而且也適用於概念。例如通常使用的「知識」，是一個非常不精確的術語，涵蓋了不同的東西，也涵蓋了從「確定」到「稍有可能」的很多階段。

根據我自己的經驗，我認爲哲學研究開始於好奇和不滿足的心智狀態，在這種狀態中，人會覺得完全確定，但無法說清他確定的到底是什麼。長期關注產生的過程，就像是看到一個東西在濃霧中向你靠近：開始時只是一團模糊的黑影，但當靠近到一個程度，你就會看到，這是一個男人或是一個女子，或是一匹馬，或是一頭牛，或是其他什麼。在我看來，那些反對分析的人希望我們能夠安於最初的黑暗模糊。上述過程中的信念，是我在哲學研究的方法上最強烈、最不可動搖的成見。

第十二章　意識和體驗

一九一八年，我對心智事件的看法發生極爲重大的變化。我原本接受了布倫塔諾（Brentano）的觀點，認爲感覺有三個要素：行爲、內容和客體。後來我認爲內容和客體之間的區別是不必要的，但我仍然認爲，感覺是從根本上說仍是一個關係性的事件，在這樣一個事件中，一個主體「意識到」了一個客體。我用「意識」或「親知」概念來表達主體與客體之間的這種關係，並認爲它是經驗知識理論的基本原理，但我變得越來越懷疑心智事件的這一關係性質。在我的邏輯原子主義講座中，我表達了這種懷疑，但在這些講座不久之後，我就堅信威廉．詹姆斯否認感覺的關係性質是正確的了。一九一四年，我在《一元論者》中發表了長篇論文〈論親知的性質〉（On the Nature of Acquaintance），文中我批評並否定詹姆斯的觀點。羅伯特．馬許（Robert C. Marsh）編輯的《邏輯與知識》（*Logic and Knowledge*）後來又重發了這篇論文（第一三九頁後）。後來我形成了相反看法，在一九一九年首次寫在論文〈論命題：命題是什麼及如何具有意義〉（On Propositions: What they are and how they mean）中，並在亞里斯多德學會宣讀。這篇文章也被馬許先生重新印發在《邏輯與知識》上（第三〇五頁後）。詹姆斯的看法最初發布在一篇名爲〈「意識」存在嗎？〉（Does "Consciousness" Exist?）的論文中。他在這篇文章中辯論道，人們信以爲眞的主體是「一個不存在的事物的名稱」。他接著說：「那些仍然固守它的人，他們所固守的僅僅是回聲，是消失了的『靈魂』在哲學的空氣中遺留的微弱的謠言。」這篇文章發表於一九〇四年，但是直到十四年後，我才開始相信它的嚴密性。

這個問題比它一開始顯得的更加重要。很明顯，我們透過經驗學習，而且學習不僅僅在於獲得某些行爲的方式，而且也在於產生一些可成爲是「知識」的東西，這一點至少對我來說是顯而易見的。只要我堅持感覺的關係學說，這就沒有什麼困難。根據這種觀點，每一個感覺本身就是一個認知，這種認知在於察覺我所稱的「感覺材料」。在《心的分析》（一九二一年）中，我明確放棄了「感覺材料」。我說：「感覺顯然是我們對世界（包括我們自己的身體）的認識的來源。把感覺本身就視爲一種認知似乎也是很自然的事，直到最近我也還是這樣認爲的。比如，當我看到一個我認識的人在街上向我走來，卻**彷彿**看到的僅僅是知識。不可否認，這確實是**透過**看獲得的知識，但我認爲，把『看』本身看做知識是錯誤的。如果我們是這樣認爲的，那麼我們必須區分『看』和『看到的東西』的差別：當我們看到某種形狀的一塊顏色時，我們必須明白，這塊顏色是一回事，我們看到的東西是另一回事。但是這種觀點要求，在我們的第一講中討論過的那種意義上，承認主體，或行爲。如果存在主體，它可能對這塊顏色有關係，即我們可以稱作是『意識』的那種關係。在這種情況下，感覺作爲一個心智事件，就會包括對顏色的意識，而顏色本身完全是物理上的，可稱之爲感覺材料，以區別於感覺。然而這個主體，看起來在邏輯上是虛構的，像數學上的點和瞬。導入它不是因爲透過觀察行爲發現了它，而是作爲語言上的方便，而且顯然語法上也需要它。這一類名義存在體可能存在也可能不存在，沒有很好的理由相信它們存在。它們執行的功能似乎總是可以由類或系列或其他邏輯結構來執行，組成這些結構的存在體不那麼可疑。如果我們要避免一個完全無必要的假定，我們就一定不能將主體看做世界的眞正成分之一。然而當我們這麼做的時候，把感覺和感覺材料區分開的可能性就消失了，至少我看不出有什麼保留區別的方法。據此，當我們看到一塊顏色時，我們的感覺僅僅就是那塊顏色，是有形世界的實際組成，是物理學關注的一個部分。一塊顏色當然不是知識，所以我們不能說純粹的感覺是有認知能力的。透過其心理影響，它成爲認知的原因，部分是由於它本身就是與它相關的東西（比如視覺和觸覺）的標誌，部分是因爲它在感覺褪色後仍引起圖像和記憶。但是，純粹的感覺就其本身而言並不是認知。」（第一四一—二頁）

但新的問題出現了，拋棄「感覺材料」帶來了一個後果，起初我並沒有充分認識到這個問題。像「意識」、「親知」和「經驗」這樣的詞必須重新定義，而這決不是一件容易的事。在《對意義和眞理的探究》一開始，我就提出了下面的問題：「如果你對一個從未受過哲學訓練的人說：『你怎麼知道我有兩隻眼睛？』他或她會回答：『多麼愚蠢的問題！我看到你有兩隻眼睛』。情況不應該是這樣，當我們的調查完畢時，我們得到的東西應該和這種非哲學的回答截然不同。如果我們發現，原以爲簡單之處其實是複雜結構，不確定的模糊邊緣環繞著本該是毫無疑問的情況，懷疑比我們原以爲的更加合理，即使是最有說服力的前提也會產生不合理的結果，那麼會發生什麼呢？最終結果是用清楚的含糊來取代不清楚的確定。這個結果是否有任何價值，我不願意去想。」（第十一頁）

但在我寫《心的分析》時，我沒有充分意識到，有必要重新分析常識所謂的「感官的證據」。

這個問題的一部分可以用行爲主義方法來處理。無生命物質和活體之間的區別之一是，對於頻繁施加的刺激，活物的反應隨著刺激的重複而產生變化，而無生命物質一般不表現出這樣的變化。諺語「一朝被蛇咬，十年怕井繩」就體現了這種情況。對於自動販賣機，不管它如何經常回應插入機器的一個便士，也從未學會僅僅看到一個便士就做出反應。習慣，是活體最根本的特徵之一，對高等生命形式尤爲如此，它實質上就是「條件反射」。

「條件反射」的本質是：如果動物對刺激A做出一定的反應，而刺激A常常與刺激B同時施加，那麼一段時間後，動物則會傾向於像之前對A做出反應一樣對B做出反應。巴夫洛夫對狗進行了大量實驗，這些實驗顯示了狗如何學會把一件事視爲另一件事的「標誌」，並用行爲表示牠們也擁有某種意義上的「知識」。舉例來說，有兩扇門，其中一扇畫上一個橢圓，另一扇畫了一個圓圈。如果狗選擇走有圓圈圖案的門，牠會得到很好的食物，但如果牠選擇有橢圓圖案的門，就會遭受電擊。經過一定次數的嘗試後，狗全都選了有圓圈圖案的門。然而，狗分辨橢圓和圓圈的能力不如克卜勒（Kepler）。巴夫洛夫逐漸把橢圓改得更接近圓圈，直到狗最後無法區別它們，以至精神崩潰。非常相似的事情也發生在小學生身上，當問他們，「6乘以9是多少？」或「7乘以8是多少？」很快他們就會知道答案是54或56，但在他們能從這兩個數字之間選擇之前，可能需要很長時間。可以用純粹的行爲主義方式對狗和小學生進行這種實驗，也就是說，我們研究對身體刺激產生的身體回應，我們沒有必要問自己，狗或小學生是否「思考」。

對刺激做出反應，這本身並不是有生命的物質的特點。電表對電流出現反應，溫度計也對溫度做出反應。動物的特點，特別是高等動物的特點，可以稱之爲「學習」，它是指，作爲一種習慣的獲得，對給定的刺激改變回應。在獲得有用習慣的能力上，高等動物和低等動物之間具有很大的差異。蒼蠅將無休止地嘗試穿過窗玻璃，而貓或狗很快就會明白這是不可能的。人類相對於其他動物的優勢，很大程度上就在於人類有更大的能力可以獲得衆多而複雜的習慣。

這個原則會涵蓋所有「來源於經驗的知識」嗎？我自己從來不這樣想，但我認爲它涵蓋的範圍可能比人們一般以爲的更多。如果當你看到一隻狗你說「狗」，當你看到一隻貓你說「貓」，這會被當做證據，證明你「知道」貓和狗之間的分別。但很明顯，你能製作出一種可以做到這一點的機器來，如果你說這種機器「知道」任何事，人們會認爲你是在做比喻。除了著迷於行爲主義哲學家，其他人都相信，發生在我們身上的事情不會發生任何機器身上。如果你有牙痛，你知道你感覺到疼痛。你可以讓一台機器痛苦呻吟，甚至讓它說「眞是難以忍受」，但你仍然不會相信那台機器會經歷你所經歷的牙痛之苦。

感覺在本質上是否具有關係性，這個問題影響到的最重要的問題之一，就是名爲「中立一元論」的理論。只要「主體」被保留，就會存在著一個「心智上的」、物質世界中沒有任何類似的存在體，但是，如果感覺在本質上不是關係性的事件，也不需要把精神和物質事件視為根本不同的兩回事。就有可能把心智和物質作為這樣的邏輯結構：形成它們的材料沒有重大差別，有時其實是等同的。於是就可能有人認為，被生理學家視為大腦中的物質的東西，實際上是由思想和情感組成的，而且心智與物質之間的差異只不過是一種排列上的不同。用郵政目錄來打個比方，郵政目錄用兩個方法對人名進行分類，按字母順序排列和地域順序。採用第一個方法，目錄中一個人的鄰居就是那些名稱在字母表中靠近他的人，用另一個方法，目錄中的鄰居就是居住在他家旁邊的人。同樣地，一個感覺也可以和其他事件被分在一組，如果是透過記憶鏈歸類，它就成為心智的一部分；如果它與它的因果前項歸為一類，它就顯得是物質世界的一部分。這種觀點可以讓事情大大簡化。我意識到拋棄「主體」就有可能接受這種簡化，並且「心與物的關係」這個老問題也可以視為澈底解決了，這讓我很高興。

但是在其他一些方面，新的觀點的後果就不太方便。除去僅僅顯示在身體行為中的那些知識以外，知識的任何形式中都存在一種兩重性。我們知道有些東西，我們對有些東西有所回憶，而且一般來說，「知道」和「知道的東西」是不同的。人們從感覺中驅逐了這種雙重性後，又必須用某種方法將它重新引入。問題出現的第一種形式是「感知」。在這個方面，不同的感覺之間存在著差異。與氣味和口味，以及像頭痛、胃痛這樣的身體感覺相比，視覺、觸覺和聽覺顯示的雙重性更加強烈。在我們開始思憶之前，我們想到我們看見、聽見和觸摸到的外部東西。只有透過努力，我們才能把我們的注意力集中在「看」而不是看到了什麼上。當狗看到一隻兔子，我們很難相信狗會對自己說：「我有了一個視覺上的感覺，可能由一個外部原因引起。」但如果詹姆斯和馬赫（Mach）的觀點是正確的，那麼當狗「看到一隻兔子」時，狗身上發生的事件對兔子而言僅僅是間接的因果關係。這種想法讓人覺得很古怪，因此我接受它時相當緩慢。整個理論認爲感覺的原因部分是物理上的，部分是生理上的，我覺得它不可避免地會使我們認爲，「感知」比它表面上看起來更加間接得多。

從認識論的角度來看，這對「經驗證據」的含義提出了非常巨大的挑戰。《對意義和眞理的探究》主要就是在討論這個問題，在這本書中，我用「注意到」替代了「親知」，將「注意到」作爲一個未定義的術語使用。以下的引用講得比較清楚：

「假設你在一個下雨天外出，你看見一個小水坑，於是避開它。你不太可能對自己說，『有一個水坑，最好不要踏進去。』但如果有人問：『你爲什麼突然拐了一下？』你就會回答：『因爲我不希望踩進這個水坑。』回頭來看，你知道你有一個視覺感知，你對它做出了適當的反應；在這個假定的情況下，你用語言來表達這種知識。但是，如果沒有人提問來吸引你的注意力，你知道的會是什麼呢，你又是在何種意義上知道的呢？

「當有人問你時，事件已經結束了，你透過記憶來回答。一個人能記得他從不知道的事情嗎？這取決於『知道』這個詞的意義。

「『知道』這個詞的意思非常含糊。在很多時候，『知道一個事件』和『知道的事件』是兩回事；但『知道』也有這樣的用法：當你擁有一個體驗時，『體驗』和『認識到你擁有體驗』沒有差別。也許有人認爲，我們總是知道我們現在的體驗；但是當『知道』和『體驗』是兩回事的時候，情況就並非如此了。因爲如果『知道』是一件事，而『體驗』是另一件事，那麼我們的假定（當一個體驗發生的時候我們總是知道它）就會涉及每個事件的無限繁殖。我覺得熱，這是一個事件；我知道我覺得熱，這是第二個事件；我知道我知道我覺得熱，這是第三個事件。以此類推至無窮，這是很荒謬的。因此，我們只能或者說，我現在的體驗和當它出現時我知道它不可區分，或者一般來說，我們不知道我們現在的體驗。關於『知道』這個詞，整體而言，我傾向於認爲它暗示了『知道』不同於『所知道的東西』，從而我也認爲，我們不了解我們現在的體驗。

「於是我們就得說，看見一個小水坑是一回事，知道我看見一個小水坑是另一回事。『知道』**可以**定義爲『行動得當』；從這個意義上，我們說一隻狗知道自己的名字，或一隻信鴿知道回家的路。也是從這個意義上講，我對水坑的『知道』也包括我繞過它。但是這很模糊，因爲其他的事情也可能使我繞過它，而且因爲『得當』只能用我的期望來界定。我可能想弄得一身溼，因爲我剛剛投保了一大筆錢，因爲肺炎而過世很方便省事；在這種情況下，我繞過小水坑只能說明我**沒有**看到它。就算把期望排除在外，也還有一個問題：科學儀器也可以對某些刺激做出適當的反應，但沒有人會說溫度計『知道』溫度低。

「對於一個體驗，必須要做些什麼事情，我們才能知道它？各種事情都有可能。我們可以用文字去描述它，也可以用文字或圖像來記下它，或者僅僅是『注意到』它。但是，『注意到』是一個程度問題，並且很難界定；它似乎主要是在於從感覺環境中進行分離。例如，在聽一首樂曲的時候，你可以故意只注意大提琴的部分。你聽到其餘部分是『不自覺地』。試圖給『不自覺地』這個詞附加任何明確的意義都是毫無指望的。在某種意義上，如果目前的體驗喚起了你的任何情緒，不管這個情緒多麼微弱，都可以說你『知道』這個體驗。喚起情緒是指，它可能讓你高興或不高興，讓你感興趣或覺得無聊，讓你驚訝或者符合你的預期。

「『知道』還有一個重要的用法，就是你可以知道你現在的感覺領域中的所有事。如果有人對你說：『你現在看見黃色了嗎？』或『你聽到有聲響嗎？』你可以信心十足地做出回答，即使在被人問起之前你都沒有注意到黃色或聲響。往往你都可以肯定，在你的注意力被喚到它那裡之前，它已經在那裡了。

「這樣看來，我們所體驗的最直接的『知道』，涉及到感覺上的存在以及更多的東西，但對『更多的東西』的任何確切定義都像會被它的確切所誤導，因爲這件事本質上就是含糊不清的，並且是一個程度上的問題。所需要的東西可以稱爲『注意力』；它部分上是感官的敏銳化，部分上是情緒反應。突然發生的巨響幾乎肯定會吸引注意力，但非常微弱的聲音如果有感情上的意義，也會達到這樣的效果。

「每一個經驗命題都是建立在一個或多個感覺事件上的，這些事件在發生之時，或在發生之後馬上就被注意到了，那時它們仍然是『現在』的構成部分。當這些事件被注意到時，我們會說它們被『知道』。『知道』這個詞有很多種含義，而這只是其中之一；但對於我們

探究而言，這個含義是基本的。」（第四十九—一五一頁）

與「感覺」不同，「感知」涉及以過去的體驗爲基礎的習慣。有些體驗僅僅是由刺激引起的，它們與過去的歷史無關，我們可以將感覺視爲這種體驗，和「感知」區分開。這是總體事件的理論核心。總體事件是一個解釋，在這個解釋中，感覺核心具有體現習慣的附加層。當你看到一隻狗時，其感覺核心就是一塊與周圍環境有區別的顏色，讓你辨識出它是一隻狗。你期望這塊顏色移動的方式具有狗移動的特徵，你期望它發出的聲音是犬吠或狗的咆哮聲，而不是像公雞鳴叫的聲音。你相信，你可以觸摸它，而它不會憑空消失，而且它會有未來和過去。我並不是說這一切都是「有意識的」，但它的存在是以這樣的方式在顯示：如果它不像你認爲的那樣，你就會大吃一驚。正是這些附加物將感覺變成了一種感知，同樣也是它們讓感知可能被誤導。迪士尼公司的動畫片可能會讓你以爲你看到一隻「眞正的」狗，它可能會像公雞一樣鳴叫，或者憑空消失，讓你大吃一驚。但是由於你的期望是經驗的結果，顯然這些預期代表的就必定是通常發生的狀況，即總是假定自然律是恆定不變的。

另一種形式的二重性出現在想像和記憶中。如果我現在記得過去的一些場合發生了什麼，很明顯，現在發生在我身上的事件與我記得的事件並不相同，因爲一個是在目前，一個是在過去。因此，可以把記憶中的有些東西稱爲是主體和客體的關係。這需要仔細的解釋。我認爲必須引入「相信」才有可能進行解釋。當我回憶時，我相信過去發生了一些事，而且在某種意義上說，過去所發生的事情是被現在發現在我身上的事所「代表」。這裡的關鍵問題是心像及其感覺原型的關係。我可以回想我房間的情況，然後進入我的房間，發現眞實情況「符合」我的視覺心像。這些體驗使我們在一定程度上相信記憶心像，而不是像對我們注意到的感覺那樣給予絕對信任，因爲記憶有時會引起誤導。

哲學家非常頻繁地使用「有意識的」和「體驗」這兩個詞。它們都需要被重新定義，或者不如說被定義，因爲一般來說，人們在使用這兩個詞的時候，就好像它們的意思顯而易見一樣。

當我們說一個人或動物是「有意識的」，而石頭不是時，我們是什麼意思呢？它有兩種可能的含義，其中的第一個（不是第二個）含義，是對外部觀察保持開放的。首先，這個人或動物將要採取的行動，是在有關事件沒有發生的情況下所不會採取的。這作爲「體驗」的定義或許更好。「有意識的」第二個定義來自於「注意到」的關係。當有什麼事情發生在我身上，我可能會也可能不會注意到它。如果我注意到了，我可以說是「有意識的」。根據這一定義，「有意識的」在於知道我身上正在發生什麼事，或發生過了什麼事。這個定義中的「知道」是什麼意思還有待探究。

我認爲，在唯心主義哲學家的影響下，「體驗」的重要性被過分誇大了。有人甚至認爲，沒有什麼東西是體驗不到的，所有的東西都是體驗。我找不到任何理由來支持這種看法以及，「我們無法知道存在著我們不知道的事」的看法。我認爲，只要人們費心發掘一下「體驗」可能具備什麼樣的含義，我所反對的觀點就不會到處氾濫。

第十三章　語言

我在前面提到過，一九一八年時，我第一次對「意義」的定義以及語言對事實的關係產生了興趣。在此之前，我認為語言是「透明的」，從來沒有什麼研究過是什麼造就了它對非語言世界的關係。關於這個問題，我思索得出的最初成果記錄在《心的分析》第十講中。

我想到的第一件事是極其明顯的，但似乎以前所有研究這一主題的作者都過於忽略了它。這是關於，一個字是一個普遍概念，這個詞的實例被讀寫聽說的場合，就是這個普遍概念的實例。研究普遍性哲理的人認為「狗」是一個普遍概念，因為有很多狗，但是他們沒有注意到，從同一個意義上而言，「狗」這個詞也是一個普遍概念。那些否定普遍概念的人也總是使用這樣的詞，彷彿一個詞就適用於所有的實例一樣。這相當與事實不符。存在著無數條狗，「狗」這個詞也有無數的實例。這個詞的每個實例對於這種四足動物的每個實例都有一個特定的關係。但這個詞本身只有一種形而上學的狀態（不論它可能是什麼），這種狀態屬於天堂中的柏拉圖式的狗。這一事實非常重要，因為這樣一來，詞語就並非像人們所以為的那麼與它們「意味著」的物體不同。而且也讓下面這一點很明顯：「意味著」必定也是一個關係，是詞的單個實例和詞所指的物體的單個實例之間的關係。也就是說，如果你想解釋「狗」這個詞，你必須要研究這個詞的特殊的表達，並考慮它們如何與犬科動物的特殊成員相聯繫。

在探詢「意味著」的定義時，我也像在其他地方一樣，盡可能地按照行為主義原則來進行，同時也預期這些原則最終將被證明是不夠的。很明顯，一個孩子獲得了在適當的場合使用「狗」這個詞的習慣，就像他獲得任何所有習慣一樣。當他把注意力放在一隻狗上時，他最常聽到的詞就是「狗」。經由普通的套合過程，一隻狗走過來，就會給他一種說「狗」的衝動，而聽到「狗」這個詞讓他期待狗出現，或是讓他尋找狗。獲得了這兩個習慣的孩子可以說是知道「狗」這個詞的的含義。這並不意味著這個孩子有一種依附於「狗」這個詞的定義的心智狀態，這只是說他有兩種行爲模式，一種是從一隻狗到「狗」這個詞的實例，另一種是，從這個詞的一個實例到犬科動物的一個實例。當他獲得了這兩個習慣後，他就能說對。只就「狗」這個詞來說，他不需要知道更多了，除非他要編纂詞典。

至於什麼可以稱爲是「物件詞」（object-words），「意味著」的定義已經足夠。說「狗」這個詞意味著狗，只是說獲得了這兩個習慣。這兩個習慣可分別稱爲，對這個詞的主動和被動理解。主動理解是在狗出現時說出這個詞；被動理解，則是當你聽到「狗」這個詞時，預期狗的出現或尋找狗。被動理解早於主動理解，而且不侷限於人類。狗和馬能夠學會被動理解一定數的單詞。另一方面，鸚鵡可以說出一些詞，卻似乎並不理解這些詞的含義。

「正確地」使用一個詞是指什麼意思？我曾給出如下定義（同上書，第一九八頁）：

「當能夠以影響的預期方式影響普通聽眾時，這個詞就用得『正確』。這是『正確』在心理學上的定義，而不是文學上的定義。文學上的定義會撤下普通聽眾，換上活在很久以前的、受過良好教育的人；這個定義的目的是讓正確地說和寫變得困難。

「一個詞對其含義的關係具有因果律的性質，因果律決定了我們對詞的使用，和我們聽到它時的行爲。一個可以正確使用某個詞的人，不需要講出這個詞的含義，就像一顆正確移動的行星，不需要知道克卜勒定律一樣。」

在理解一個「物件詞」時，本質是，詞和這個詞的意思擁有一些共同的屬性。如果你在半夜被「起火了」的叫喊驚醒，你的行爲會和你聞到有東西燃燒時的行動差不多。當然，一個詞和它的意思之間也有差別。「起火了」這個詞不會讓發燙或燒死你，但涉及「意味著」定義的是因果上的相似點，而不是因果上的差異之處。

上面對「意義」的定義，雖然我認爲迄今爲止它都是正確的，這個定義沒有任何程度上消耗主體的含義。首先，它僅適用於「物件詞」。你可以帶一個孩子去動物園，在他看見老虎時說「老虎」，但是沒有一個動物園可以給他展示「相比」這個詞的含義。上面這個理論還有另外一個侷限，就是它僅僅在涉及詞的指示或感歎用法時才夠用。它沒有解釋詞的敘述或想像或期待或命令用法，除非對它做些補充。在認識論中，詞的陳述用法尤爲重要，但是詞的其他用法在其他領域中也同樣重要。關於這一點，我想引述《人類的知識》中的一段話（第八十五頁）：

「我認爲，一個詞的基本用途可以分陳述的、命令的和疑問的。當一個孩子看到他母親走過來，他可能會說『媽媽』，這是陳述用法。當他想要媽媽時，他喊『媽媽！』這是命令用法。當媽媽化妝成女巫，而孩子開始看穿她的偽裝時，他可能會說『媽媽？』這是疑問用法。指示用法必定是語言最先獲得的用法，因爲詞和所指的物件之間的聯繫，只能在兩者同時存在的時候創建。但是命令用法隨後也非常迅速地出現了。考慮一下我們說『想到』一個物件時是什麼意思，命令用法的出現和這有關係。很明顯，剛剛學會叫媽媽的孩子發現可以用語言來表達一種狀態，他以前常處在這種狀態中，而且這種狀態與他的母親有關，於是現在這種狀態就和『媽媽』這個詞有了聯繫。在可以使用語言之前，他的狀態僅僅可以交流一部分；一個成年人聽見他哭，可能知道他想要點什麼，但必須猜測他想要的究竟是什麼。事實上，『媽媽！』這個詞表明了他的狀態，這個狀態在他使用語言之前就存在，而且和他的母親有關係，即被稱為『想到』的關係。這種關係不是透過語言創建的，而是在語言之前就存在。語言的作用是使它得到交流。」

哲學家和學究通常喜歡以詞語為主的生活，甚至忘記詞語的本質功能是與某種事實具有聯繫，而這種事實是非語言的。一些現代哲學家甚至說，詞語絕不應該與事實對質，而是應該生活在一個純粹的自治世界中，詞語在這個世界中只與其他詞語進行比較。當你說，「貓是肉食性動物」事時，你的意思並不是說眞正的貓吃眞正的肉，而只是說在動物學書籍中，貓被歸類為肉食性動物。這些作者告訴我們，讓語言與事實對質的企圖是「形而上學」的，因此應該遭受譴責。有些看法如此荒唐，只有學問高深的人才有可能採納，而這種看法又屬於其中特別荒謬的一種，因為它看不到語言在事實世界上的位置。語言由吃飯或走路這樣的感覺現象構成，如果我們對事實一無所知，我們就無法知道其他人所說的話，甚至是我們自己說的話。像我們獲得的其他行為方式一樣，語言也是由有用的習慣構成，常常圍繞著語言的那些奧祕，其實並非語言所有。關於語言的迷信觀點毫無新奇之處，都是從史前時期流傳到如今的：

「從我們有歷史記載的最開初，詞語就是迷信敬畏的對象。人們可以獲得魔力，控制敵人，方法就是知道敵人的名字。我們仍然使用像『以法律的名義』這樣的短語。人們很容易贊成『世界起源於詞語』這樣的說法。柏拉圖和卡納普（Carnap）的哲學，以及介於這兩人之間的玄學家們的哲學，其基礎就是這個觀點。」（《對意義與眞理的探討》，第二十三頁）

在《心的分析》一書中，我論證了心智事件「事物」主要是由感覺和心像構成。我不知道這種論點是否合理，我還是相信，如果不引入心像，語言的許多用途就無法解釋。行爲學家拒絕承認心像，因爲它們不能從外部觀察到，但是當行爲學家試圖解釋或者記憶或想像時，這就會帶來困難。當我寫《心的分析》時，我想，用行爲主義來分析願望是有可能的，但現在我對這一點感到懷疑。但對於我在那本書中談到的，當詞語用在當前不可以感覺到的物件上時，用心像來解釋它非常必要，這一點我仍然堅持。

根據我的總結，對一個「物件詞」的理解由以下六點構成：(1)在適當的場合和情況下，適當地使用這個詞；(2)當你聽到它時，採取適當的行動；(3)將這個詞與另一個詞關聯（比如，在不同的語言中），另一個詞對行爲具有相應的影響力；(4)在學習這個詞時，將它與一個物件或多個物件聯繫起來，這些物件就是這個詞的「意思」；(5)用這個詞來形容或者回憶一個記憶心像；(6)用這個詞來形容或創造一個想像心像。我這樣說這六點，就好像它們適用於一般的詞語一樣，但事實上，如果這六點不加以修改，它們就不適用於非「物件詞」。

但是，一旦我們開始考慮句子和只能用作句子一部分的詞語時，新的問題就出現了。你可以按感歎用法來使用像「火」或「狐狸」這種詞，不需要把它們放進句子中，但也有大量詞語不能單獨使用。看看「地球要比月亮大」這個句子，其中的「要」和「比」只有成爲句子的一部分時，才具有意義。你可能對「更大」這個詞感到疑惑。如果你一直看到的都是馬，然後突然看到了大象，你**可能**會驚呼「更大！」不過，我認爲每個人都會覺得這裡省略了部分詞語。事實上，對於有些詞語而言，句子是它們的先決條件，所以如果不首先考慮句子，或是無論什麼心智事件的句子表達，就無法進一步分析詞語的含義。

當我在寫《數學原則》的時候，我開始對句子感到疑惑，在那個時候，動詞的功能特別令我感興趣。動詞讓句子成爲一個統一體，這讓我覺得非常重要。「A比B更大」是個複雜的句子，因爲它包含好幾個詞。我當然覺得有一件事清楚明瞭，現在仍然這麼覺得，即，如果這句子爲眞，那麼現實中必定有一個相應的複合體使這個句子爲眞。除了複雜統一性之外，句子還有另一個屬性，即眞僞的兩重性。基於這兩個原因，與定義「物件詞」的含義的困難相比，解釋句子的含義所涉及的問題就更加困難，也更加重要。在《心的分析》中，我沒有充分地探討這些問題，但在《對意義與眞理的探究》中，我儘量爲這個領域中的問題提供了足夠的解釋。

許多現代哲學家認爲先決條件過於形而上了，但我認爲，如果沒有一定的先決條件，要構建一個站得住腳的眞僞學是不可能的。我認爲我們必須說，**事實**是存在的，「眞」是一種對事實的關係，而「僞」則是另一種關係。我認爲溫和的不可知論很荒謬，它假裝我們永遠不會知道事實。在我感覺痛苦，聽到一聲響動，或者看到太陽的時候，假裝我不知道，這只有某些人才可能做得到，在這些人身上，學理已經扼殺了一切實在的感覺。而且，甚至是這種不可知論最狂熱的追隨者，也會承認句子由詞語組成，他們無法否認，說出或聽到一句話也是一個事實，是一個他們認爲不可知的事實。語言是身體行爲的一種形式，猶如走路或者吃喝，如果我們對走路或吃喝不能有所知，我們也同樣無法對語言有所知。

世界上有許多事情都可以看做是複合體。可能有事情並不複雜，但在這一點上不必有什麼意見。當事情是複合體時，它們由一些相互之間有關係的部分構成。一個桌子包括幾條腿和一個桌面。一把刀由刀柄和刀鋒構成。事實，按照我對這個詞的用法，它總是由一個整體的各部分的關係組成，或者由單一東西的各種性質構成。總之，事實就是除了澈底簡單的東西（如果存在這種東西的話）之外的所有東西。當兩個東西相互關聯時，它們就形成在一個複合體，可以看做是一個東西。使用「事實」這個詞來表達各部分之間的聯繫（經過分析的聯繫），而不是表達它們組成的複雜整體，這是很方便的。當句子爲眞時，它們就表達這種關係；句子爲僞時，它們就無法表達這種關係。如果一個句子由多個單詞（不以句子爲先決條件的詞）組成，它就會體現了一些複雜的分析。這一點可透過以下事實表現出來：如果大量複合體都含有一個共同的成分，分析這個成分的句子就會都包含一個共同的詞。舉例來說：「蘇格拉底是明智的」，「蘇格拉底是雅典人」，「蘇格拉底愛柏拉圖」，「蘇格拉底喝下毒汁」，這些句子中都包含「蘇格拉底」這個詞，在所有讓這些句子爲眞的事實中，蘇格拉底此人都是其中一個成分。這就是當我們說這些句子是關於「蘇格拉底」時我們的意思。蘇格拉底作爲一個未經分析的整體，進入到令這些句子爲眞的事實中。但是蘇格拉底自身當然就是複雜的，我們可以造句看看這種複雜性如何表現出來，比如「蘇格拉底是金絲猴」或「蘇格拉底有兩條腿」。這樣的句子分析一個給定的整體。在任何一個時期，這種分析能夠在多大程度上進行，則取決於當時的科學發展狀況。一個整體的各部分以何種方式相互關聯，這構成了整體的「結構」。關於這一點，我將引述《人類的知識——其範圍和界限》中的下面幾段話（第二六七—九頁）：

「表現物件的結構，就是提及它的部分，以及這些部分以何種方式相互關聯。如果你是在學習解剖學，你可能首先學習各種骨骼的名稱和形狀，然後學習每根骨骼在整個骨架中的哪個位置。這樣你就會知道解剖學談到的骨架結構，但是，你也可以不往骨架結構這個方面走。骨骼是由細胞組成的，細胞又由分子構成，然後每個分子又有一個原子結構，這屬於化學學習的範圍。而原子的結構則在物理學中研究。到這個點上，正統科學的分析就止步了，但沒有理由認爲，進一步的分析是不可能的。我們將有可能把物質存在體分析成事件的結構，而我將嘗試說明，事件可以看做是具有結構的，這甚至可能會有好處。

「讓我們來考慮一下另一種不同的結構，即句子。一個句子是一系列的詞語，如果是講出句子，這些詞語就透過先後關係排列，如果是寫出句子，詞語則是從左到右地排列。但這些關係並非眞正存在於詞與詞之間，而是存在於詞的**實例**之間。一個詞是相似的聲音的一個類，這些聲音具有相同的含義或幾乎相同的含義。（爲簡單起見，我只談講出的句子而不是寫出來的。）一個句子也是聲音的一個類，因爲很多人可以說出同樣的一句話。於是我們必須說，句子並不是詞語的時間序列，句子是聲音一個類，每個句子都由一系列的聲音快節奏地連續在一起，這一系列聲音中的每一個，都是某個詞語的一個實例。（這是句子的必要特徵而非充分特徵，因爲有些系列的詞語是沒有意義的。）我不會再談句子不同部分之間的區別了，而是進入到下一個階段的分析，這個階段不再屬於語法，而是屬於語音。一個詞語的每個實例都是一個複雜的聲音，它的部分就是單獨的字母（假設是語音學上的字母）。在這個語音分析階段之後還有更進一步的階段，即講出或聽到一個字母時，其複雜的生理過程的分析。在生理分析之後是物理分析，再往後分析，就像我們前面說到的骨骼分析的例子了……

「從單元開始敘述一個結構，而這些單元自身就可能是複雜的，這樣做沒有什麼錯。例如，點可以定義爲事件的類，但這並沒有篡改傳統幾何中的任何東西，雖然在傳統幾何中，把點作爲簡單體處理。對結構的每種敘述，都與某些單位有關係，我們暫時把這些單元當做是沒有結構的，但是我們必須認識到，在另一些情況下，承認這些單元具有結構非常重要。」

一個人之所以說出陳述句，可能是因為他相信句子的內容，或者因為他希望引起聽者的某些行動或激發聽者的某種感情。正如我曾指出，當一個演員說，「這是我，丹麥的哈姆雷特」時，沒有人相信他，但沒有人認為他是在撒謊。這清楚地表明，只有表達信念或旨在令人產生信念的句子才有眞僞之分。在眞僞這件事上，一個句子只是信念的重要載體而已。很顯然，信念如果並不複雜，就可以不訴諸詞語而存在。這樣我們就來到了語言之外的領域，因此不得不首先考慮非言語化的信念，然後考慮這種信念對可以表達它們的句子的關係。

由於最低動物和人之間的連續性，信念不是一個準確的概念。動物的行為可能被解釋為涉及這樣或那樣的信念。儘管我們應該記得這一點，但是我們特別要關注的是人類的信念，這些信念是我們從自己的體驗中獲知的。不使用詞語就可能存在的信念是更簡單的類型。我們都相信圓的周長與直徑的比例大約是3.14159，但我看不出這種信念如何可以在語言缺席的情況下存在。但是有很多信念顯然是在語言出現之前就存在。當你看到一隻狗，你會說「狗」，從而對你的信念進行了語言表達。當貓看見一隻狗時，則會以不同的方式表達信念：牠的毛髮會立起來，背也弓起來，並發出嘶嘶的聲音。這是一種信念的表達，就像你使用「狗」這個詞一樣。這種情況也適用於記憶。如果你剛剛聽到一聲巨大的雷鳴，你就會處在一種狀態中，如果用句子來表達這種狀態，就會是「剛才有雷聲」。但即使你沒有把這個想法說出來，你仍然相信這句話表達的內容。「信念，就我對這個詞的理解來說，它是身體或心智上的某種狀態，或者兩者兼而有之。為了避免囉嗦，我將它統稱為生物體的一種狀態，忽略身體和心智因素之間的差異。」（《人類的知識》，第一六一頁）我接著說：「相信某件事，這樣的生物體狀態可以在理論上被完整地描述，而不需提及這件事。當你相信『車來了』，你的信念乃是你的肌肉、感官和情感的某種狀態，可能還有某些視覺影像。所有這一切，以及構成信念的其他一些可能的東西，在理論上，心理學家和生理學家透過合作，可以不必提及你心智和身體之外的任何東西，就把它們完整地描述出來。」講出適當的句子，這只不過是組成這個信念的心智和身體狀態中的一個。語言表達的重要性，在於可以交流傳播，可以比任何非語言體現的同樣信念更加準確。

第十四章　共相、殊相和名稱

自從我放棄了一元論的邏輯後，關於共相與殊相的問題，以及與之密切相關的專名問題，我進行了大量的思考。事實上這是些老問題，至少在亞里斯多德時代就存在，中世紀經院學者對此進行過很多思索，在這方面，他們的研究仍然值得我們認眞看待。在十七和十八世紀，共相在心理學和形而上學中的地位差異，是歐洲大陸哲學家和英國經驗主義哲學家之間最重要的爭論點之一。我曾用寓言形式對這些傳統看法加以闡述，發表在《論戰》（*Polemic*）雜誌上（一九四六年，第二期，第二十四—五頁）：

不同學派的哲學家們一同外出旅行，到了歐洲大陸的一個荒僻之地。他們找到了一家簡樸的旅店，並定了晚餐。旅店老闆答應他們會提供一大塊牛肉。但是當牛肉端上桌時，他們發現這道菜令人倒胃口。其中一名哲學家是休謨的門徒，也是經驗豐富的旅行家，他把店主叫來，說：「這不是牛肉，這是馬肉。」他不知道老闆也曾有過好日子，只是因爲對哲學非常投入，荒廢了生意，以至於潦倒成這樣的。因此，老闆的回答讓哲學家頗爲吃驚。老闆說：「先生，聽到你說一些你自己都認爲是沒有意義的東西，我感到很驚訝。按你的說法，『牛肉』和『馬肉』不過是詞語，在非語言的世界中不代表任何事。如果你更喜歡用「馬肉」這個詞，那沒有問題，但我自己覺得用『牛肉』這個詞更合算。」

這一回答讓所有的哲學家都開始發表意見了。羅塞林（Roscelin）的門徒說：「老闆是正確的，『牛肉』和『馬肉』只不過是人類發出的聲音，都不能代表這塊令人難以下嚥的肉。」柏拉圖派哲學家則反駁道：「胡說，這塊肉來自動物，當這個動物活著的時候，是天堂中永恆的馬的一個摹本，而不是永恆的牛的摹本。」一個奧古斯丁派哲學家說：「『牛肉』和『馬肉』是上帝心中的理念，我相信，神的牛肉理念與這個東西大不相同。」只有在一件事上，他們的意見達成了一致，那就是，任何人以「牛肉」的名義售賣這麼倒胃口的東西，都應當以欺詐罪起訴。這下子店主害怕了，他知道地方官可不是什麼哲學家，所以他就烹飪了另一塊肉。這塊肉讓哲學家們普遍感到很滿意。

這個寓言想說明的唯一一個觀點是，「共相」問題不僅僅是詞語的問題，也是試圖陳述事實而引發的問題。

就我而言，我走向了兩個方向。對萊布尼茲的研究引導我走到一個方向，下面這個事實則引導我走向另一個方向：數學的很多基本概念都要求不對稱的關係，這些關係不能被簡化成相關項的謂項，或者由項構成的整體的謂項。我已經對關係的「實在」堅信不疑，無法接受主謂邏輯，也不能接受經驗主義認為只存在殊相的觀點。

自從摒棄了一元論後，在我的哲學發展整個過程中，雖然出現過改變，但我仍然堅守著某些基本信念，我不知道如何證明它們，但我絕不懷疑它們。其中的第一條如此顯然意見，如果不是相反的意見一直陰魂不散，我提到它時眞應該感到慚愧，這一條就是，「眞」依賴於對「事實」的某種關係。第二條是，世界由很多相互關聯的東西構成。第三條是，句法，即句子的結構，必定有對事實的結構存在一些關係，至少在句法中一些不可避免的（在這樣或那樣的語言中普遍存在的）方面必定是這樣。最後的一個原則我則不太肯定，但我仍想堅持這個原則，除非有非常強大的因素迫使我摒棄它。這個原則是，關於一個複合體可以談到的東西，可以在不提這個複合體的情況下，透過陳述其組成部分及其相互關係而談到。

這些假設是隱含在《數學原理》的符號使用中。這種符號使用假定存在著「東西」，它們有屬性，並且有對其他「東西」的關係。最初我在句法中使用兩種基本符號，第一種是闡明一個「東西」是一個類的成員，第二種是闡明一個「東西」對另一個「東西」有這樣或那樣的關係。我用小寫的拉丁文字母來表示「東西」，用小寫希臘字母表示類，用大寫拉丁文字母表示關係。但是逐漸地，類越來越多地被屬性所取代，最終除了作爲符號上的便利外，類就消失了。

在《數學原理》的第四章中，我的第一次陳述了我在邏輯符號使用中的形而上學信念，這一章的標題是「專名，形容詞和動詞」。大致來說，我當時的想法和可分配給變項的值有關係。我用小寫拉丁字母代表的變項，它們可能的值是有屬性或關係的存在體。用一個希臘字母表示一個屬性或擁有該屬性的東西的類。大寫拉丁字母則代表關係。當時我想，把一個值分配給一個小寫拉丁字母，就是用一個專名來代替這個變項。舉例來說，如果我們知道，無論 *x* 是什麼，如果 *x* 是一個人，*x* 就是會死的，我們可以用「蘇格拉底」這個名稱代替「*x*」。同樣地，我們可以用一個屬性來替代一個希臘字母，用一個關係來代替大寫拉丁字母。像這樣，用一個常量來替換一個變項，屬於應用邏輯的過程。這是邏輯範圍以外的一個過程，因爲僅就其邏輯學家的身分來說，邏輯學家並不知道有蘇格拉底或其他任何東西的存在。

當時我的看法帶著一種清晨般的率眞，這種率眞消失在了白天的勞作和高溫中。我想像，如果一個詞語對句子的意義有所貢獻，那麼必然存在這個詞意味著的某種東西。關於這個問題，我想引用《數學原則》中的第四十七節來說明：

> 在哲學中，有一組特定的區別很常見，這些區別多多少少是一回事：我的意思是，主項和謂項，實體和形容詞，**這個**和**什麼**之間的區別。現在我想簡單地說說，關於這些性質類似的區別，我認爲爲眞的看法。這一點很重要，因爲一元論和單子論之間的問題，唯心主義和經驗主義的問題，以及「眞理與存在有關」的支持者和反對者之間的問題，都全部或部分取決於我們在這一點上的看法。然而，本書在這裡處理這個問題，僅僅是因爲它對於數的學說或變項性質的學說是不可或缺的。它和一般哲學的關係雖然重要，這裡卻完全不作探討。
>
> 無論是什麼，只要可以作爲思想的對象，或者可以出現在任何眞命題或僞命題中，或者可以被計數爲**一個**，我就稱它爲一個**項**。那麼，「項」就是哲學詞彙中最廣泛的詞了，我將把它作爲單元、個體和實體的同義詞。單元和個體強調每個項都爲**單個**，而實體是指每個項都存在著，即，在某種意義上是「在」的。一個人，一個瞬間，一個數，一個類，一個關係，一個吐火的怪物，或其他任何可以被提及的東西，一定都是一個項：否認這樣或那樣的

東西是一個項，這種否認必定永遠都是錯誤的。

或許有人認爲，一個詞有這樣的極端普遍性，它可能不會有任何大的用途。這種觀點因某些普遍傳播的哲學學說而產生，但它是錯誤的。實際上，實體或名詞通常具有的屬性，項都擁有。首先，每個項都是一個邏輯主語：例如，它是命題的主項，命題本身也是一個項。同樣，每個項都是不可改變的，也是不可毀滅的。一個項是什麼，它就是什麼，任何改變都會破壞它的同一性，讓它變成另外的項。項的另一個標誌是它與自身在數上的同一，和與其他項在數上的差異。數上的同一和差異，是單一性與複多性的來源；因此承認有多項就破壞了一元論。而且看來不可否認，每個命題的每個成分都被計數爲一個，沒有任何命題包含的成分少於兩個。因此，**項**是一個有用的詞，因爲它標誌著與各種哲學持不同意見，也因爲在我們在很多陳述中都會談到**任意**項或是**某一**項。

這一段中，有很多地方我後來認爲是錯的。描述詞理論和類型學說導致我改變了看法。描述詞理論讓我相信，一個詞在孤立的時候可能沒有意義，但在句子中則會對句子的含義有所貢獻。例如，我原以爲「這」這個詞是指一種奇妙的物件，是善良的邏輯學家們希望在柏拉圖的天堂中遇到的那種物件。但描述詞理論讓我放棄了這樣的希望。類型學說則讓我遠離了《數學原則》中的幼稚無知。看來有些詞語不能被別的詞語取代，否則就會失去意義。令我印象深刻一個事實是，動名詞與動詞含義相同，但可以作爲一個句子的主項，例如在

「killing no murder」（殺戮非謀殺）這樣的敘述中，我開始認識到，這種敘述如果不無意義的話，其實是一些句子的簡化，在這些句子中，動詞顯得是動詞，而不是名詞。比如「殺戮非謀殺」這個敘述，就必須擴展成「如果A殺戮B，並不表示A謀殺了B」，當這樣的翻譯是不可行的時候，句子就失去了意義。根據類型學說，「蘇格拉底和殺戮是兩個」就是一個不合規矩的句子；「蘇格拉底和殺戮是一個」也不合規則。

還有一類困難，涉及到對實體概念的反對意見，這些反對意見往往根深蒂固。就好像是我用小寫拉丁字母表示殊相，在句法意義上必定是實體，雖然它們並不需要擁有不可毀滅的屬性，而傳統上實體應當擁有這種屬性。如果「*x*擁有某某屬性」這個說法永遠是有意義的，而且永遠不是分析型的，那麼*x*就似乎不會是其所有屬性的總和，而且似乎在純粹的數方面，它也必定不同於另一個殊相*y*，因此兩個殊相*x*和*y*，它們共用所有屬性並仍然作爲兩個事項，這應該在邏輯上是有可能的。當然我們無法知道它們是兩個，因爲這將涉及到知道*x*不同於*y*，而*y*並非這樣：事實上，x會變成一個不可知的基質，或看不見的釘子，屬性掛在這個釘子上，就像是火腿掛在農戶家的房梁上。這些考慮使得「殊相」的概念難以處理，也導致人們尋找一個逃避的方法。

我第一次嘗試處理上述關於殊相的困難，是一九一一年在亞里斯多德學會宣讀的一篇論文中，〈論共相與殊相的關係〉（On the Relations of Universals and Particulars）。柏格森（Bergson）的到場給這次會議增添了光彩，他驚奇地評論到，我似乎認爲需要證明的不是共相的存在，而是殊相的存在。在這篇論文中我研究並否定了一個假設，但自那以後我卻採納了這個假設。根據這一假設，在具有性質的東西中不需要殊相作爲主體。根據這一假設，成束的性質可以替代殊相。那時讓我拒絕這個看法的是數差異性的問題，以及它與空間和時間的聯繫。我相信，在那個時候，心智現象在於主體和客體之間的關係，而主體具有細小的殊相的特性。我的論證從時空位置的相對性到感覺世界中對殊相的需要，然後進入到一個非常相似的論證中，這個論證和兩個人的區別有關，我說：

數的差異性是從我們所感知的空間推導而來，關於數差異性的論證，可以從一個相似的、關於不同的心智內容的論證中得到鞏固。如果兩個人都認爲二加二等於四，那麼至少在理論上有可能他們附加在「二」「加」「等於」「四」這些詞上的含義是同樣的，因而，只就他們的信念的物件而言，沒有什麼東西讓兩個人之間有區別。不過似乎很明顯，有兩個存在體，一個存在體是一個人的信念，另一個存在體是另一個人的信念。一個特殊的信念是一個複合體，我們可以稱之爲主體的東西是這個複合體的一個成分，在我們的例子中，是主體的差異性產生了信念的差異性。但這些主體不能僅僅是成束的一般性質。假設我們例子中的一個人的特點是善良、愚蠢和喜歡說俏皮話。如果說：「善良、愚蠢和喜歡說俏皮話認爲二加二等於四」這是不正確的。所以加上一大堆一般性質，這麼說也還是不會正確。此外，不管我們加上有多少性質，另一個主體也仍然可能具有這些性質；因此性質不能構成主體的差異性。兩個不同的主體之間**必定**不同的唯一的方面，就在於它們與殊相的關係：舉例來說，每個人對對方的關係，都是他對自己所沒有的。但是，和其中一個主體有關的任何事（如果不和它有關，那就將和共相有關）對另一個主體也爲眞，這在邏輯上是不可能的。因此，甚至當與這種命題有關的區別出現時，也並不是這些區別構成了這兩個主體的差異。因此，這些主體必須被視爲殊相，而且是根本不同於一般性質的任何集合的，這些性質集合可能作爲對主體的闡述。

後來我認爲這些論辯是不成立的。對於感覺世界，我們只要思考一下就會很清楚，在體驗空間中，位置不是相對的，就像物理學空間的位置一樣。在我的瞬間視野中，性質定義了位置。處在視野中心的東西有一種性質，我們可以稱之爲「中心性」。在那一瞬間，我看見的所有其他東西都具有兩種性質，只是在程度上有所不同：上下和左右。然而，這並不是讓我摒棄上述論文中的觀點的最重要的原因。最重要的一點和時空關係的邏輯性質有關。人們認爲這種關係產生了序列。爲了簡便起見，我們可以僅就時間，甚至是一個人體驗中時間，來探討這個問題。我們認爲，如果A先於B，A和B必然是不同的。我們認爲，如果A先於B，B先於C，則A先於C。如果時間關係的這些特徵遭受質疑，那麼，構造時間序列就很困難了。一九一一年時，我認爲如果不使用獨特的時空位置材料，就無法構建時間序列和幾何空間，而如果否認了殊相，這些材料就無法找到。

一九一一年時，我就對點瞬的構建問題有了很大的興趣，不久之後，懷特海開始研究這個問題，我在《我們對外部世界的知識》（*Our Knowledge of the External World*）一書中也對這個問題有所探究。已經很清楚，在構建時空中用到的殊相（如有的話），它們自身並不是成點的，而是具有有限的擴展。成點的性質似乎是物理學需要的，這種性質僅僅屬於一些殊相，這些殊相中的每一個都有有限的範圍。但在那時，我並不懷疑：如果在兩個不同的地方，有兩個紅色的色塊，那麼它們就是特殊的紅色塊。把它們作爲「二」與位置的相對性關係密切：我認爲，這兩個色塊只在位置上有區別，而由於位置不是一個性質（我這樣認爲），它就以差異性爲先決條件，而且不能構成差異性。如果認知到感覺世界中的位置是絕對的，情況就有了變化。我右邊的紅色塊可以是「紅色」和「右邊」這兩種性質的複合體；而我左邊的紅色塊可以是「紅色」和「左邊」這兩種性質的複合體。所有不同程度的左右以及上下，具有幾何必需的邏輯特徵，它們與其他一個性質聯合，比如「紅色」，讓兩個同時看到的紅色色塊有了複多性。我以類似方式考慮時間的次序。假設一些性質在一個人的經驗中發生兩次，例如，時鐘整點報時。是什麼讓你認爲兩次報時是「二」，而不是同一件事的重複？我得出的結論是，這種認知取決於一種性質，我們可以將其稱之爲「主觀的過去」。我的心智內容，只就它們經歷的時間而言，可以排爲這樣一個系列：從感覺開始，然後到平衡感感覺，再到即時記憶，再到記憶，這種記憶與現在的感覺多少存在了一些距離。一個主觀的時間序列以這樣的方式產生了，從客觀的角度來看，構成它的項都屬於**現在**。當你聽到時鐘整點報時重複著類似的聲音時，你已經聽到的聲音發生了不同程度「褪色」，多重的是聲音的複合體加上褪色，而不是聲音的實際性質。我在《人類的知識》中提出了這個看法，在我看來它仍然是令人滿意的，我傾向於這個看法，因爲它無需假定殊相是無法辨認和不可知的存在體，其他看法就必須作這樣的假定。

然而仍然存在一個困難，在一九一一年時，我曾認爲這個困難不可逾越。在邏輯上，我們不能認爲兩個心智狀態完全相似。或許有人會說，這無法發生在一個人的體驗之中，因爲對兩種個場合的記憶是不同的。但是從邏輯上說，這種完全的相似可以發生在兩個不同的人的體驗上。假設在A和B兩個人身上發生這一情況，我現在的看法會讓我認爲，A的心智狀態在數上相同於B的心智狀態。乍看上去這種想法近乎荒唐。我們覺得肯定能夠找到或構建東西具有下面這種屬性的一些東西：如果一個早於另一個，那麼這兩個東西在數上是不同的。但我認爲這種看法源於經驗對邏輯領域的不當入侵。就經驗來說，我們永遠無法找到心智狀態完整地再次發生的情況。一個人在某個時候的整個心智內容，完全相似於他在另一個時候的心智內容，或者完全相似於與另一個人在某個時候的心智內容，這樣的情況我們在經驗中永遠也找不到。

有些人不喜歡邏輯以外的先驗直觀，這個理論對於他們來說具有一個優點，就是可以處置先驗綜合知識的某些實例。「如果A在B之前，B在C之前，則A在C之前」這個陳述肯定是綜合的，而且似乎也是先驗的。根據我的理論，它仍然是綜合的，但它已經不再是先驗的了，而是從我們的經驗中概括出來的。這些經驗就是，複雜的整體構成了永遠不會重新發生的暫態心智內容。從經驗主義的角度來看，這確實是一個優點。

現在我要講一個與共相和殊相密切相關的主題，即專名問題。但是在講這個問題之前，我想先說說邏輯語言這個很有爭議的問題。在我的想法中，邏輯語言應該是這樣一種語言：我們想表達的任何事，都可以用命題的方式，清楚明白地表達出來，而且結構也總是很明確。在這樣的語言中，我們需要用詞語來表達結構，但我們也需要詞語來表示具有這些結構的項。我堅持認爲這些項應透過專名來表示。儘管我從來不覺得這樣的語言會在日常生活中有用，但我認爲，對於整理清晰的思路，這種語言將提供很大的說明。有一段時間，維根斯坦同意我的想法，他也認爲邏輯語言將有益於哲學，當我在給他的《邏輯哲學論叢》寫導言的時候，我將這種看法歸功於他。可惜的是，那時他不僅放棄了這個觀點，而且顯然忘記了他曾經有過這個觀點了。因此我寫的東西在他看來是一種誤讀。他的追隨者此後就堅決摒棄了邏輯語言可能會有用的觀點。

在一個很重要的點上，我願意承認他們的批評是公平的。最初我和萊布尼茲一樣，認爲一切複合體都是由簡單體構成的，認爲在分析時以簡單體爲目標非常重要。然而後來我想，儘管許多事情可以稱爲是複合體，卻沒有什麼可以稱爲是簡單體，而且，命名複合體的陳述可以是完全準確的，儘管這些複合體不被認爲是複雜的。科學上的很多進步都在於認識到，原以爲是簡單的東西實際上是複雜的：例如，分子是由原子組成，而近來人們得知原子有其結構。但是，只要我們避免斷言我們正在研究的東西是簡單體，之後發現的複雜性就不會證明我們關於這個東西的看法爲僞。因此，是否能透過分析達至單純體，這個問題整個成爲不必要的了。

在專名的問題上有一個關係。我本來認爲，如果我們無所不知，那麼每個簡單體都會有專名，而複合體就沒有專名，因爲複合體可以透過簡單成分和結構來定義。現在我摒棄了這種觀點，但關於專名的作用，仍然存在很多問題。

傳統上有兩類的名稱：專名和公名。「蘇格拉底」是一個專名，「人」是一個公名。然而公名並非必要。「蘇格拉底是一個人」這個句子與「蘇格拉底屬於人類」的含義相同，所以公名「人」是不必要的，可以被謂詞「人類」所取代。區分謂詞和屬性是很有必要的。屬性是一個更廣泛的概念，包括了謂詞。謂詞可以出現在只含有一個名稱的命題中，例如「蘇格拉底屬於人類」。而在出現名稱的任何命題中，如果那個名稱被省略了，或者被一個變項替代，命題剩下的就是屬性。例如，你可能會說「如果蘇格拉底更溫和一些，他就不會喝毒汁了」。這是在講蘇格拉底的屬性，而不是給他加上一個謂詞。

在傳統上，專名和公名的區別是，公名可以有實例，而專名表示某一獨特物件。但實例的概念與類的概念息息相關，而且在邏輯上不是基礎性的。邏輯要求的命題函數是含有一個或多個變項的運算式，當給變項分配值的時候，運算式就成爲了一個命題。實例則是令這個命題函數爲眞的變項值。變項可能代表一個可變的「東西」，或一個可變的謂詞，或一個可變的屬性，或一個可變的關係。比如，命題「蘇格拉底屬於人類」：如果你用任何其他人或動物的名稱代替「蘇格拉底」，則不管你的命題爲眞或爲僞，它都仍然有具有意義；如果你用任何其他謂詞代替「人類」，你的命題也仍然具有意義。如果是一個關係命題，比如「蘇格拉底愛柏拉圖」，你也可以用其他任何表示關係的詞語來替換「愛」這個詞，而你的命題仍然具有意義。但是你不能用不表示關係的詞語來替代它。

上面的看法暗示了專名的一種句法定義。我們可以說，專名是不表示謂詞或關係的詞，它可以出現在不包含變項的命題中（在通用語言中，出現了「**一個**」、「**這個**」、「**一些**」、「**全部**」等詞，表明了變項的存在）。只就句法而言，關於專名，我認爲這樣說就很徹底了，沒有更多的可以說。

但我們也必須考慮到認識論。一個專名如果要完全實現其功能，就不需要用其他的詞語來定義：它表示的東西應該是我們立刻就明白的。但是專名的這個方面會引起困難。如果有人提到蘇格拉底，但你以前從未聽說過他，你可以在百科全書中找找對這個詞的說法，然後你可能會把這個說法當做「蘇格拉底」一詞的定義。在這種情況下，嚴格地說「蘇格拉底」不是一個名稱，而是某個描述的替代品。很明顯，由於詞語只能由其他的詞語來定義，那就必定存在著一些詞語，我們不是透過定義，而是透過其他方式來理解它們的。透過聽到名稱的發音時，這個人也同時在場的方法，小孩知道了家庭成員的名稱，即使他的父母出現在百科全書中，小孩也不是從百科全書中學習他們是誰，他們叫什麼名稱的。這是專名的原本用法，而把專名用作簡化了的描述，只是派生的用法。如果你生活在蘇格拉底時代的雅典，你問「誰是蘇格拉底？」聽到這個問題的人可能會指著某個人回答你：「那個人就是蘇格拉底。」蘇格拉底的命題與那些早已死去的人的經驗具有聯繫，由於這種現在已經非常遙遠的聯繫，蘇格拉底的命題屬於歷史，而不屬於哈姆雷特命題那樣的寓言。「哈姆雷特」扮作一個名稱，但其實不是；所有關於哈姆雷特的陳述都是僞的。只有我們用「哈姆雷特」替代哈姆雷特時，這些命題才可能變爲眞。這說明了專名的一個特別之處，那就是：專名不同於描述，除非專名指向的物件是存在的，否則專名就沒有意義。儘管法國現在是一個共和國，我仍可以就現任法國國王進行一番陳述，這些陳述雖然爲僞，但卻不無意義。但是，如果我假稱他是路易十九，那麼凡是把「路易十九」作爲名稱來用的陳述就是沒有意義的，而不是僞的。

我並非暗示在日常的語言或文法中，我們應該拒絕把「蘇格拉底」這樣的詞語作爲名稱，我是指，從認識論的角度來看，我們關於他的知識非常不同於我們所親知的事物的知識。事實上，我們所知道的關於蘇格拉底的一切，只能透過在他的名稱出現的地方替換上某些描述，才能充分地加以陳述，因爲對於我們來說，我們完全是從描述中才明白了「蘇格拉底」這個詞是什麼意思。

我一直堅持著一個原則，我認爲這個原則完全有效，即，如果我們可以了解一個句子的意思，組成這個句子的詞語所表示的事物，必定是我們所親知的事物，或者是可以用這些詞定義的事物。關於邏輯單詞，例如**或**、**非**、**若干**、**全部**，也許有必要對這個原則加上一些限制。我們可以取消這種限制，如果把我們的原則只侷限在不含變項的，以及不把句子作為構成部分的句子中。在那樣的情況下，我們可以說，如果我們句子給一個主項加上一個謂詞，或者斷言了兩項或者多項之間的一個關係，用作主項或有關係的項的這些詞語必定是最狹義的專名。

如果我們採納了這個觀點，我們就會遭遇這樣一個問題：我們要決定日常語言中是否包含任何有上述意義的專名。殊相和共相的問題與這個問題有關聯，這個關聯並不簡單。我們必須問自己：不透過詞語性定義，我們可以理解的詞語是什麼？這裡如果我們把邏輯單詞省略掉，則不透過詞語性定義我們就可以理解的詞語，必定代表的是，在某種意義上說，可以指出的東西。比如「紅色」和「藍色」，就是用於某種體驗的詞語，我們了解這些詞語的方式，是在注意到紅色或者藍色的東西時聽到這些詞語的發音。對於心理學上的詞語，例如「記住」，了解的方法要更困難一點，但原則是相同的。如果你看到一個小孩正在記住某件事，你就對他說，「你記得那個嗎？」過些時間，他就知道你說這個詞的意思了。只有透過這樣的過程，詞語才能建立與事實的關係。

在這種受到限制的意義上，我們只能給體驗過的東西賦予名稱，無論這種體驗是感覺中的還是思考中的。至於體驗到的東西是簡單還是複雜，這個問題無關緊要，但是，我們永遠不會體驗那類精確定點的殊相（這在本章前面討論過，它被認為是不必要的），這個問題就並非無關緊要了。心理學上的主體和物理學中的質點，如果它們是可以被人了解的，那麼它們必定都被認爲是成束的體驗過的性質和關係，或者是透過經驗所知的關係，與這些東有關聯。按照上述理論，製造一般專名的基本裝置，必定是由這樣一些東西組成：這些東西通常被視爲性質而不是實體，比如紅色的和藍色的、堅硬的和柔軟的、愉悅的和不快的。這需要進行句法上的重新排列。我們不說「這是紅色的」，我們必須說「紅色與中心性共在」；這是當這個紅色東西處在我們的視野中心的時候。如果它不在我們視野的中心，我們就必須將「中心性」替換成適當程度的上、下、左、右。

我要再次重申，我並不是在建議拋棄日常語言，改用這種古怪的說法方式。也許使用我所說的「最低限度詞彙量」，可以把這個問題說得清楚一些。最低限度詞彙量定義如下：給定一些我們可以明白的句子，那麼，可以用一些詞語來定義這些句子中的所有其他詞語，這些詞語的最小數是多少？一般而言，這個問題的答案不止一個，但是可能的答案通常都會包含一些詞語，這些詞語是所有答案共有的。這句詞語代表了我們的體驗的核心部分，我們的句子就是透過核心部分連接到非語言世界中的。我不相信這詞語中有任何一個擁有殊相所擁有的那種獨特性。我們可以把世界的「質地」定義爲一些詞語所指的東西，這些詞語在正確使用的情況下，就是作爲謂詞的主項，或是關係的項的那些詞。在這個意義上，我應該說，世界的質地是由像「白」這樣的東西構成，而不是擁有白色屬性的物體構成。這就是上面長篇大論的主要結論。這個結論的重要性在於，它拒絕接受世界是由心智和小塊物質所構成。

如果接受上述關於性質的理論素質，關於共相的地位問題就有了一個比較新的形式。在傳統上，像白色的、堅硬的或甜美的這樣的性質是作爲共相，但如果上述理論是成立的，它們在句法上就更接近於實體了。正如傳統看法一樣，性質不同於實體，因爲它們不具有常識賦予個人和事物的時空連續性。有些複合體是由共在的性質構成的。有些複合體，其成員全部是共在的，但並非全都與複合體之外的所有東西共在，我給這樣的複合體起名爲「共在的完全複合體」。這種完全複合體取代了殊相，而且我們用「我現在的心智內容構成了一個共在的複合體，白是其中的一個成分」這樣的句子，取代了「這是白的」這種陳述。

但是，雖然上述理論涵蓋了許多傳統的共相，但它沒有消除對共相的需要。由謂詞表示的共相仍然存在，這些謂詞比如顏色、聲音、味道等。很明顯，所有的顏色都有共同之處，因爲經由細微的顏色漸變，你就可以從一種顏色進入任何一種其他顏色。對聲音來說也是如此。但是，沒有什麼方法能讓顏色逐漸轉變爲聲音。由於這些原因，我應該將「紅色是一種顏色」作爲一個眞正的主謂命題，把**顏色**這個性質指定給**紅色**這個「實質」。

但是，命題斷言關係的重要性遠遠超過這種主謂命題。一種語言無法表達我們對世界的全部了解，除非它在說像下面這樣的句子時具有含義：「A早於B」「A在B的右邊」「A像B甚於像C」。像「早於」和「像」這樣的詞語，或者它們的同義詞，是語言的必要組成部分。也許這些實際的詞語並非必要。透過各種人工裝置，用「相似於」這個詞取代很多（如果不是所有）關係詞，這是可能的。但是，「相似於」仍然是一個關係詞，如果必須要保留一個關係詞，那麼去掉另一個關係詞也不會帶來明顯的好處。一些詞語的含義在某種意義上是共相，在這些詞語中，關係詞是最難以去除的。

幾乎在所有的共相和殊相學說中，有一點實際上被忽略了。那些不喜歡共相的人認爲共相僅僅是詞語而已。這個看法的麻煩是，一個詞語本身就是一個共相。「貓」這個詞有很多實例。說出的詞是一組類似的聲音，寫出的詞是一組類似的形狀。一些唯名論者起勁地否定共相，如果他們得逞了，世界上就不再有像「貓」這樣的詞存在，只會有實例存在了。這樣的考慮將我們帶到了共相問題更爲困難的方面，即它們在形而上學上的地位問題。

當我們把視線從表明事實的句子轉移到它們所表明的事實上，我們必須問自己：這些句子具有的什麼特徵（如果有的話）必須屬於它們所表明的事實呢？很明顯，存在著關係上的事實。「腓力是亞歷山大的父親」和「亞歷山大早於凱撒」這兩個句子就清楚地表明了事實。唯心論者常說，關係是心智的產物；康德曾想像，眞正的東西不存於空間或時間之中，時空次序是由我們的主觀裝置所創建的。但是，整個這個關於關係的看法都是基於一個錯誤的邏輯，只有那些不明白其含義人才會接受它。就我而言，我認爲任何東西都可能存在著比方說「A比B更早」的關係事實。但是，這是否就能說明有一個物件，它名稱是「更早」呢？要弄清楚這樣一個問題是什麼意思，這非常困難，但要弄清如何找到答案，則更加困難。具有結構的複雜整體確實存在，如果沒有關係詞，我們就無法描述這種結構。但是，如果我們試圖找到某些事物的存在，這種存在由關係詞所代表，而且可以在體現它的複合體之外朦朧地存在，那麼我們能否成功十分難說。我覺得，一個關於語言的事實非常明顯，即，正如早前所說，關係詞應該僅用來進行實際上的關聯，而且這些詞作爲主項出現的句子，僅僅在這種情況下才是有意義的：它們可以被翻譯成爲一種句子，在這種句子中，關係詞可以發揮適當的功能，即表示項之間的關係。或者換句話說：動詞是必要的，動名詞卻不是必要的。這沒有回答共相在形而上學上的地位問題，但這是我所知道的最接近的答案。

在《對意義和眞理的探究》的最後一章中，我對這個主題進行了探討。此外我沒有什麼要補充的了，下面引述的是那本書中的最後兩個段落：

> 在包含「相似之處」這個詞語的命題中，有些可以被包含「相似的」這個詞的等價命題替換，另一些則不能。我們無需承認後面一種情況。比如，我說「相似之處存在」。如果這裡的「存在」和我說「美國總統存在」中的「存在」的意思相同，我所說的就是荒謬的。首先，我的意思可以用這樣的陳述來表示：「有些事件需要用『相似於』這種形式的句子來進行語言上的描述。」但是這種語言的事實似乎暗示著所描述的事件的事實，即當我說「a相似於b」時所講述的事實。當我說「存在著相似性」時，我想要表明的是關於世界的事實，而不是關於語言的事實。「黃色的」這個詞是必要的，因爲有黃色的東西存在；「相似的」一詞也是必需的，因爲存在著相似的事情。兩個事物的相似之處，就像黃色的東西一樣，也是非語言的事實。
>
> 在這一章中我們已經獲得了一個結果，從某種意義上說，它是我們所有討論的目標。

我指的結果是這樣：完全形而上學的不可知論與堅持語言命題不能相容。一些現代哲學家認爲，關於語言我們知道得很多，但我們對別的一無所知。持這種觀點的人忘記了語言也是經驗現象，就像其他經驗現象一樣。一個形而上學的不可知論者，當他使用一個詞時，他知道一些東西，但他必定會否認他知道。就我而言，我認爲，透過研究句法（加上其他方法），我們可以得到大量有關世界的結構的知識。

第十五章　「眞理」的定義

我在兩個不同的時期寫過「眞理」定義問題的文章。在一九〇六—九年間，我寫過關於這一主題的四篇論文，收錄在《哲學論文》（*Philosophical Essays*, 1910）中。在三〇年代後期，我又重拾這一題目，這次研究的結果我發表在《對意義和眞理的探究》（一九四〇年）中，並在略加修改後，發表在《人類的知識》（一九四八年）中。

從我放棄一元論的那一刻起，我就毫不懷疑，眞理會透過與事實的某種關係而被定義，但具體是哪一種關係，則必須取決於這個眞理的特徵。我先從駁斥兩個我澈底不能贊同的學說開始，第一是一元論學說，然後是實用主義學說。哈樂德·約阿希姆在《眞理的性質》（*The Nature of Truth*，牛津，一九〇六）一書中闡述了一元論的學說。關於這本書對一元論的一般性支持，我在本書的前面章節中討論過，但是現在，我將集中在一元論關於眞理的學說上。

一元論透過融貫性來定義「眞理」。一元論認爲，沒有任何一個眞理獨立於其他眞理；但是，每一個眞理得到充分的陳述，而且沒有被不合規則的抽象後，它就會成爲整個宇宙的全部眞理。根據這一觀點，謬誤則在於抽象，以及在於將組成部分看做獨立的整體。正如約阿希姆所說：「看法有錯的人都深信不疑自己的看法是眞理，這就是錯誤的鮮明特點，而且也把對眞理的部分理解轉化成了謬誤。」關於這個定義，我認爲：

> 這個觀點有一個很大的好處，即根據這個觀點，是否錯誤完全在於是否接受一元論眞

理學說。只要接受這個學說，就沒有什麼判斷是錯誤的了；而只要拒絕這個學說，所有的判斷是錯誤的。但對這個方便的結論也有一些反對意見。如果我宣稱斯塔布斯主教曾經穿過主教服飾，而且我「深信不疑自己的看法是眞理」，這就是一個錯誤；如果一個一元論的哲學家，一邊牢記所有有限的眞理僅僅是部分爲眞，一邊聲稱斯塔布斯主教因謀殺罪被絞死，那這就不是一個錯誤。因此，似乎約阿希姆先生的標準不能按照通常的理解來區分正確和錯誤，這是這個學說的一個缺陷。（《哲學論文》，第一五五頁）

我的結論是：

有這樣一層意義存在：像「A謀殺了B」這樣的命題是眞還是僞，就屬於這一層意義；在這層意義上，命題的眞僞並不取決於它是否是部分眞理。在我看來，這層意義是構建整個眞理的先決條件；整個眞理，都由在這層意義上爲眞的命題所構成，因爲我們無法相信「斯塔布斯主教因謀殺罪被絞死」這樣的命題是整個眞理的一部分。（《哲學論文》，第一五五—六頁）

人們已經不再非常廣泛地支持一元論的眞理學說，但同樣被我批評的實用主義的眞理學說，仍然擁有積極的支持者。關於這一問題我寫了兩篇文章，第一篇是評論威廉·詹姆斯的《實用主義：幾種舊思維的新名稱》（*Pragmatism: A New Name for Some Old Ways of Thinking*），第二篇文章討論一般實用主義，發表在一九〇九年四月《愛丁堡評論》（*Edinburgh Review*）上。

我與實用主義不同的本質要點是：實用主義認爲，如果一個信念具有某種**效能**，就可以判斷這種信念爲眞，而我認爲，如果一個經驗上的信念具有某種**原因**，就可以判斷這種信念爲眞。詹姆斯說過的一些話，清楚地表現了他的立場。他說「理念……僅僅在這種情況下爲眞：它們說明我們與我們經驗的其他部分擁有良好的關係。」他還說「眞理是好的一種，而不是如通常假定的那樣，是與好不同的一個並列範疇。任何東西，只要能在信念方面證明自身爲好，並且由於明確的原因爲好，就可以稱爲是眞理。」詹姆斯還說過兩段更加具有實用主義特色的話，引用如下：

> **簡單地說，「眞理」僅僅是在我們思維上的權宜手段，就像「正當」僅僅是我們行爲上的權宜手段一樣**。它幾乎在任何方式上都是權宜手段；當然也是長遠來說、整體來說的權宜手段。（《實用主義》，第二二二頁）

> 我們對眞理的解釋，是在解釋複多的眞理，進程中的眞理，它們在事物中實現，並具有唯一的共同性質，那就是它們都會**帶來好處**。（《實用主義》，第二一八頁）

我把最後的這個定義意譯爲「任何收買你去相信它的東西，就是一個眞理。」實用主義者已經進行了強烈地抗議，說這是對詹姆斯的話的嚴重歪曲，但我從來就不明白他的話還能有什麼其他意思。

認爲信念爲眞是由於它具有了出色的功效，對這個觀點除了一般性的反對之外，我認爲它還有一個十分難以克服的困難。那就是：在我們知道任何一個信念爲眞還是爲僞之前，我們應該知道，(a)信念的功效是什麼；(b)這些功效是好還是壞。假定我們必須把實用主義準則運用到(a)和(b)上，那麼：關於某一信念的實際功效，我們應採用的觀點是「帶來好處」，關於這些功效是好還是壞，我們將採用同樣的觀點，即「帶來好處」。很明顯，這樣一來我們就會陷入無窮倒退。正如我在批評詹姆斯的文中所說：

認爲一個信念帶來有利效果時很容易知道，容易到了認識論無需解釋這麼簡單的事的地步，這種觀點，我必須說，在我看來，是對認識論做出的奇怪的假定之一。讓我們看看另一個例子。法國大革命中的很多人都是盧梭的信徒，他們對盧梭學說的信念具有深遠的效果，如果沒有這種信念，歐洲的面貌本來會與現在的大不相同。如果整體而言，他們的信念的效果是好的，我們就必須說，他們的信念爲眞；如果是壞的，我們則說它爲僞。但我們如何取得平衡？我們幾乎不可能弄清楚有哪些效果；而且即使我們能確定這些效果，我們對它們是好是壞的判斷也取決於我們的政治觀點。透過直接調查來發現《社會契約論》其實是一個神

話，與判斷其信念在整體上帶來的利弊相比，前者肯定要容易得多了。（《哲學論文》，第一三五—六頁）

對於實用主義的眞理定義，除了這些純理論的批評之外，還有一種切合實際的批評意見；對務實的人來說，這種意見可能更合胃口。什麼樣的信念可以給個人生活帶來好的結果，這個問題往往取決於政府和警察。在美國更帶來好處的信念是在俄國則是災難性的，反之亦然。納粹信仰不能滿足實用主義的眞理標準，因爲德國是第二次世界大戰的戰敗國，但是如果德國勝利了，實用主義者將不得不讚揚納粹信條在實用主義上爲「眞」了。實用主義者提及詹姆斯的句子「當然也是長遠來說、整體來說的權宜手段」，以此作爲反駁。我不認爲這句話眞的有用。回教徒們相信，如果他們在爲捍衛眞正信仰的戰鬥中死亡，他們將去往天堂。在我看來，這個信念已經屬於「長遠來說、整體來說」得到好處了，那麼我們就要因此假設它爲眞，即使死去的回教徒實際上並沒有經歷像他們一直期待著的那種幸福嗎？另一方面，如果他們實際上經歷了那種幸福，那麼我們又怎麼說基督徒之前持有的相反信念，即認爲回教徒在死去時，會直接栽進地獄裡去的信念。這種信念曾經對基督徒有好處，但雙方的信仰都與事實一致是不可能的。

除了理論上反對實用主義眞理學說之外，五十年前，在災難性的世界大戰時代開始之前，我就認爲，實用主義除了在理論上是錯誤的以外，它作爲一種哲學，對社會而言也是災難性的，後來的歷史已經證實了這一點。當時我對實用主義的批評有如下結論：

國際和平的希望，就像國內和平的實現一樣，有賴於民意上的有效力量，而民意則是在對爭端的是非判斷上形成的。因此，說武力解決了爭端，而不考慮武力依賴於正義，這是一種誤導。但有，這樣一種民意的可能性取決於正義標準的可能性，正義標準是社會意願的一個原因，而不是它的一種效果；這樣的正義標準顯得與實用主義哲學不相容。因此實用主義哲學雖然開始於自由和寬容，但卻因爲其內在的必要性，發展到了訴諸武力和軍隊的裁決。透過這種發展，實用主義哲學變得適應於對內實行民主，也同等地適應對外勢力擴張。因此，與現有的其他任何哲學相比，它可以針對形勢的需要進行更加微妙的調整。

總而言之：實用主義受到了務實者的歡迎，務實者們在這個星球上發現了富於想像力的材料；他們對進步充滿信心，並不知道人類力量有著非人類的侷限；他們喜歡戰鬥以及所有隨之而來的風險，因爲他們從不眞正懷疑自己會獲得勝利；他們渴望宗教，就像渴望鐵路和電燈，他們既把宗教看做是一種舒適和慰藉，也認爲宗教有助於世界事務，他們不認爲宗教是爲了滿足對盡善盡美的渴求，或是對毫無保留地進行崇拜的渴求。但是還有一些人，他們覺得，如果沒有窗户通向更廣袤的世界，在這個星球上的生活就像是終身監禁；他們覺得，認爲人類無所不能，這個信念顯得傲慢；他們渴望的，是自制勝於激情的禁欲主義式自由，而不是認爲整個世界都在腳下的拿破崙式統治：簡而言之，對於那些認爲「人」不足以成爲崇拜對象的人而言，實用主義者的世界顯得狹窄而瑣碎，不僅剝奪了賦予生活價值的一切東西，而且還劫掠了他們的輝煌宇宙，從而使「人」變得更加渺小。（《哲學論文》，第一二五—八頁）

在《眞理的意義》（*The Meaning of Truth*, 1909）中，威廉·詹姆斯用一篇名爲〈兩個英國批評家〉的文章中回應了我的批評。他像其他實用主義者一樣，指責我歪曲了他們的觀點。他指責我的理由，也和其他實用主義者的一樣，是我以爲他的意思就是他說的那樣。在這篇文章中，他承認：判斷教皇是否總是正確，跟判斷堅信他們總是正確所產生的效果是好是壞相比，前者要更容易一些。他繼續寫道：「我們沒有斷言過任何像羅素先生的假設那樣可笑的東西。」但是當他解釋他的眞實含義時，在我看來，甚至比我以爲的更加可笑。他說他的意思並不是指信念的後果是好的，而是信徒們認爲結果會是好的。因此他承認，如果A和B的信念截然相反，那麼A和B可能都信仰了眞理。他說：「假設我認爲『歸於莎士比亞名下的戲劇是他本人寫的』爲眞，並向評論家表達我的看法。如果批評家既是實用主義者也是培根哲學的信徒，他可以從實用主義角度明白地看清，我對這個看法的堅信使得這個看法對我爲眞，而從培根哲學角度來看，他仍然相信莎士比亞從來沒有寫過那些戲劇。」我承認我覺得這難以理解。在我看來，如果「莎士比亞寫了《哈姆雷特》（*Hamlet*）」爲眞，那麼莎士比亞就曾經握著筆坐著寫了某些詞句；但是，如果培根寫了《哈姆雷特》，那麼就應該是培根握著筆寫下了這些詞句。不管是莎士比亞寫的，還是培根寫的，這是一個事實問題，與現在的任何大活人怎麼想完全沒有關係。如果我說關於莎士比亞的陳述爲眞，關於培根的陳述就爲僞，那麼事實是莎士比亞寫了《哈姆雷特》時，我的陳述就爲眞，否則我的陳述就爲僞。不過對於詹姆斯而言，《哈姆雷特》在寫作時是怎麼個情況完全沒有關係；唯一有關係的就是現今批評家的感受。

我曾經指出，在我看來，按照詹姆斯的學說，「A存在」這個陳述可能在實用主義的意義上爲眞，即使A並不存在。在詹姆斯去世後，有人把他評注過的我的文章送給我。對我的上述看法，他的評論就一個詞：「可笑！」在他的文章中，他對這個詞多少進行了些擴充。他說：「羅素先生接下來就要加入一個批評家大軍中，這些批評家告訴他們的讀者，根據實用主義對『眞理』這個詞的定義，甚至當A並不存在時，相信A存在的信念可能爲『眞』。這是慣常的誹謗，我們的批評家們反覆這樣誹謗，都達到飽和程度了。」我無法看出這是一個誹謗。而且我會提出更進一步的批評意見，而實用主義者可能會認爲它是更糟糕的誹謗。詹姆斯急於找到方法來宣稱「上帝存在」這個陳述爲眞，同時又不讓自己牽涉到形而上學中。他的興趣如此專注在功利上，以至於他只對這個陳述的功利後果感興趣。關於是否存在萬能的上帝，可以超越時間和空間，英明地統御萬物這個問題，他沒有興趣。所以他認爲，在找到論據以證明「上帝存在」這個陳述爲『眞』的過程中，他做了宗教良知所要求的一切事情。教皇譴責實用主義是維護宗教信仰的不當方法。我承認，在這一點上我的感受與教皇一致。

在一九三九年，我又寫了一篇批評實用主義的文章，發表在施基普博士（Dr Schilpp）編輯的《現存哲學家叢書》（*The Library of Living Philosophers*）的其中一卷中。這篇文章批評了杜威，而杜威的回應文章也在同一卷中。跟之前的討論相比，他和我談到內容都沒有太多新意。

我自己對「眞理」的定義，在早期，是發表在《哲學論文》的最後一章中。後來我放棄這一觀點，因爲它有賴於「感覺在本質上是一種關係事件」的看法。我曾在前面的章節中解釋過這個看法，後來在威廉·詹姆斯的影響下我放棄了它。我在當時的觀點，可以用「蘇格拉底愛柏拉圖」這樣一個命題爲例來解釋：如果你能理解這個命題，你必定了解組成它的三個詞語；我以爲，理解這些詞語，在於對這些詞語的含義的關係。因此，當我相信「蘇格拉底愛柏拉圖」時，在我、蘇格拉底、愛和柏拉圖四個項之間，存在著關係。其實當蘇格拉底愛柏拉圖時，存在著蘇格拉底和柏拉圖兩個項之間的關係。我相信，這個複合體的統一有賴於**相信**這個關係，而**愛**不作爲用來關聯的關係，只是作爲存在著相信這個關係的那些項之一。當這個信念爲眞時，就存在著一個複合體，它透過**愛**這個關係，由蘇格拉底和柏拉圖組成。我認爲，這個複合體的存在，讓那個以相信爲關聯關係的複合體爲眞。我放棄了這個理論，因爲我不再相信「主體」，也因爲我不再認爲一個關係可以重要得作爲一個項出現，除非這個關係可以被解釋得這麼重要。基於這些原因，在我堅持批評一元論和實用主義的眞理定義時，我必須找到一個可以否定「主題」的新學說。

我在《對意義與眞理的探究》中闡明了這一理論。這本書的很大一部分都在討論詞語的意義，在講過了詞語的意義後，我才開始探討句子的重要性。在回到什麼是原始的時候，經過了不同階段。首先是句子；之後是不同語言中表達同一意思的句子之間的共同之處。我把這些共同之處稱爲「命題」。因此，「Caesar is dead」（英文：凱撒死了）和「César est mort」（法文：凱撒死了）雖然是不同的句子，卻是同一命題。命題的背後存在著信念。人們傾向於用句子來表達自己的信念，雖然句子除了表達信念外還有其他用途。我們可以不正當地使用句子，將它們和一個看法結合起來，形成一個讓別人相信，而我們自己卻不相信的信念。我們也可以用句子來表達命令、願望或問題。但是從認識論的角度，和「眞理」定義的角度來看，句子表達信念是十分重要的。基本上，眞理和謬誤都屬於信念，只是在引申上屬於命題和句子。如果信仰足夠簡單，就可以不形於詞語而存在，我們有充分理由認爲，高等動物存在著信念。當一個信念對一個或多個事實具有適當的關係時，這個信念爲「眞」，當缺乏這樣的關係時，它就爲僞。因此，界定「眞理」的問題由兩個部分組成：首先是分析「信念」的含義，然後則是研究信念和相關事實之間的關係。

在我的理解中，一個信念就是有機體的一種狀態，這種狀態不直接涉及令該信念爲眞或爲僞的事實。對於使用語言的人而言，除了最簡單的信念外，所有的信念都以詞句表達，但詞句的使用，只是用以表達信念的多種有機體狀態中的一種。我想到的最明顯的例子，就是在期望在不久的將來發生一件值得注意的的事情。例如，如果你看到一扇門被風吹得快要關上了，你預計會聽到「砰」的碰撞聲；當你在等待碰撞聲時，你就處在某個狀態中，如果你用詞句表達它，會是這樣一句話「即將會有碰撞聲」。但很明顯，你在預期有碰撞聲時可以不使用有關的詞句。我認爲一般可以這樣說：相信某種與目前實際狀況不同的東西，這種有機體狀態，總是可以在理論上被描述出來，而無需提及讓這種信念爲眞的事實（即「驗證者」，見後文）。這一點被掩蓋了，因爲當我們提到詞句時，我們很容易以爲我們提到的是這些詞句的意思。一個信念的本質特徵最容易被看清的時候，是在我剛才提到的那種情況，即當你在預期不久的將來的事情時。在這種情況下，你在不久的將來有一種感覺，根據你的感覺是眞還是僞，可以用「確實如此！」或「眞是奇怪！」來表達。廣義而言，我認爲意外可以說是錯誤的標準，但這個標準並不總是適用於所有情況。

在這個研究中，我試圖從最簡單、最原始的和最不容置疑的案例開始，進入到更複雜的、更困難的和更值得懷疑的案例。我應該想到，這個進程明顯符合一般方法論的要求，但我發現，很多關心「眞理」定義的作者採取的方法完全不同。他們從複雜或有疑問的案例開始，比如萬有引力定律、上帝的存在或量子理論。像「我覺得熱」這樣淳樸實際的問題，他們從不費心去考查。這種批評不僅適用於實用主義者，同樣也針對邏輯實證主義者。幾乎所有學派的哲學家都不考查我們的具體事實知識，他們寧願從我們的一般定律知識開始著手。我覺得這個根本性的錯誤削弱了他們的大部分思考。

就我而言，正如我剛才所說，我嘗試從最簡單，最直接和最具動物本性的情況出發。如果我說「我覺得熱」，在這樣說的時候我就表達一種信念，這個信念在於一種特定的身體狀態，不使用詞句的時候這種狀態也存在，但在使用語言的人中，這種狀態暗示了某些「表達」它的詞句。在我的某種身體狀態和「熱」這個詞之間，經驗已經建立了一種因果聯繫。正是由於這種因果聯繫，「我覺得熱」這句話成爲了我的狀態的一種「表達」。

但我可以不使用詞句，就很容易地感到熱，並且知道我覺得熱。而且，在可以用來「表達」我的狀態的大量方式中，詞句只是最有效和最方便的一個。我可以喘氣，我可能擦我額頭上冒出的汗，我還可以脫掉一半的衣物。這種行動，就像我說「我覺得熱」這個行動一樣，體現了我的狀況。在這種情況下，幾乎不存在錯誤的可能。當然，我有可能是在感到冷之後變得暖和起來了，那麼這中間可能有一個過渡期，在過渡期間我不敢肯定我是否覺得熱。但很明顯的是，在是否感覺到熱這個問題上，我們有時候相當確定。這普遍適用於我們注意到的各種鮮活感覺。如果我看到閃電，聽到巨響，或聞到令人難以忍受的臭味，那麼我確實注意到了有事情發生，認爲事情還沒有發生就不合情理了。

我摒棄了感覺的關係特徵，這使我用「注意到」來取代了「親知」。在我們的感覺中發生的大部分事情，都是沒有被注意到的；當它們被注意到時，它們不是經驗知識的材料。如果我們對它們使用了詞句，那就明確地證明了我們已經注意到它們；但我們經常注意到很多事情，我們並不用詞句來提及這些事情。

一個信念「表達」的是什麼，它表明的又是什麼，我把這兩者區分開。它表達的是我自己的狀態；它表明的則不需是我的狀態。但是，在最簡單的案例中，如「我覺得熱」，它表達的和它表明的東西是相同的。這就是爲什麼在這樣的案例中，錯誤的風險降至了最低。在這種最簡單的情況下，如果我們使用語言，那麼這些詞句的意思導致它們被說出：當我說「熱」時，我之所以這麼說，是因爲我感覺熱。這是一切經驗知識的基石。

然而一般來說，話語（如果爲眞）和令其爲眞的事實，這兩者之間的關係沒有這麼簡單。如果我說「凱撒渡過了盧比孔河」，我的這個陳述爲眞，因爲這個事件很久以前發生過。現在我無法做任何事來改變這個事件；而且，假設通過了一項法律，讓說「凱撒渡過了盧比孔河」成爲一條死罪，這也對這個陳述的眞理性質沒有任何影響。這個陳述的眞理性質取決於對某個特定事實的某種關係。我把讓這個陳述爲眞的事實稱爲它的「驗證者」。只有非常簡單的陳述才會有單一的驗證者；「所有人都是會死的」這個陳述就有很多驗證者，有多少人就會有多少驗證者。但不管驗證者是單一的還是有很多，始終都是一個事實，或許多事實，讓陳述爲眞或者爲僞（爲眞還是爲僞，根據具體情況而定）；而相關的事實，除了在語言上的陳述外，是獨立於語言的，並且還有可能獨立於所有的人類經驗。

我現在的信念，用詞句可以這樣來說，它涉及了像「**全部**」、「**若干**」、「**一個**」或「**這個**」這樣詞。我們看看這個句子，「我在荒野遇到了一個人」。如果這句話爲眞，那麼確實存在一個我遇到的男子，我遇到了他，這就是我的句子的驗證者。我可以知道這個句子爲眞，而無需知道我遇到的人是誰。在這種情況下，我知道的什麼，我解釋如下：有一種狀態由「我遇到A」表達，另一種狀態由「我遇到了B」表達（A和B都是人），以此類推，存在著我遇到每個人的狀態。所有這些狀態有一個共同之處，就是可以用「我遇到了一個人」來表達。因此，如果我遇到我的朋友瓊斯，那麼「我遇到了一個人」這一知識，僅僅是「我遇到了瓊斯」這個知識的一個部分。這就是爲什麼從「瓊斯」到「一個人」的推導是有效的原因。

這種分析的重要性與某些句子的理解有關，這些句子超出了我的個人經驗的範圍。看看這個句子：「存在著我從未見遇到過的人」。我們都相信這句話爲眞。我發現，即使是唯我論者也驚訝於他們從來沒有遇到過任何其他唯我論者。關鍵的一點是，在「存在著我從未見遇到過的人」這個句子中，這些我從未見過的人沒有以個人的形式被提及。在更簡單的句子「我遇到了一個人」中，如果我遇到的實際上是瓊斯，情況就已經是這樣了。儘管瓊斯是我的陳述的驗證者，我的陳述並沒有提到他，當我說「存在著我從未見遇到過的人」時，情況也是如此。無論是對陳述的理解，還是對其眞理性質的認識而言，都沒有必要給出任何我遇到的人的實例。含有「存在」和「若干」的陳述，與用一些特定的人或事物代入後產生的陳述相比，講的東西比較少；因爲這個原因，我們可以在不知道代入實例後的句子時，就理解這些（含有「存在」和「若干」）的句子。我們都很確定地知道，不僅存在著我從未見遇到過的人，而且存在著我從未見聽說過的人，甚至是永遠不應該聽說過的人。我們不能給出任何一個這樣的人的實例，但我們可以認識到存在著這樣的人。我發現，很多經驗主義者都在這一點上誤入歧途，他們認爲我們不可能知道某種東西是存在的，除非我們可以給出這種東西的至少一個實例。如果對這種看法深信不疑，就會導致很多不可容忍的悖論，只有那些注意不到這些悖論的人才會持有這種看法。

重要的是要認識到，驗證一個陳述的事實，不需要有和陳述的邏輯形式密切相關的邏輯形式。這種情況最簡單的例子就是析取問題。假設我看到一個火山，並認爲：「這不是埃特納火山就是斯特隆波里火山。」假設我的信念爲眞，那麼驗證我的陳述爲眞的事實就是，它是埃特納火山，或者也可以是，它是斯特隆波里火山。因此，一個析取問題對它的驗證者之間的關係就不那麼直接，析取問題中爲眞的那一半對其驗證者的關係更直接一些。同樣的情況也適用於含有「若干」或者「一個」這種詞語的陳述。在所有這樣的陳述中，都有一個統稱，比如「人」，由於我們注意到了「我遇到了A」，「我遇到了B」（其中A和B等是不同的人）這樣的句子中的共同之處，在這個意義上，我們可以理解「人」這個統稱。透過這個機制，我們可以超越我們體驗過的殊相的限制，儘管我們必須透過經驗來學習像「人」這樣的統稱的含義，一些我們無法給出特殊實例的一般陳述中使用了這樣的統稱。

總而言之：爲眞還是爲僞（視具體情況而定）的屬性主要在於信念本身，句子的這種屬性是衍生出來的。一個信念就是一個事實，它對另一個事實有或者可能有某種特定的關係。我可在星期四或者其他的日子裡都相信「今天是星期四」。如果我在星期四的時候有這個信念，那麼就存在一個事實（即今天是星期四這個事實），我的信念對這個事實有某種獨特的關係。如果我在星期四以外的其他日子裡有這個信念，那麼就不存在這樣的事實。當一個信念爲眞時，我稱使其爲眞的事實爲「驗證者」。爲了完成這個定義，我們必須能夠描述這個或這些讓信念（假設信念已知）爲眞的事實，如果事實存在的話。這是一個長期的工作，因爲信仰及其驗證者之間的這種關係，會根據信念的特徵不同而不同。從這個角度看，最簡單的案例就是複雜的記憶心像的情況。假設我回憶一個熟悉的房間，在我的視覺影像中，房間裡有一張桌子，被四把椅子所圍繞，假設我進入這個房間，我看到了這張桌子和四把椅子，那麼我看到的這些就是我的想像的驗證者；具有信念的記憶心像，和驗證它的感知之間有密切而明顯的一致性。我用最簡單的方式解釋一下：假設我有一種視覺上的記憶，而不是語言上的記憶，記憶中A在B的左邊，而事實上A的確在B的左邊。這種情況下的一致性非常直接明確。A的心像就像A，B的心像就像B，「在左邊」的關係在心像上和在驗證者上是一樣的。但是只要我們使用語言，這種最簡單的一致性就變得不可能了，因爲對用來表示一個關係的詞並不是一個關係。如果我說「A早於B」，我的句子是三**個**詞之間的一個關係，而我想講的是兩件事情之間的關係。隨著像「或」、「非」、「全部」和「若干」這樣的邏輯詞語引入，一致性變得更爲複雜。但是儘管複雜性增加了，原則卻仍然保持不變。在《人類的知識》中，我用以下定義爲眞理和謬誤的討論做結論：「所有的信念，只要它不僅僅是引發行爲的衝動，它就具有圖片的性質，並帶有一種贊同的感覺，或是反對的感覺；當在帶有贊同感覺的情況下，如果存在著一個相似於（原型與心像之間具有的那種相似）圖片的事實，它就爲『眞』；當在帶有反對感覺的情況下，如果不存在這樣的事實，它就爲『眞』。不爲眞的信念則被稱爲『謬誤』。」（第一七〇頁）

「眞理」的這個定義，不足以自行發展出「知識」的定義。知識包括某些爲眞的信念，但並不包括所有的這些信念。一個常用的反例是：一個已經停止走動的時鐘，我以爲它仍在走動，在我看鐘時，它碰巧顯示了正確的時間。在這種情況下，我對時間的信念爲眞，但知識卻不爲眞。然而，知識是由什麼構成的這個問題，是一個非常大的題目，我不打算在本章中討論。

在《對意義和眞理的探究》中闡明的眞理學說，從根本上說，是一個一致性學說，這是指，當一個句子或信念爲「眞」時，這個句子或信念實際上對一個或一些事實具有某種關係；但這種關係並不總是簡單的，而且它既會根據相關句子的結構而變化，也會根據體驗的關係而變化。雖然這種變化引入了不可避免的複雜性，這個學說的目的卻是，在避免出現明顯錯誤的情況下盡可能地接近常理。

第十六章　非論證性的推理

在大西洋上航行了三週後，我於一九四四年六月回到了英國。三一學院給了我一個五年期的講師職位，我為我的年度課程選擇的題目是「非論證性的推理」，或簡稱 N-D.I.。我已經越來越清楚地意識到，演繹推理在邏輯和純數學中的使用範圍非常有限。我發現，在常識和科學中使用的所有推理不同於演繹邏輯中的推理，這個類型的推理在前提為真、推導過程正確時，結論僅是或然的。在我從美國回來後的頭六個月中，我住在學院裡，享受著一種寧靜感，儘管當時德國在往英國傾瀉 V1 飛彈和 V2 飛彈。我開始研究機率，以及帶來機率的推理。起初，我發現這個題目有些令人困惑，因為不同的問題糾纏在了一起，每個問題都必須從其他問題上分離開來。我把確鑿的結果發表在《人類的知識》中，但在這本書中，我沒有提到各種困惑，也沒有提到我得出最後結論的試驗性假說。現在我認為這是一個失策，因為這讓結論比實際上顯得更加倉促和不可靠。

我發現非論證性的推理這個題目比我預期的更大也更有趣得多。我發現在大多數的討論中，它被過度侷限於歸納的研究中。我得出的結論認為，歸納的論證，除非是限制在常識的範圍內，否則就會更加經常導致為偽的結論，而非為眞的結論。常識施加的限制很容易覺察到，但卻很難用公式表示出來。最後我得出的結論是，雖然科學推理需要不能證明的、邏輯以外的原則，歸納卻不是其中的一種。歸納有它自己的作用，但卻不能作為前提。我現在就來討論這個問題。

另一個出現在我面前的結論是，如果我們僅僅知道哪些東西可以被體驗並驗證，那麼不僅是科學，而且還有大量知識（沒有人眞正懷疑它們是知識）都不可能存在。我認爲，體驗被過分重視了，因此經驗主義作爲一種哲學，必定大大受限。

這個題目涉及的問題非常龐大和複雜，一開始這讓我感到暈頭轉向。我以爲非論證性的推理的本質就是，僅僅給其結論帶來機率性，於是我想，從研究機率開始著手比較審愼，特別是由於這個題目上已有確鑿知識，就像是漂浮在不確定的巨大海洋中的木筏。我花了幾個月時間研究機率演算及其應用。機率有兩種，一種表現爲統計，另一種表現爲可疑性。一些理論家認爲只需包括統計，有的理論家則認爲只需要包括可疑性。數學演算，正如通常的解釋一樣，涉及機率的統計方面。一盒撲克有五十二張牌，因此，如果你隨意抽出一張，它是「方塊7」的可能性是五十二分之一。一般認爲（沒有確鑿的證據），如果你隨便抽出一張牌，抽了很多次，「方塊7」會在你大約每抽五十二次中就出現一次。機率這個題目源自於貴族對機會性的遊戲的興趣。他們聘請了數學家來制定系統，變得讓賭博變得有利可圖，而不是花銷巨大。數學家做了很多有趣的工作，但這些工作似乎沒有讓他們的雇主發財。

一種叫做「頻率」的理論，認爲所有機率都是這種統計類型。例如，從英國人中隨機挑出一個人來，他的名稱叫「史密斯」的機率是多大？你需要知道英國有多少人，名稱叫「史密斯」的人有多少。然後你**定義**，從英國人中隨機挑出一個人來，他的名稱叫「史密斯」的機率是，名稱叫「史密斯」的人數與總人口數的比率。這是一個完全精確的數學概念，與不確定性毫不相干。比方說你看到一個陌生人走在街上，你打賭說他不叫「史密斯」，賭注一百比一，只有在你像這樣**運用**這個概念的時候，不確定性才會出現。但只要你不把機率演算應用於經驗材料中，它就是一個非常簡單數學分支，具有數學所有的精確性和確定性特徵。

但是還一個完全不同的理論，凱恩斯（Keynes）在其《機率論》（*A Treatise on Probability*）中採納了這個理論。他認爲，兩個命題中，如果一個命題可以讓令一個有更大或者更小的可能，這兩個命題之間就存在有一個關係。他認爲這種關係是無法定義的，並且能夠擁有不同的程度，極端程度就是，一個命題讓另一個命題百分之百爲眞，以及讓它百分之百爲僞的時候。凱恩斯不相信所有的機率都可以在數上被測量，或者是可以被歸結爲（即使是在理論上）頻率。

我得出的結論是，只要機率是明確的，頻率的理論就適用，但誤導人的是，有另一個概念也使用了「頻率」這個名稱，而更接近凱恩斯理論的觀點適用於那個概念。我把那個概念稱爲「可信度」或「可疑度」。很明顯，我們對一些事情比對另一些事更爲確定，而我們的不確定性往往不具有任何統計性。不錯，乍看上去沒有明顯統計性的地方有時也會發現統計性，我看了一本有關撒克遜人入侵英國的書，然後我認爲亨吉斯特確有其人，但霍薩也許只是個傳說。也許可以把霍薩存在的證據與其他歷史人物存在證據排在一起，並看看這些證據的方向是對還是錯的比率。但是，儘管這樣做有時也是可能的，但它確實沒有提供重要的事實和詳細情況，並且，在對什麼被當做了知識的研究中，可疑度就會成爲一個必要的概念。

在我看來，在我關心的那些問題中，可疑性明顯比數學上的機率更重要。這不僅是由於，在我關心的推理中，即使前提爲眞，也沒有得出確定的結論；更重要的是，前提本身就是不確定的。於是我得出結論：機率的數學方面，與科學推理問題的關係，可能比人們以爲的要小。

接下來我專心研究了一些實例，在這些實例中，推理顯得非常可靠，儘管相關的推理只能透過邏輯以外的原則驗證。在收集這些實例的過程中，我接受了所有可靠的東西，只有哲學家在爲一個理論辯護時才會連它們都懷疑。大體來說，我沒有拒絕常識，除非有一些非常有說服力的科學論據反對這個常識。舉一個簡單的例子：假設你在一個陽光明媚的日子是走出門去，你的影子跟著你一起走；如果你揮手，你的影子也揮手；如果你跳躍，你的影子也跳躍，這樣的情況下，你毫不懷疑你和你的影子有種因果關係。但是，儘管沒有哪個清醒的人會懷疑這個推理，它在邏輯上卻不是論證性的。這並非是說，在邏輯上不可能有一個幽暗色塊的動作跟隨你的身體運動，而是說，它的動作在邏輯上不可能獨立存在。我試圖，透過收集盡可能多的非論證性實例，以便透過分析來發現哪些邏輯以外的原則必定爲眞（如果我們在這些案例中沒有弄錯）。支持這些原則的證據來自於這些實例，而不是與此相反。在我看來，存在著幾個這樣的原則，但我得出的結論是，歸納並非其中之一。

我發現，由於缺乏分析，人們已經承認了大量非論證性的推理，因爲他們帶有主觀成見，偏好某些種類的知識，而且人們也由於主觀成見拒絕了大量的其他知識。在我看來，在推理無可置疑的任何特定案例中，你都應該發現它所依賴的原則，並接受依賴於這個原則的其他推理。我發現，在「什麼可以，什麼不可以只從經驗中就推導出來」這個問題上，幾乎所有的哲學家的看法都是錯誤的。我把這個經驗知識問題分爲三個階段：(1)關於我自己的知識；(2)關於其他人的知識，包括證據容納；以及(3)關於物質世界的知識。我從關於我自己的知識開始著手研究，結果我發現，唯我論常見的解釋中承認了大量的、與激發這種哲學的謹愼並不相容的東西。在我兩歲之前，任何事情發生在我身上的事情，我都不記得了，但我不認爲這充分說明了我從兩歲起才開始存在。在後來的生活中，我非常確信，很多我不記得的事情發生在了我身上。甚至我記得的事也可能從未發生過。我有時會做夢，夢的記憶完全是虛構的。我曾夢見我在害怕警察，因爲我「記得」，一個月前，我和懷特海一起謀殺了勞合．喬治（Lloyd George）。因此我想起了什麼事，這並非是一些事眞正發生過的確鑿證據。因此，如果唯我論者想要獲得他們所尋求的邏輯上的安全，他們就會被限制在我所說的「唯我主義的時刻」中。他不僅會說「我不知道物質世界是否存在，不知道是否存在除了我之外的人」，而且他還不得不更進一步說，「我不知道我是否有過去，是否會有未來，因爲這些東西，跟其他人或物質世界的存在一樣不確定。」但唯我論者從來沒有深入到這一步，因此所有的唯我論者在接受關於他自己的推理時都是矛盾的，而關於他自己的推理並不比關於其他人和事的推理更牢靠。

很多我們深信不疑的知識依賴於證據，而證據又取決於相信除了我們自己以外的其他人。從常識上看，當然有其他人的心智存在，我自己並不認爲有任何理由反對這一常識。但毫無疑問地，是我自己的經驗讓我相信有其他人的心智存在；而且毫無疑問地，作為一個純邏輯問題，對我來說，即使其他人的心智並不存在，我也仍然有可能有這些經驗。我們相信有其他人的心智存在，部分原因在於類推，但也有部分原因有另一個來源，這個來源具有更廣泛的適用性。假設你比較兩本相同的書，發現它們每個詞都一樣，你無法不做這樣的結論：它們有一個共同來源，你可以追蹤這個共同來源，從排字工到出版商，再到作者。你不會相信作者在身體上有寫這本書的動作而同時在心智上卻沒有任何想法。以這樣的原因來承認其他人的心智存在，從邏輯意義上說是非論證性的。你可能在一個夢中體驗到什麼東西，在你仍然熟睡的時候，你也同樣相信它，但當你醒來，你就會覺得那是虛幻的。這樣的事實說明，一定的可疑度是正當的，但通常只是一個非常弱的程度。在絕大多數情況下，它們都說明，如果你沒有相反的證據，你就應該接受現有的證據。

接下來我們討論純粹的物理事件，想想這個例子：為什麼我們相信聲波存在。如果在某個地方發生了爆炸，產生了巨響，人們聽到它的時間差異取決於他們離這個地方的距離。我們很難相信，這些不同的人，在不同的時間，都會聽到一聲巨響，除非在中介空間中發生了什麼事情。在聽到巨響的地方存在著一個事件系統，與其他地方的相關事件完全沒有關係，這讓我們覺得太不連貫，以至於難以置信。一個更簡單的例子是有形物體的持久性。我們不會相信，沒有人看到聖母峰時，它就不存在，或者說，當我們離開房間時，房間就「劈啪」一聲消失了。我們沒有理由相信這種荒謬的事。出於一些原則，我們不相信這些事，而出於在本質上相同的原則，我們也相信我們現在已經忘記了的事情確實發生過。

不僅是科學，而且有很多常識，它們關心的不是個別事件，而是一般規律。但是，我們對一般規律的認識（如果屬於經驗方面），是我們從大量特殊事件的認識中推斷出來的，無論這種推斷正確與否。「狗吠」是一個一般規律，但如果人們沒有在某個場合聽到過某些狗吠叫，我們就不會知道這個一般規律。我發現，我們對這樣的特殊事件的認識引發了一些問題，一些哲學家，特別是邏輯實證主義者，沒有充分考慮這些問題。然而，這些問題並不是涉及非論證性推理的那些，因爲我們所關注的推理，只能以某些一般規律爲依據時，才是正確的，例如像這樣的一般規律：當你聽到一聲狗吠，你就推斷出有狗。大多數情況下，科學所尋求的規律，在一定意義上就是因果關係。這使我想到以下問題：「我們所說的因果律是什麼意思呢？因果律的出現有什麼證據呢？」

哲學家曾習慣性認爲因果律可以用「A造成了B」的形式表述，其意思爲每當一個A事件發生時，就會發生另外一個特定種類的事件B。很多人認爲，一個多因果序列涉及的東西比不變性更多，而且必須有某種可以稱爲「必要性」的特徵。但是很多經驗主義者性質否認這一點，他們認爲，除了不變的序列以外，並不涉及其他任何東西。然而，哲學家如果對科學有所親知，他們就永遠都不會堅持這個看法了。因果律必定不是不變的，或者就必定具有傾向性。在傳統的動力學中，他們採取了微分方程的形式，表現的是加速度，而不是實際的事件。在現代物理學中，規律已經成爲統計性的了：它們並不表示在特定情況下會發生什麼事，只是表示不同的事情，其中每個事情都以一個規定的比率發生。因爲這些原因，因果關係已經和老式哲學家書中所講的不再一樣了。儘管如此，它仍保留了重要地位。舉例來說，我們透過一個或多或少有些持久的「東西」來表達的意思。這個「東西」必定眞正由一系列的事件組構成，每組事件都以這個「東西」的暫態爲特徵。這個「東西」在不同的時候的狀態常常（雖然不是總是），透過一些規律連接起來，這些規律可以在不提及其他「東西」的情況下就被表述出來。如果不是這樣，科學感知永遠無法開始，除非我們可以在不知道任何事的情況下知道一些事，否則很明顯我們永遠不可能知道一些事。這不僅適用於特殊事件，而且也適用於連接事件的規律。在物理學中，原子和分子都會持續一段時間，而且，如果它們不能持續，運動的概念就會變得毫無意義。一個人的身體在一段時間內仍然存在，儘管構成他的原子和分子並不總是相同的。一個光子在從一顆恆星到一個人的眼睛的整個行程中，一直持續不變，若非如此，我們就無法表述我們看到星星是什麼意思了。但所有這些類型的持續性，都僅僅是通常的，而不是不變的，科學從因果律開始，而因果律所表述的，必定僅僅是通常發生的事情的近似情況。我們並不知道，在結束時我們能否獲得一些更確切的認識。我想我們可以這樣說：給定任何事件，通常在其任何鄰近的時間中，和一些鄰近的地方裡，存在著一個十分近似於給定事件的事件；而且一般來說，有可能發現一些規律，來大致上確定這些事件與給定事件的細微不同。要解釋很多「東西」的大致持續性，並解釋感知A和感知B（假設A和B都是我們看到的星星）之間的差異，這樣的一些原則是必需的。

我給具有以下屬性的一系列的事件取名爲「因果線」：從其中的任何一個事件，可以推導出它在這個系列中鄰近事件的一些東西。這些因果線的存在，讓「東西」這個概念對常識很有用，也讓「物」這個概念對物理學很有用。由於這些因果線是近似的、非永久的、非普遍的，這使現代物理學認爲「物」的概念有缺陷。

我認爲，在非論證性推理中，還有另外一個概念也非常實用，即「結構」的概念。我們似乎可以合理地假設，如果你看向一個方向時看到紅色，看向另一個方向時看到了藍色，那麼在一個方向上發生的事情，與另一個方向上發生的事情存在著某種差異。因此，儘管我們可能會被迫承認，我們感覺到顏色的外因，它們自身被著色，和我們的感覺被著色，是屬於不同意義上的，儘管如此，當你看到一個色塊時，就必定存在一個相似的色塊，在你的感覺到顏色的原因之中。時空結構是，在一系列因果聯繫的事情中，某種常常保持恆定（或者是大致上恆定）的東西，這個概念非常重要，非常有用。我們來看一個非常簡單的例子，如果A在大聲朗讀一本書，B記錄下他聽到的朗讀內容，A在書中看到的和B所寫下的內容在詞句上是相同的，那麼要否認以下四組事件之間的因果關係則會相當荒謬，即(1)印製在書中的內容，(2)A大聲朗讀時發出的聲音，(3)B聽到的聲音，(4)B寫下的詞句。這也適用於唱片和它播放的音樂。或者，再想想廣播的情況，聲音轉化爲電磁波，然後電磁波再變回聲音。除非中介電磁波的時空結構極爲相似於（說出的和聽到的）詞句的時空結構，否則不可能讓發出的聲音和聽到的聲音如此極爲相似。透過轉變內在性質，因果性地傳輸複雜結構的例子不勝枚舉，例如聲音和電磁波在廣播中的傳播。事實上，所有的視覺和聽覺感知，都具有這個傳輸結構的特徵，但沒有內在的性質。

不習慣現代邏輯的人很難相信，我們可以知道一個時空結構，而不知道構成這個機構的性質。這是知識更大的一方面的部分。除非我們進入到荒謬的悖論中，我們有必要承認，我們可以知道「所有的A都是B」或「有些A是B」這樣的命題，而無需知道A的任何實例，比如：我從來不曾想到過的數，以及永遠也不會想到過的數都大於 1,000。儘管這個命題是確定無疑的，但如果我試圖找一個實例，就會形成自相矛盾了。這個道理也適用於純物質世界中的時空結構，我們沒有理由做這樣的假設：構成結構的性質，與我在感覺體驗中知道的性質，有任何的內在相似性。

讓科學推理生效所必需的一般原則，不容易受到普通意義上的證明所影響。透過分析，它們從特殊案例中蒸餾出來，這些特殊案例顯得特別明顯，就像我剛才介紹的A朗讀書，B記錄的例子。從我所說的「動物性的預期」，到量子物理學中最精妙的規律，這其間存在著逐步的發展。整個過程開始於體驗到了A並預期B。一個動物聞到了某些食物的氣味，預期這種食物適合食用。如果牠的預期通常都是錯誤的，那牠就會死。演化和適應環境讓動物的預期往往正確多過錯誤，儘管這些預期在邏輯上明顯是非論證性的。我們可以說，大自然有一定的習慣。動物如果要生存，那麼動物們的習慣，就必定在一定程度上適應大自然的習慣。

如果要反駁笛卡兒的懷疑主義，這個論證顯得比較拙劣。但是如果從懷疑主義出發，我不認爲我們可以取得任何進展。廣泛接受所有看似知識的、沒有因具體原因而被摒棄的東西，這才應該是我們的出發點。在邏輯剖析中，假設性懷疑很有用。它讓我們看到，沒有這個或那個前提的時候，我們能走多遠，例如我們可以問，如果沒有平行公理，幾何在哪個範圍內是可以成立的。但是，只有爲了這個目的，假設性懷疑才是有用的。

非論證性推理的不能論證的前提具有認識論上的功能，在解釋這個功能之前，必須講講有關歸納法的一些事情。

歸納法，正如我前面所說，不在非論證性推理的前提之中。然而，這並不是因爲不使用歸納法；而是因爲，就使用歸納法的形式而言，它不是不能證明的。關於能否從機率的數學理論中得出歸納法來，凱恩斯在他的《機率論》中作了極爲有才的研究。他調查的問題是：給定大量「是B的A」的實例，而且沒有反例，那麼當「是B的A」的數持續增加時，在什麼情況下，「所有的A都是B」這個概括的機率會趨向於必然這個極限呢？他得出的結論是，要發生這樣的情況，必須滿足兩個條件。第一個條件比較重要，就是在我們知道「是B的A」的任何實例前，「所有的A都是B」這個概括應該（基於我們的其他知識）有一個有限的機率。第二個條件是，如果這個概括爲僞，那麼當推理的數增加到足夠大時，我們只觀察到有利的實例的機率應該趨向於零這個極限。凱恩斯發現，第二個條件會在下面這樣的情況下被滿足：如果存在某種缺乏必然性的機率，我們在這裡稱它爲P，假定那個概括爲僞，

並且我們發現了有 $n-1$ 個A是B，如果 n 足夠大的話，第 n 個A是一個B的可能性總是小於P。

在這兩個條件中，第二個沒有第一個重要，而且造成的困難也遠遠不如第一個多。下面我會把注意力集中在第一個條件上。

在我們檢查任何支持或反對證據之前，我們如何才知道，某個概括有一個有利於它的有限機率呢？如果我們知道大量有利於一個概括的實例，而沒有任何不利於它的實例，凱恩斯的論點是否會給這個概括帶來任何的高機率，這是我們必須要知道的。我透過對非論證性推理的實例的分析，獲得了假設，其目的在於把這個先驗的有限機率賦予某些特定的概括，而非另外的概括。我們可以看到，相關的假設並不必須是確定的，就可以發揮功能；唯一必需的是，它們要有一個有限的機率。在這方面，它們深刻地不同於的唯心主義哲學家尋求的那類先驗原則，因爲唯心主義哲學家認爲那類先驗原則的必然程度超過了大多數經驗知識。

我最終獲得了五個假設。我沒有在它們的確切公式表達上費力。我認爲它們的數很可能會減少，而且它們可以被更精確表述。儘管我不認爲它們都是**必要的**，但是我卻認爲他們是**充分的**。應當指出，它們都只講或然性，而沒有講必然性，並且它們只是用來賦予先行的有限機率的，即凱恩斯需要用來驗證他的歸納的機率。我已經初步講了一下這些假設，但我現在會更準確、更明確地來進行闡述。

第一個假設我稱之爲「半永久性假設」，在某種意義上，它可以被視爲取代了牛頓的第一運動定律。正是透過這個假設，常識可以多多少少地成功運用「人」和「東西」這樣的概念。而且也是透過這個假設，科學和哲學長期以來可以使用「實體」這個概念。這個假設如下：

給定任何事件A，則會很頻繁地出現這種情況：在任何鄰近的時間，在一些鄰近的位置上，會有一個非常相似於A的事件。

常識會把這個非常相似的事件視爲，遭遇事件A的人或東西的一部分歷史。

第二個假設，可分的因果線假設，也許是所有五個假設中最重要的一個。它讓我們能夠從局部的知識做出一個部分的或然推論。我們相信，宇宙中的一切東西，都對其他東西具有或可能具有一些影響。既然我們不知道宇宙中的每一個東西，我們就無法精確地判斷在某一個東西身上會發生什麼事情；但是我們可以透過機率大致地判斷出來；如果我們不能這樣做，知識和科學規律就根本無從談起。這個假設如下：

一個系列的事件，往往都可能像這樣形成：從這個系列的一個或兩個成員，推及到這個系列的所有其他成員。

在這樣的事情中，最明顯的例子莫過於光波和聲波。由於在這種波的永久性，聽覺和視覺可以多多少少給我們一些發生在遠處的事情的資訊。

第三個假設涉及時空的連續性，目的主要是爲了否定可以隔著一段距離發生作用。這個假設認爲，當兩個不連續的事件之間有因果關係時，必定在因果鏈中存在中間環節。例如，如果A聽到B說的內容，我們則認爲，A和B之間必須存在某些中介進程，但是我不能確定這個假設無法化爲一個同義反複，因爲物理的時空完全是推導出來，而且時空事件的次序也根據因果關係而定。

第四個假設被我稱爲「結構性假設」，它非常重要，也非常有用。它涉及這樣的案例：很多人聽到同一個演講，或在劇院看到同樣的表演，或者，舉一個更大的例子來說，很多人看到天上的同樣的星星。這個假設如下：

當大量結構相似的複雜事件集中於一個中心區域，沒有分散得很開，那麼它們通常都屬於一些因果線，這些因果線都來源於這個中心的一個有相同結構的事件。

時空結構重要無比，就像我最初在《物的分析》（*The Analysis of Matter*）一書中強調的那樣。它解釋了一個複雜事件如何可以與另一個複雜事件因果相連，儘管它們在質地上全無相似之處。它們只需要在時空結構的抽象屬性上相同就可以了。很顯然，廣播中的電磁波引起了聽者的感覺，但除了結構方面外，兩者並不相似。正是由於結構的重要性，理論物理可以滿足於涉及沒有經歷過的事件的公式，這些事件，除了結構上之外，不需與我們的經歷過的事件有任何相似。

最後一個是類比假設，它最重要的功能就是證明了其他人信念的合理性。這個假設如下：

給定兩類事件 A 和 B，並設定只要 A 和 B 被觀察到了，就有理由相信 A 引起了 B，那麼，在一個特定的案例中，A 被觀察到了，但是無法觀察 B 是否發生了，則 B 有可能發生了；同樣地，如果B被觀察到了，但或無法觀察A是否出現，則A也有可能發生了。

我再重申一遍，上面的假設隱含在公認為有效的推理中，這就是它們合理的證據；雖然它們不能在任何正式的意義上被證明，但它們從科學和日常生活知識的整體系統中提煉出來，在一定限度內是自我確證的。我不接受**眞理**融貫性學說，但是我認為**機率**的融貫性理論是有效的，而且非常重要。假設你有兩個事實，以及一個連接它們的因果關係原則，三者合在一起的機率可能就大於其中任何一個的機率，相互聯繫的事實和原則越是衆多和複雜，從它們彼此間融貫性得來的機率增加就越大。我們會看到，如果沒有導入原則，任何事實或假定的事實既不會是一致的，也不會是不一致的，因為除非經由一些邏輯以外的原則，沒有任何兩個事實可以相互意味著彼此，或是互相牴觸。我相信，上述的五個原則，或類似於它們的原則，可以成為一種融貫性的基礎，就是這種融貫性，引起了我們所關注的那種增加的機率。有些東西被含糊地稱為「因果關係」或「性質的統一」，對科學方法的很多討論中都有它們出現。我的假設的目的，是要用更精確更有效的東西取代這些含糊的的原則。對上面列舉的精確假設，我沒有太大的自信，但我覺得相當有信心的是，如果我們要證明非論證性的推理（實際上沒有任何人對這些非論證性的推理有任何懷疑）是合理的，那麼種東西就是必要的。

自我開始寫《數學原理》起，我就有一個特定的方法，開初我幾乎沒有意識到這個方法，但它在我的思想中逐漸變得明晰。這個方法就是在感覺世界和科學世界中建立一座橋梁。總體來說，我不做質疑地接受這兩個世界。就像在阿爾卑斯山脈中修建隧道一樣，這個工作也必須從兩端開始進行，希望它們在中間會合，讓耕耘有所收穫。

讓我們先從一些科學知識開始分析。所有的科學知識都使用人工製造的存在體，目的是讓它易於用一些演算方法來處理。科學越是高深，情況就越是如此。在各種經驗科學中，情況完全是這樣的學科就是物理學。在一種高深的科學中，比如物理學，哲學家的一個基本的工作就是將科學展示為一個演繹系統，這個系統開始於一些原則，其他內容在邏輯上都是從這些原則中得出的，並且這個系統也開始於某些眞的和假定的存在體，這種科學所研究的一切東西都可以用這些存在體來定義，至少是在理論上是如此。如果這個工作進行得很充分，那麼原則和存在體（它們作為分析的殘餘依然存在），可以當做是整個這門科學的抵押品，而哲學家就不再去關注構成這門科學的其餘複雜知識了。

但是沒有任何一種經驗科學，其目的僅僅是成為一個自圓其說的童話故事。科學需要由可以適用於現實世界的陳述構成，並由於它們與現實世界的關係而使人們相信。即便是科學中最抽象的部分，例如廣義相對論，也因為人們觀察到的事實而被接受。這就博士哲學家們調查研究觀察到的事實和抽象科學之間的關係。這是一項長期而艱巨的任務。之所以這麼困難，原因之一就是，作為我們出發點的常識，已經被理論汙染，雖然這種汙染的類型十分原始粗疏。我們認為我們觀察到的東西，比我們實際觀察到的更多，「多的部分」是被常識的形而上學和科學添加上去的。我並不是說我們應該完全拒絕常識的形而上學和科學，而只是說，它是我們要研究的一個部分。在兩個極端中，它既不屬於用公式表示的科學這一極，也不屬於純粹的觀察那一極。

我用數理邏輯的方法來解釋物理，爲此我一直爲人詬病，但在這個問題上，我完全不曾後悔過。最初是懷特海向我展示了這個領域蘊含的可能性。數理物理學中使用由點構成的空間，由瞬構成的時間，由質點構成的物質。沒有任何一個現代數理物理學家會假設自然界中存在這樣的東西。但是，如果存在一堆亂七八糟的事，缺乏數學家所喜歡的光滑性，就有可能利用這些東西製作出一些結構，讓這些結構的性質對數學家來說十分方便易用。因爲存在這種可能，數理物理學就不再是無用的消遣了。這樣的結構是如何做出來的，由數理邏輯來展示。基於這個原因，在我前面談到的構建感覺和科學之間的橋梁中，數理邏輯是一個不可或缺的工具。

在我還年輕的時候，笛卡兒的懷疑方法曾吸引過我，這個方法也許仍然可以作爲一個邏輯剖析的工具，但在我看來，它基本上已不再具有有效性了。普遍懷疑無法被駁倒，但也不能被接受。我已經承認，感覺的事實和明顯的科學眞理，應該被哲學家們作爲材料使用，因爲儘管它們的眞理性並不十分確定，但與哲學思辨可能取得的任何成果相比，它們的機率都更高一些。

從原始的事實轉變成科學，除了需要演繹邏輯的形式外，我們還需要推理的形式。傳統上認爲歸納法有助於這一目的，但這種看法是錯誤的，因爲從爲眞的前提出發進行歸納推理，產生的結論往往是僞多於眞，這一點可以證明。要從感覺過渡到科學，需要有推理的原則，這些原則可以透過分析來獲得。而分析所針對的推理，是任何人都不會懷疑的那種類型，例如：在某一個時刻，你看到你的貓在壁爐邊的地毯上，在另一個時刻，你在門口看到牠，那麼你的貓就穿過了壁爐邊和門口之間的中間位置，雖然你沒有看到牠這樣做。如果正確地分析了科學推理，就會發現(a)這種推理的具體實例，是任何人都不會眞正懷疑的，以及(b)如果在感覺事實的基礎上，我們要相信這個基礎之外的事情，那麼這種推理的具體實例是必不可少的。

我們應該把這種工作的結果看做是科學，而不是哲學。也就是說，接受它的原因應該是適用於科學工作的通常原因，而不是從形而上學中得出的關係不大的原因。尤其是，在科學中不會有人聲稱什麼東西具有確定性，而一些輕率的哲學家總是頻繁而徒勞地這麼做。

第十七章　放棄畢達哥拉斯

自從本世紀初期開始，我的哲學的發展，大致上可以說是對畢達哥拉斯的逐漸放棄。畢達哥拉斯學派有一種與數學關係密切的神祕主義。這種形式獨特的神祕主義極大地影響柏拉圖，在我看來，甚至比人們通常認爲的影響更大。有段時間，我的觀點與它非常類似，並且我還在數理邏輯的性質中（就我當時對其性質的看法而言）發現了一些東西，這讓我在情感上非常滿足。

作爲一個男孩，我對數學的興趣更爲簡單而普通：它比畢達哥拉斯學說更有親和力。當我在現實世界中發現了服從數學規律的東西時，我會非常高興。我喜歡槓桿、滑輪和自由落體劃出的拋物線。雖然我不會打撞球，但我很喜歡關於撞球如何運動的數學理論。有一次，我有了一個新的家庭教師，我旋轉一便士的硬幣，他問：「爲什麼這個硬幣會旋轉？」我回答說：「因爲我的手指製造了偶力。」他很驚訝，然後問：「你怎麼知道偶力？」我輕快地回答說：「噢，我知道偶力的一切呢。」有一次，我必須自己畫出網球場，於是我使用畢達哥拉斯定理來確保形成了直角。我的一位叔叔帶我去拜訪廷德爾（Tyndall），傑出的物理學家。他們在交談時，我必須自己找些樂子。我拿著兩根有曲把的手杖，把它們朝相反方向傾斜起來，讓它們在某一個點相互交叉，這樣我就可以用一個指頭讓它們保持平衡。廷德爾回頭看到我，問我在做什麼。我回答說，我在想方法確定重心，因爲每根手杖的重心必定垂直地在我的手指下面，因此手杖是在重心處互相交叉。可能是由於這句話，廷德爾給了我一本他的書，《水的形態》（*The Forms of Water*）。在那個時候，我希望所有的科學，包括心理學，都能像數學那樣精確。力的平行四邊形表明，當兩種力量同時作用在一個物體上時，這個物體就會走中間路線，偏向較大的那個力。我希望存在一個類似的「動機的平行四邊形」。這是個愚蠢的想法，因爲當一個人來到岔路口，對面前的兩條路有同樣的興趣時，他不能穿越兩條路之間的地方。當時科學還沒有到達「全有或全無原則」的階段，人們到本世紀初才發現這個原則的重要性。我年輕時曾認爲，兩個方向不同的力會導致輝格黨人式的妥協，後來才發現，其中的一個力往往會大獲全勝。這證明詹森博士的觀點是有道理的；他認爲第一個輝格黨人不是上帝，而是魔鬼。

我對數學應用的興趣逐漸被數學賴以爲基礎的原則所取代。這種轉變的發生，是因爲我希望能夠駁倒對數學的懷疑。很多要我接受的論證明顯是錯誤的。凡是我能找到的書，只要我覺得它能爲數學信念提供更加堅實的基礎，我都閱讀了。這樣的研究讓我逐漸從應用數學轉向抽象數學，並最終進入到數理邏輯領域。結果我認爲，數學是柏拉圖天堂中的一個抽象體系，它主要並不是作爲理解和操縱感覺世界的工具而存在，僅僅是以不純和退化的形式進入到感覺世界。在本世紀最初幾年中，我的見解大體上是修行者式的。我不喜歡現實世界，我向不受時間影響的世界尋求庇護，那裡沒有改變和腐爛，也沒有路上的鬼火。儘管這種觀念非常嚴肅和認眞，我有時卻以無聊的方式表達它。我的姻親兄弟洛根．皮爾索爾．史密斯（Logan Pearsall Smith）常常問人們一些問題。其中之一是：「你有什麼特別喜歡的東西嗎？」我的回答是：「數學和海洋、神學和紋章。我喜歡數學和大海，是因爲它們冷酷無情；喜歡神學和紋章，是因爲它們荒謬無稽。」但是，我之所以會以這樣的形式作答，是因爲希望從提問者那裡獲得認同。

這個時期我對數學的態度，體現在一篇名爲〈數學研究〉（The Study of Mathematics）的文章中。這篇文章於一九〇七年在《新季刊》（*The New Quarterly*）中發表，後來又收錄在《哲學論文》（一九一〇）一書中。文章中的一些段落說明了我當時的感受：

> 數學不僅擁有眞，也具備無上之美，這種美冷漠莊嚴，如雕塑一般，不會喚起我們天性中較爲虛弱的部分，它沒有繪畫或音樂的華麗外表，但卻高貴純潔，它所表現出來的盡善盡美，唯有最偉大的藝術品才能與之比肩。欣喜若狂、意得志滿，感覺自己並非只是凡夫俗子，這些就是盡善盡美的檢驗標準，它們毫無疑問地存在於數學之中，就如同存在於詩歌之中一樣。比起作爲任務來學習，數學的菁華更值得作爲日常思維的一部分來吸收，並在延續不斷的鼓勵下，一次又一次在心智中重複。對於大多數人而言，現實生活就是長期地退而求其次，是理想和可能性之間的永恆妥協；但在純理性的世界中不存在妥協，也沒有實際上的限制，創造性活動可以暢通無阻地進行。創造性活動體現了追求盡善盡美的熱切願望，一切偉大的成就皆源自於這種願望，它們所產生的成果遠離於人類的激情，甚至也遠離於自然界中的可憐事實。這些成果逐步構建起一個有序的宇宙，一個可以容納純粹思想的天然家園；於是我們那些更爲高尚的想法，至少是其中的一個，便可以逃脫淒涼的現實世界，安居於這

個宇宙之中。

* * *

與人無關的東西是什麼，我們思索這個問題，發現我們的心智能夠處理並非由自身創造出來的物質，最重要的是，我們意識到美也屬於外部世界，正如它屬於內部世界，這是克服可怕的無力感、脆弱，以及被放逐於可怕境地之中的主要手段。承認外來力量的無所不能，我們很容易就會感到無力脆弱和被放逐。命運，只不過是文學對這些力量的人格化；而透過展示驚人的美，讓我們與命運和解，這是悲劇的任務。但數學可以帶著我們進一步遠離與人相關的東西，進入到絕對必然中，不僅是現實世界，而且每一個可能的世界都必須遵從絕對必然；它甚至建立一個居所，或者說發現一個永恆存在的居所；在這個居所中，我們的理想完全實現了，我們最好的願望全都暢通無阻。

* * *

常常有人說，沒有絕對的眞理，有的只是個人意見和判斷；每一個人，都在他自己的世界觀中，被他自己的特點、喜好和偏見薰陶浸染；我們透過耐心和紀律就能最後獲准入內的眞理的外部王國是不存在的，但存在著對你、我，以及每一個獨立的人都是唯一的眞理。由於心智上的這種習慣，人類努力的一個主要目的就被否定了，而正直坦率，無畏地承認某種存在，這些崇高美德也從我們的道德視野中消失了。

* * *

在這個充滿邪惡和苦難的世界中，一個人退隱到沉思的回廊裡（其中的樂趣無論多麼高尚，始終只能爲少數人所享）多少顯得有些自私，因爲他拒絕分擔意外事故強加於其他人的負擔，而在這些意外事故中，公正沒有發揮任何作用。試問我們有任何權利退縮於當前的邪惡，讓我們的同胞們孤立無援，自己卻過著縱然艱苦嚴峻、本質上卻仍舊美好的生活嗎？

我仍然記得我相信這一切時的快樂，但現在在我看來，這些想法大多都很荒謬，部分是由於技術原因，部分是因爲我對世界的一般看法已經發生了變化。對我而言，數學這個主題已經不再與人無關了。我開始相信（雖然是有些勉強），數學是由同義反複構成。我擔心，對於一個有足夠智力的人來說，數學在整體上會顯得微不足道，就像是宣稱四足動物是動物一樣瑣碎無聊。我認爲，數學那種超越時間的性質，並不像我曾以爲的那樣至高無上，而僅僅在於這樣一個事實，即純粹的數學家並不談論時間。在沉思數學眞理的時候，我再也不能找到任何神奇的滿足感了。

優雅的數學推理所帶來的審美樂趣依然存在。但在這個方面也存在失望。我在前面的章節中提到過的矛盾，似乎只有採用可能是眞的但卻不美的理論，才可能得到解決。我對這些矛盾的感覺，相當類似於一個誠摯的天主教徒對邪惡的教皇的感覺。我一直希望在數學中找到的那種華麗的必然性，已經失落在令人困惑的迷宮中了。所有這一切都令我傷心，但事實卻是，我的禁欲主義情緒開始消退了。這種情緒曾經如此強烈，以至於我認爲但丁的《新生》（*La Vita Nuova*）在心理方面顯得很自然，它那種奇怪的象徵主義讓我在情緒上頗感滿足。但這種情緒開始消退，並最終被第一次世界大戰所驅散。

這次世界大戰對我的影響之一，就是我無法繼續生活在一個抽象的世界中。我曾看到，由於將軍們的愚蠢，青年男子們登上軍用火車，前去索姆河送死。我深深同情這些年輕人，並發現自己在一種奇怪的痛苦中融入了現實世界。我曾對抽象世界有些天馬行空的想法，彼時它們都顯得微不足道，巨大的痛苦已將我包圍。我仍嚮往與人無關的世界，但只將它作爲一個偶爾的避難所，而不是修建永久居所的國度。

在這種情緒的變化中，我失去了一些東西，但也獲得了一些東西。失去的是尋求盡善盡美、終局性和確定性的希望，獲得的則是對一些令我反感的眞理的順從。但我對前者的放棄從來沒有完成過，有些東西存留在我心中，至今依然如此：我仍然認爲，眞相取決於對事實的關係，而且那些事實一般都是與人無關的；我仍然認爲，人類在宇宙中並不重要，如果存在某種神明，他可以公正地看待宇宙，不因「**此時此地**」而帶偏見，也許他基本上不會提及人類，最多也就是在卷末的尾腳中提到；但我不再希望從一些領域中驅除人的因素，這些領域本來就包括人的成分。我已不再覺得智力優於感覺，不認爲只有柏拉圖的理念世界才接近於「眞的」世界。我曾經認爲感覺，以及建立在感覺上的想法，是一個牢獄，而我們可以透過切除了感覺的想法獲得自由，現在我已經不再有這樣的感覺。我現在認爲，感覺以及建立在感覺上的想法，是窗戶而非牢欄。我覺得我們可以像萊布尼茲的單子一樣反映這個世界，無論這種反映多麼不完美；而且我認爲，哲學家的責任之一就是，盡可能地讓自己成爲一面如實反映世界的鏡子。然而，認識到由於我們自身的性質，這種扭曲的是不可避免的，這也是哲學家的責任。在這些扭曲中，最根本的一種源於我們從「**此時此地**」的角度看待世界，缺乏有神論者認爲上帝擁有的宏大公正。我們是不可能實現這種公正的，但我們可以更加趨近它。向人們展示通達這一目標的道路，正是哲學家們的最高職責。

第十八章　對一些批評的回應

發現自己的哲學在流行過一段時間後，被人們視爲過時，這不是一個很愉快的經歷。人們很難得體地接受這種經歷。萊布尼茲在年老的時候，聽到人們讚揚貝克萊，他說：「這個質疑『實在』的愛爾蘭年輕人，似乎既不充分地解釋他自己的觀點，也不提供足夠的論據。我懷疑他想靠自己的悖論出名。」我不能像這樣說維根斯坦（許多英國哲學家認爲，維根斯坦已經取代了我），他並不想靠悖論出名，而是想透過圓滑地避開悖論而出名。他是一個非常奇特的人，我懷疑他的信徒們是否知道他是怎樣一個人。

維根斯坦和歷史上的兩位偉大人物頗有相似之處：一位是帕斯卡（Pascal），另一位是托爾斯泰（Tolstoy）。帕斯卡是一位天才的數學家，但他爲了虔誠敬神而放棄了數學。托爾斯泰則犧牲了他的寫作天才，投入虛假的謙恭之中，他喜歡農民勝過受過教育的人，喜歡《湯姆叔叔的小屋》（*Uncle Tom's Cabin*）勝過其他所有小說。維根斯坦，他可以如此巧妙地玩弄形而上學的複雜問題，就像巴斯卡地對待六邊形、托爾斯泰對待君王們，但他拋棄了這個天賦，讓自己屈就於常識，就像托爾斯泰屈就於農民，兩者都是出於驕傲的驅使。我欽佩維根斯坦的《邏輯哲學論叢》，卻不讚賞他的後期作品，在我看來，他在後期作品中拋棄了他最傑出的天賦，這跟帕斯卡和托爾斯泰的情況非常相似。

儘管維根斯坦、帕斯卡和托爾斯泰背叛自己的天賦，但他們經歷的那種精神折磨讓這種背叛顯得情有可原；維根斯坦追隨者們並沒有（我能發現的）經歷這種精神折磨，他們寫的作品據說很有價值；在這些作品中，他們進行了大量的論證，以圖駁斥我的觀點和方法。儘管我眞的在努力嘗試，但我一直無法看出他們對我的批評有任何有效性，不知道這是因爲我自己的盲目性呢，還是有一些更合理的理由。我希望讀者能夠幫忙做出判斷。下面有四篇已發表在學術刊物上的辯論性文章，分別是：(1)〈論《哲學分析》（*Philosophical Analysis*）〉，這是對厄姆森先生（Mr Urmson）一本書的評論；(2)〈邏輯與本體論〉，這是探討瓦諾克先生（Mr Warnock）的〈邏輯中的形而上學〉（Metaphysics in Logic）；(3)〈斯特勞森先生（Mr Strawson）論指稱〉，這是反駁他對我的描述學說的批評；以及(4)〈何爲心智？〉這是對賴爾教授（Professor Ryle）的書《心智的概念》（*The Concept of Mind*）的評論。

I. 哲學分析❶

厄姆森先生的《哲學分析》一書的意圖非常實用。這本書在一個相對較小的範圍內，解釋了爲什麼維根斯坦和他的信徒們拒絕接受我的哲學和邏輯實證主義哲學，並代之以一種新的哲學，他們堅定地認爲，這種新哲學比之前的哲學更好。厄姆森先生在討論的時候很公道

❶《哲學分析》（*Philosophical Analysis: Its Development Between the Two World Wars*）。J．O．厄姆森，牛津大學克拉倫登出版社，一九五六。

地陳述了那些早前的觀點，我認為，他支持新觀點的論證似乎只能讓這個觀點的追隨者們信服。我發現我自己完全看不出厄姆森先生的論證中有任何說服力。在一個重要的方面上，根據他自己的觀點，他的書只能被判定為存在缺陷。他公然表示，他沒有注意到他所批評的學派在過去二十年中的任何作品。邏輯實證主義者和我都認為我們的學說中存在某些缺點，於是我們在各個方面都試圖糾正這些缺點，但厄姆森先生沒有注意到這種嘗試。在這方面，他只是採取了他所在的整個學派的慣常做法。

在讀這個學派的作品時，我有一種奇怪的感覺，如果笛卡兒在萊布尼茲與洛克的時代神奇復活過來，他可能就會有這樣的感覺。自從一九一四年以來，我把大部分時間和精力花在了哲學之外的事務上。一九一四年後，有三種哲學觀念先後主導了英國的哲學世界：第一是維根斯坦的《邏輯哲學論叢》中的觀念，第二是邏輯實證主義，第三是維根斯坦的《哲學研究》中的觀念。其中第一種對我的想法也有相當大的影響，但我現在並不認為這種影響完全是好的。第二種，邏輯實證主義，總的來說我是支持的，雖然我不同意它的一些最突出的觀點。第三種觀點，為方便起見，我將它稱為 WII，而把《邏輯哲學論叢》中的觀點成為 WI。這第三種觀點極為令我費解，在我看來，它的積極方面並不重要，而消極方面又毫無根據。在維根斯坦的《哲學研究》中，我沒有找到任何吸引我的東西，我不明白為什麼他的整個學派在其中看到了重大智慧。這讓我心裡十分驚訝。早期的維根斯坦我非常熟悉，那時的他迷戀極度深刻的思考，也非常了解那些在我和他看來都很重要的難題，並且他擁有真正的哲學天才（至少我是這麼認爲）。後來的維根斯坦則完全相反，他似乎已厭倦了認眞的思考，並且他發明了一種學說，在這種學說中，認眞的思考是不必要的。我從來就不相信這個造成懶惰後果的學說是正確的。不過我意識到，我反對這個學說的強烈偏見是不可抑制的，因爲如果它爲眞，哲學充其量只能對詞典編纂者略有幫助，在最糟糕的情況下，哲學則會淪爲茶餘飯後的消遣。

厄姆森先生對我的批評，部分是處於誤解，部分則是源自眞正的哲學分歧。爲了掃除誤解，我會儘量簡短地說明我進行哲學研究的目的和方法。

在 WII 出現之前，同所有的哲學家一樣，我的基本目的就是盡可能更好地了解世界，並且把知識從必須被否決的毫無根據的觀念中區分出來。雖然我本來認爲應該這個目標是理所當然的，但我認爲 WII 的目標並不在此。WII 現在又聲稱，我們要嘗試理解的並不是我們的世界，而僅僅是句子，並且假定除了哲學家所說的那些句子，所有其他句子都可以被視爲眞。不過這麼描述當然有點誇張了。WII 信徒喜歡指出，句子有可能是疑問句、祈使句或陳述句，說得好像這是什麼發現似的。然而，這並沒有帶我們超出句子的範圍。在一些邏輯實證主義者中間有一種奇怪的跡象，他們認爲語言世界可以在很大程度上脫離事實世界。

如果你提及，一個說出的句子是一個由某些物質的移動構成的物理事件，而一個寫出的句子是由一種顏色的痕跡位於另一種背景色上構成，他們會覺得你很俗氣。他們認爲，你應該忘記人們說的事情有非語言的原因和非語言的結果，而語言就像是走路或吃飯一樣，是一種身體活動。有些邏輯實證主義者，特別是紐賴特（Neurath）和亨普爾（Hempel），以及有段時期的卡納普，曾明確表示，句子絕不能與事實對證。他們認爲，陳詞與陳詞相比較，而不是和體驗比較，而且我們永遠也無法比較實在與命題。亨普爾認爲，我們稱之爲眞的系統「可能只是以歷史事實爲特徵，它實際上是被人類採用的，特別是被我們這個文化界中的科學家採用的系統」。我在《對意義和眞理的探究》中批評了這種觀點（第一四二頁後），這裡我只重複我的批評意見的要點：你們「文化界」中的科學家說的東西是一個事實，因此他們說的是什麼並不重要，重要的是，你們的文化界中的其他人說他們說了些什麼。這些作者似乎也沒有想過，當我看到印在紙張上的一個陳述，我就正遭遇著一個感覺上的事實，如果他們是正確的，那麼要確定在紙張上印著的東西的眞理性，並不是透過看到紙張，而是透過詢問我們的朋友對這些東西的**說法**。我們可以透過下面這個寓言來說明亨普爾的觀點：在某段時期，他的經濟狀況不是很好（寓言中是這麼講的），他進入了巴黎的一家平價餐館，要了菜單。讀了菜單後，他點了牛肉。自從進入餐館，發生的一切都是語言交流。食物端來後，他吃了一口，這就是在遭遇事實了。他叫來餐館老闆說：「這是馬肉，不是牛肉。」老闆回答說：「對不起，但我的文化界的科學家們宣布『這是牛肉』，他們在接受這一點的人中宣布了這一點。」根據亨普爾自己的觀點，他將不得不泰然接受這樣的回答。這是荒謬的，卡納普不久後意識到了這一點。但是 WII 的信徒們卻走得更遠了。之前對於實證陳述有兩種看法：其一是，它們對事實存在某些關係，所以它們是合理的。另一個看法是，它們符合句法規則，所以它們是合理的。但WII的信徒們根本不管任何理由，從而讓語言享有了完全不受限制的自由，這種自由是前所未見的。他們認爲，理解世界的渴望是過時的、愚蠢的。這是我和他們之間最根本的一個分歧點。

我要說的是，無論是關於數學、物理、感知、還是關於語言對事實的關係，都是根據一定的方法沿著一定的道路在前進。大致來說，如果理所當然地認爲科學和常識能被解釋並大多能被證明爲眞，這就產生了一個問題：導致這種廣義上的眞理的假設，它們的最低限度是怎樣的？這是一個技術性問題，它沒有唯一的答案。一批命題，比如那些純數學或理論物理的命題，可以從一套初始假定中推斷出來，這些假定涉及初始的未定義術語。減少了未定義項或未經證實的前提的數，就是一種進步，因爲這就縮小了可能的誤差的範圍，也讓整個系統眞理性的抵押品集合變小。正是因爲這個理由，我很高興發現數學可以還原爲邏輯。克羅內克說，上帝創造了自然數，而數學家創造了其他：即分數、實數、虛數和複數。但在這一觀點看來，自然數本身仍然是一組無限的神祕存在體。所以，當發現可以把它們都丟到一邊不管不顧，讓神的創作物侷限在純邏輯的概念（比如「**或**」、「**非**」、「**全部**」和「**若干**」）中時，這會讓人感到欣慰。誠然，如果做到了這種分析，關於殘存物的哲學問題還是存在，但問題會更少，而且更易於處理。我們以前認爲所有的自然數都必須具有某種形式的柏拉圖式存在。而現在，我們不需要**否認**它們的存在，只需要不**斷**言其確實存在，這就是說，我們用可以用更少（比之前所必需的少）的假定來維護純數學的眞理性。

各種各樣關於經驗科學的問題產生了，這些問題並不是出現在對純數學的關係中。在大多數最高深的經驗科學（如理論物理）中，仍然有可能把未定義的術語和未經證實的前提降至最低限度。但是在到達最低限度時，最低限度本身並沒有給出理由讓我們相信這個系統爲眞。一些邏輯實證主義者相信，純數學中的眞理所遵從的句法，是所有眞理都遵從的，但是經驗科學中的眞理有其不同的基礎。讓我覺得難以置信的是，有的哲學家竟然會否認，一個經驗命題的眞理性涉及這個命題對**事實**的某些關係。雖然這種關係的性質可能難以界定，但是，只有那些在哲學中暈頭轉向到最明顯的事都忘記的人，才會否認有某些關係的涉入。讓我們來看一個日常生活中的例子：「Z教授每天下午去散步，除非是下雨了。」我怎麼才能知道這個說法是否爲眞呢？讓我們忘記我們正在討論哲學，只按常識來考慮這件事。你可知道這句話是眞的，因爲這是Z教授或Z夫人告訴你的，你認爲他們兩人的誠信度很高。或者你就住在Z教授家旁邊，看到他經過你的窗前，只有天氣不好的時候除外。到目前爲止，我想，這個問題是不存在爭議的；但是一旦我們採納了厄姆森先生反對分析的看法，它就變成有爭議的了。我自己完全看不到厄姆森先生反分析這一觀點的力量。假設你相信這句話，是因爲你聽到Z教授親口這麼說。那麼你能否認在Z教授說的時候，你聽到了一個又一個的發音嗎？如果你是透過自己的觀察而相信了這句話，這個問題會變得更清楚。在晴天，你會有「看見Z教授步行經過我家門前」的體驗。在雨天你就不會有這個體驗。我看不到有什麼理由來否定這些體驗中的複雜性，你陳述的句子正是由這些體驗所導致的。我敢說，到現在爲止，厄姆森先生和他的贊成者們都不會反駁我說的話，但是如果我的分析進入下一個階段，他們就會變得不安了。他們會說：「我們都知道你說你看見Z教授經過你窗前的意思。如果你假裝進一步分析這句話，你就進入形而上學中了。」哲學領域中的形而上學指責，就好像是公共服務領域中的安全風險指責。至於我自己，我不知道「形而上學」這個詞是什麼意思。我找到的適合所有情況的唯一的定義是：「一種哲學觀念，當今的作者不再持有這種哲學觀念。」不管那是什麼，當我想進一步分析「看見Z教授步行經過我家門前」這個體驗時，我不是在討論哲學，而是在討論科學。很顯然，無論對科學還是常識，都會涉及到一組視覺印象，而其中每一個視覺印象都有一部分對應Z教授的頭、身體和腿。而且，如果用這樣的一套圖片來製作電影膠片，就可以再現一種體驗，它與你看到Z教授步行時候的體驗極爲相似。

但是，厄姆森先生提出了兩種不同類型的反對意見，一方面他聲稱，無論你的分析深入到哪個程度，你永遠也無法到達單純體；另一方面，你透過分析得到的陳述的集合，並不等同於未經分析的初始陳述，讓我們來逐一查看這兩個反對意見。關於單純體，我看沒有理由來斷言或否認分析能不能到達單純體。維根斯坦在《邏輯哲學論叢》中，以及我自己有時候，都談到「原子事實」作爲分析的最後殘餘，但認爲可以得到這些事實，就絕不是厄姆森先生所批評的分析哲學中的必需部分。明尼蘇達大學哲學系重印的《邏輯原子論的哲學》（*The Philosophy of logical Atomism*）中引用了一九一八年的一個討論，你會在其中發現以下問題和答案（第十六頁）：「卡爾先生：你認為簡單的事實並不複雜。所有的複合體都是單純體組成的嗎？沒有組成複合體的單純體，它們自身是複雜的嗎？羅素先生：沒有任何事實是簡單的。至於你的第二個問題，我的答案是，當然是。人們可能會爭論的一個問題是，當一個東西是複合體時，我們在分析中是否有必要認為它由單純體成分組成。我認為完全有可能假設，複雜的東西可以被無限分析下去，而且你永遠也無法達到簡單體。我不認為這是事實，但是當然，在這一點上人們可以爭論。我自己認為複合體——我不喜歡談複合體——是單純體組成的，但我承認，這是一個很困難的爭論，這也許是因為分析可能會永遠繼續下去。卡爾先生：當你稱一個東西為複合體時，你的意思並不是說，你在斷言眞的存在著單純體？羅素先生：不，我不認為我是在暗示一定存在單純體。」自那之後，我更加堅定地相信，沒有理由認為分析可以達到單純體。關於這個問題，我會引述《人類的知識》（第二六八—九頁）中的一段話：「對結構的分析通常經歷連續的階段……在一個階段上作為未經分析的單元，在下一個階段上會表現為複雜的結構。骨架是由骨骼組成的，骨骼是由細胞組成的，細胞由分子組成，分子由原子組成，原子由電子、正電子和中子組成；更深的分析到目前為止還是推測性的。我們可能會為了某種目的，研究骨骼、分子、原子和電子的任中一個，就像它們是不可分析的、缺乏結構的單元一樣，但是在任何一個階段，都沒有絕對的理由認為事實就是如此。目前所到達的終極單元，隨時都可以變成能被分析的單元。不由任何部分構成的、從而無法被分析的單元，是否一定存在，這是一個似乎沒有辦法回答的問題。但這個問題也不重要，因爲用潛在的複合體爲單元來解釋結構沒有任何錯。例如，點可以被定義爲事件的類，但這並不會讓傳統幾何學變成謬誤（傳統幾何將點作爲單純體）。對結構的每個解釋都涉及某種單元，這些單元暫時被視爲是沒有結構的，但我們絕不能假設，在另一種情況下，這些單元也應該被視爲沒有結構。

雖然我們不斷言原子**事實**，但我們不一定就要否定原子**句子**。句子是否是原子的，這純粹是一個句法問題。如果一個句子不包含「全部」或「若干」這兩個詞，也沒有是句子的部分，它就是原子句子，鑒於上述原因，厄姆森先生反對原子事實的看法實際上是不得要領的。

我現在談第二點，即複雜的陳述不同等於任何簡單的陳述的集合。他慣用的例子是「英國在一九三九年宣戰」（這說明他不是一個蘇格蘭人）。我不明白他在這個命題中的立場，因爲在我看來，他所認爲的兩件事情似乎是不相容的。一方面，他說這個陳述並不等同於各色英國人等在做什麼的大量陳述，另一方面他又說，這個陳述並不涉及承認有「英國」這樣一個存在體。透過對分析的完全拒絕，他調和了他立場中的這兩個部分。你一定不要假設這個陳述和被稱爲「英國」的某個東西，或者（也許我們可以添上）被稱爲「戰爭」的某個東西有關係。但是這個陳述當然不僅僅是空洞詞句的集合。它是關於某個有無數結果的重大事情。他從來沒有試圖**證明**，這個陳述並不等同於各色英國人等在做什麼的大量陳述，我無法想像他會如何證明這一點。所涉及的陳述的數當然會非常龐大。一開始你可能會使用答錄機，對做出宣戰決定的內閣討論進行複製。但是你也必定會進而講到內閣對（承認其權力的）各個英國人的關係上。他指出，想像一下，內閣的決定遭遇了推翻內閣權力的革命，在這種情況下「英國」就不會宣戰。但這只能說明「英國宣戰」這個陳述涉及到了英國人民對政府的態度。我看不出他以任何方式證明了，如果有足夠數（各色英國人等在做什麼）的陳述，它們不會在邏輯上暗示「英國宣戰」。

在這方面，必須加以澄清的還有，關於完美的邏輯語言的困惑。如果你在進行邏輯剖析工作，你就需要使用一種與日常語言大不相同的語言，但你需要它僅是爲這個目的。《數學原理》的第二頁上著重解釋這一點：「這裡的演繹推理中包含幾個雖然高度抽象，卻很簡單的過程和思路。而語言的語法結構適應了各種各樣的用途，因此並不具備簡潔性來表現這些過程和思路。實際上這項研究的思路非常簡單抽象，難以用語言表述。語言在表現複雜的概念更爲容易。命題『鯨魚是龐大的』代表了語言的最好程度，即簡潔地表達一個複雜的事實，而『一是數』在語言上是難以忍受的囉嗦。因此，透過特別爲這項工作的演繹推理設計的、代表思路和過程的符號系統，我們達到了簡潔的目的。」有些人支持爲邏輯分析特設一門語言，他們的意思並不是說應停止使用「鯨魚」或「英國」這樣的詞。他們指的是，如果有足夠的時間和足夠的知識，用這樣的詞斷言的事實，就可以不使用這些詞或任何同義詞而加以斷言。沒有任何邏輯學家會以爲這樣的語言有實際的效用。他們的意思只是說，這是可能的，之所以可能，是因爲世界結構的性質。

這個新的哲學派別不喜歡看到一些事情被分析，經驗證據的性質就是其中之一。我認爲部分困難來自於這樣一個事實：當人們開始研究哲學時，他們認爲自己必須忘記常識。所有人都相信，我們親眼所見的事情是存在的，比如桌子、椅子、房子、太陽和月亮，但我們也知道，如果停止思考，我們有時就會在這方面出錯。一般來說，常識讓我們可以糾正這些錯誤，比如當我們從夢中醒來時。但常識的方法，雖然通常來講是有效的，但也不是永遠正確，它有賴於一個人的經驗的性質。如果你沒有聽過廣播，當你聽到一個人的聲音從隔壁房間傳來時，你肯定以爲有人在那裡。有些餐館用鏡子營造出空間寬敞的印象，如果你不仔細看，你很容易認爲鏡中影像是「實在的」。當你疲憊時，你可能會聽到類似電線在風中作響的嗡嗡聲；當你瘋狂時，你可能會聽到用祈使語氣說出的整個句子。錯覺是一種很古老的問題，希臘時代就有紀錄。我重申，在一定程度上，可以透過常識做出判斷。到現在爲止，新的哲學派別對此也沒有提出異議。但是如果你試圖更精確地進行研究，並得出回避錯覺的原則，他們就會說你沉迷在形而上學中了。事實上，他們認爲認眞思考感知問題是一宗罪惡。物理學家、生理學家和心理學家做了大量的科研工作，追蹤客體和對客體的感知兩者中間的因果鏈。儘管這項研究是以科學而非哲學的名義進行，很多宣稱爲科學而拒絕哲學的哲學家們，仍然選擇了無視它。於是他們掉進了錯誤中，他們看不到這些錯誤，因爲是完全因爲他們堅決拒絕分析。

有一個關於殊相的說法，具有一定的可信性，但經不起仔細推敲。它是說，你無法知道一個像「所有的A都是B」這種形式的命題，除非你經歷過「是B的A」的體驗。這種看法源自於對一般命題的錯誤分析。沒有任何特殊的A是命題「所有的A都是B」中的成分，因此如果你知道「A」這個詞的含義，即使你從來沒有見到過一個「A」，你也可以理解這個命題。你不僅可以了解命題的含義，甚至你還可以知道它爲眞。舉個例子：「到本世紀結束時，任何人都沒有想到過的整數都大於一千。」我看不出怎麼能有人否認這一命題，儘管到本世紀結束時，顯然也不可能有人就它的眞理性給出一個實例來。然而我們沒有必要侷限在這樣一個人工設置的例子中。人們公認爲眞的所有關於未來的陳述，都揭示了同樣的原則。《航海天文曆》（*The Nautical Almanack*）在出版的時候包含了大量的非常精確的預言，但水手並不因此認爲這是一本不可靠的形而上學的書。

人們常常誤解經驗對經驗命題的整體關係。誤解來自於兩個相反的方向：一方面，未加工的經驗告訴我們的東西比我們以爲的少；另一方面，如果我們要在科學的進攻下仍然保持常識信念，那麼從已經歷過的東西，推及到未被經歷的東西，甚至到不可能被經歷的東西，就必不可少。下面我將談談這兩點。

在哲學裡，「經驗」是一個非常鬆散的理念，幾乎沒有任何哲學家費心來明確地定義它。經驗知識對經驗的關係，這個問題最好是在開始時使用模糊卻毋庸置疑的東西來處理，然後透過精細研究來證明模糊之中涉及一些更精確的，但乍看上去稍有可疑的東西。我們先來談模糊卻毋庸置疑的東西。我們都毫不懷疑地相信過一些命題，因爲命題中的事情在我們身上發生過。我們相信有合恩角這樣的地方，相信諾曼征服發生在一〇六六年。爲什麼我們相信這些東西呢？我們相信它們，因爲我們聽到或看到有人斷言它們。假如我們從來沒有聽說過或看到過，我們就不會知道有這樣的斷言。但聽覺和視覺是種感覺。因此，即使是關於在時間或空間上很遙遠事情，我們認爲自己知道的事情（不是就它的眞理性，而是就我們知道它而言）也依賴於我們自己的感覺。我認爲，可以毫無例外、毫無限制地這樣說：關於某個人擁有的每一條經驗知識，要不是他在自己的生活中經歷過一些感覺，他就不會擁有這些經驗知識。我應該說，這是經驗主義賴以爲基礎的、不可缺少的眞理。

這裡我們必須進行區分。我並不是說，當我看見一張桌子時我對自己說：「我有某種視覺感受，我相信這種感覺一個外部原因，即我稱之爲桌子的東西。」當然，發生的事情並不是這樣。我相信，當我有這個感覺時，這張桌子是當前的外部物件。這種感覺是我信念的**起因**中不可缺少的一部分，但並不需要是我相信的東西中的一部分。然而由於有過錯覺的經驗，可能我會知道，我相信的東西，作爲我當前感覺的結果，有時是錯誤的。一些懷疑主義者因爲偶爾的錯覺，就完全拒絕把感覺作爲知識（除感覺以外的其他事物的知識）的一個來源，我否定這種一刀切的、無差別的懷疑主義，在這一點上，我的看法倒是和我批評的新派哲學家相似。我不同意新派哲學家的地方是，我認爲值得找出，在何時和在哪些方面，有可能在科學上證明感覺是誤導人的，並且更進一步，在我們對這種無差別懷疑主義（懷疑我們從自己的感覺中推導出來的外部世界知識）的否認中找出一般原則。

於是就到了我前面提到的第二點上。物理學和生理學清楚地表明，如果我們知道外部世界的任何事情，我們之所以知道，只是因爲因果鏈條從它出發直達到了我們自己的神經和大腦。這就是說，我們知道的這些事情，其實是（已經歷過的）結果的（未經歷過的）原因。有人反對這個學說，認爲一種未經歷過的原因永遠無法有效地推斷出來。在我看來，這麼說的人犯了兩個類型的錯誤：一方面，他們假設如果不經歷A，我們就無法知道「所有的A都是B」這樣的命題；另一個錯誤是，他們沒有注意到，否認我們可能推理出無法經歷的東西，會產生毀滅性的後果。我不覺得這派新哲學意識到了這會產生問題。有可能這派新哲學能夠找到答案，但到目前爲止，他們並沒有試圖這樣做過。事實上，每當他們遇到了一個難題，似乎就會採取了三月兔式的解決方法，表示「我已對此感到厭倦。讓我們換個話題吧。」

厄姆森先生關於邏輯原子主義的討論，無視了邏輯原子主義後來的發展，這令人感到遺憾。例如，在他的書中，對專名的探討得出如下結論（第八十五頁）：「專名學說是語言觀的重要部分，而語言觀是給邏輯原子論帶來災難的主要原因，我們絕不能認爲專名學是細微末節。」在我的《人類的知識》一書中，我相當詳細地用了大量段落來討論專名。我不認爲我在那本書中所寫的內容能被厄姆森先生駁倒，或者是對哲學分析學說的拋棄。看到厄姆森先生從他的觀點出發來批評那本書中的內容，我倒是應該感到高興。

總之，關於厄姆森先生主張的觀點，我有一些一般性的看法。向來都有人反對分析，他們與那些反對每一個科學進步的人是同一批人。如果厄姆森先生生活在人們剛開始懷疑土、氣、火、水四種元素這一信念的時代，他就會違反常識和習慣，反對每一個更科學的、對問題進行充分分析的方法。現代物理學的一切進步都在於對物質世界越來越精細的分析。最初人們認爲原子小得幾乎令人難以置信，但對現代物理學家而言，每個原子就像是太陽系那樣的複雜世界。沒有哪個從事科學的人會異想天開到質疑分析的正當性。

在剛剛出版的一本書的第一章開頭，我看到了這句話：「構成一切物質的那些單純的磚頭，它們的原始材料的性質又是什麼呢？」❷分析是通向理解的道路，這不僅與物質有關。一個沒有音樂訓練的人，如果聽到一首交響樂，就會留下一個模糊的總體印象，但是，你可能會看到樂隊指揮的手勢，發現指揮聽到的，是被他精細地分析爲幾個部分的總體效果。這種分析的好處就是，它帶來了用其他方法無法獲得的知識。當你得知水分子由兩份氫和一份氧組成時，你之前關於水的知識並沒有失去，但你確實知道了非分析的觀察無法教給你的東西。如果厄姆森先生是在使用漢字這種表意文字的地方長大，他就會強烈反對產生了字母表的語音分析。用這樣的理由來爲哲學分析做辯護，當然不是指這個或那個哲學家的分析很正確，只是指他嘗試分析的做法是正確的。

雖然我極爲看重分析的重要性，但這不是我反對新派哲學的最重大的原因。最重大的原因是，在我看來，新派哲學毫無必要地放棄了哲學歷來孜孜以求的嚴肅要務。從泰利斯

---

❷《原子和宇宙》（*Atoms and the Universe*），G. O. Johes，J. Rotblat，G. J. Whitrow著。倫敦。艾爾&斯波蒂斯伍德出版社。一九五六。

（Thales）以來的哲學家們都試圖認識世界。他們中的大多數對於自己的成就過於樂觀了。但是，即便他們失敗了，他們也爲繼承人提供了材料，並鼓勵了新的探索。我無法認爲新派哲學繼承了這個傳統的。它關注的似乎不是世界和我們對世界的關係，而僅僅是愚蠢者談論愚蠢事情的不同方法。如果這就是哲學所能提供的一切，我不認爲哲學是一個值得我們研究的題目。將哲學侷限在這種無足輕重的位置中，我能想像的唯一原因，就是希望將它與經驗科學分離開。我不認爲可以有效地進行這種分離。任何一種哲學，要具有價值，都應該以廣泛而堅定的知識爲基礎，而且這種知識並不侷限於哲學。哲學之樹的活力源於這種知識的土壤。無法從這種土壤中吸取養分的哲學很快就會枯萎，停止生長，我認爲，這也正是厄姆森先生支持的那種哲學的命運。以厄姆森先生的才華，他本可以支持一種更好的哲學。

II. 邏輯和本體論

本文的首要目的，是討論G．F．瓦諾克的〈邏輯中的形而上學〉，該文發表在安東尼．傅盧（Antony Flew）教授編輯的《概念分析論文》（*Essays in Conceptual Analysis*）中。之後，我會談到我對這個問題的一些看法。我將從幾條概評開始。瓦諾克先生屬於「無淚哲學」派別，之所以這麼命名，是因爲它哲學比以往任何時候都更簡單易學：要做一名稱職的哲學家，需要的只是研究《福勒現代英語用法》（*Fowler's Modern English Usage*）；研究生可以進而研究《國王英語》（*The King's English*），但這本書需要謹慎使用，因爲正如其名稱所顯示的，它有點古舊。瓦諾克先生說，我們不應該「把樸素簡單的邏輯強加在麻煩複雜的語言上」。他想要討論存在量詞，而且他認爲重點需要指出的是，邏輯學家用符號∃來代表的大量斷言，在通用語言中會用多種短語來表示，因此他假定∃代表的一般概念並不重要，或是僞造的。我覺得這個推論極端荒謬。或許我可以透過一個寓言來說明其荒謬。

很久很久以前，有一個部落居住在一條河的岸邊。有人說這條河被稱爲「伊西斯」，那些住在岸邊的人稱爲「伊西蒂安」，但這或許是最初的傳說後來增加的內容。部落的語言中包括詞語「鰷魚」、「鱒魚」、「鱸魚」、「狗魚」但不包含「魚」這個詞。一隊伊西蒂安人出發捕魚，他們沿著河流走到了比平常更遠的地方，抓住我們所說的鮭魚❸。隨即爆發了激烈的爭論：一方認爲，這種生物是一種狗魚，另一方則認爲，牠是汙穢可怕的，任何提及這種生物的人都應該被部落放逐。此時，來了一個住在另一條溪流岸邊的陌生人，那條溪流因爲流得慢而備受鄙視。陌生人說：「在我們的部落裡有『魚』這個詞，可以適用於鰷魚、鱒魚、鱸魚和狗魚，並也適用於這個引起了這麼多辯論的生物。」伊西蒂安人激憤了，他們說：「這種新奇的詞有什麼用處？無論從我們的河裡能抓出來什麼樣的東西，都可以用我們的語言來命名，因爲牠始終是鰷魚，或鱒魚，或鱸魚，或狗魚。可能你會用我們聖河下游新

❸ 見《柯洛切特島》（*Crotchet Castle*），第四章。

出現的東西來反對這種看法，但我們認為，制定一條規則讓這個東西不應該被提及，這是語言上的節省。因此，我們認為你們的詞『魚』，是一種毫無用處的炫耀賣弄。」

這個寓言簡直是在戲仿瓦諾克先生關於存在量詞的說法。「存在量詞」是一個總的概念，類似於「魚」。應用在名稱上，它類似於鰷魚；應用在謂詞上，它類似於鱒魚；應用在關係上，它類似於鱸魚，以此類推。在平常談話中人們在不同的場合中使用不同的詞語，而邏輯學家使用存在量詞，這種現象的原因是，沒有學過邏輯的人沒有得出用ヨ代表的一般概念，正如的寓言中的伊西蒂安人沒有得出「魚」這個一般概念。瓦諾克先生說，存在量詞混淆了通用語言中所區別的東西，這就像伊西蒂安人抱怨使用「魚」這個詞的人混淆了鰷魚和狗魚。瓦諾克先生談到「日常說話中寶貴的非簡潔性」，我不否認日常說話中存在的一些差別，在邏輯上是沒有區分的。日常說話中包括了我們自己的情感表達。如果我們說某某人是一個十足的惡棍，或者說可惜某某人並不總是遵守道德律，這兩種說法中的事實元素其實是相同的，但我們對其中一個事實的情感態度不同於另一個。

瓦諾克先生自稱他在處理這些問題，而故意忽略了邏輯學家們為了澄清這些問題所做的一切工作。他過分誇大「瓦爾哈拉殿堂是虛構的」這個陳述。他沒有提到一個更嚴謹一些的學說，根據這一學說，看似在講瓦爾哈拉殿堂的陳述是真正地在講「瓦爾哈拉殿堂」。這個學說可能是正確的，也可能是錯誤的，但我不明白為什麼要假裝這個學說不存在。在他的文章的一開始他就告訴大家，他關注的核心問題是：是否有抽象的存在體？繼而他反對邏輯學家們對「有」（there are）這個詞的解釋，並因此（至少我沒有在他的文章中找到其他理由）讓他的核心問題懸而未決，顯然據他看來這個問題是無法回答的。他相當正確地指出，在日常說話中使用「某個東西」這個詞，並不表示存在著這樣的東西。他舉例說，「某個東西是一個質數」這個陳述，這正如他說，「是古怪而令人迷惑的」。他並不認爲數理邏輯語言在精確性和一般性上超越了通用語言。如果你有十二個東西和十二個名稱，在通用語言中，很容易就會出現所有這十二個名稱全部分配給這十二個東西的情況。通用語言有兩個相反的缺陷：經常出現一詞多義，和多詞同義。前者可用下面這個句子來說明：「羅穆盧斯（羅馬建國者）是否存在是可疑的，關於羅馬建城後的第一個世紀，有一些存留的傳說，我們存有理由質疑這些傳說的可靠性。」（Whether Romulus existed is doubtful, since reasons exist for questioning the reliability of existing legends as to the first century of Rome’s existence.）與此相反的多詞同義缺陷，可以由瓦諾克先生的討論來說明：但我們應該說「有質數」，「非洲仍然存在獅子」，「月亮上有陰影」（"There are primes", "Lions still exist in Africa", "There are shadows on the moon"）時，他似乎認爲，最後一個句子並不表示陰影是存在，他否定這句話唯一的理由就是多數人不會使用它。邏輯學家認爲最好的語言是，這種語言中的每一個東西和一個名稱相對應。這裡我說的「最好的」，不是說日常使用「最好的」，而是說嘗試對世界做出精確陳述「最好的」。

現在我來談「存在」這個問題。通常用法中的「存在」一詞引起了句法上的混亂，而且在形而上學上已經引起了大量的混亂，我認爲避免這種混亂局面非常重要。舉個例子來說，下面這個推理：「我現在的感覺存在；這是我現在的感覺；所以這存在。」我認爲，前兩個前提可能是事實，但結論是荒謬的。用通用語言不可能講清楚。這是一個無法用通用語言進行的論證。我認爲，這裡所涉及的唯一正當的概念，就是∃的概念。這個概念可以定義如下：給定一個運算式fx含有一個變項x，當給這個變項賦值時，它就成爲了一個命題，我們說$(\exists x)\cdot fx$，是指至少有一個x值，讓fx爲眞。我個人更喜歡自己把這作爲「有」的一個定義，但如果我這樣做，別人就無法理解我的意思了。

當我們說「有」的時候，並非是故意對我們陳述（我們說「有」的東西是世界中的物體）的眞理性含糊其詞。數學邏輯承認「有數」的陳述，元邏輯承認「數是邏輯上的虛構或符號上的便利」。數是類的類，類是符號上的便利。嘗試把∃翻譯成普通語言必然會陷入困境，因爲對侷限在通用語言中的人來說，要傳達的概念是前所未有的。「有數」這個陳述必須透過一個比較詳細的過程來解釋。首先我們從一些命題函數開始，例如fx，然後定義「具有屬性f的東西的數」，然後把「數」定義爲「具有某種屬性的東西的數，無論它是什麼」。這樣，我們就得到命題函數「n是一個數」的一個定義。我們發現，如果我們用定義的「1」來代替n，我們就得到一個爲眞的陳述。說至少有一個數，就是指的這種東西，但是使用通用語言，就很難清楚地表達：我們並不是在對數的實在性做出柏拉圖式斷言。

邏輯對本體論的關係其實是非常複雜的。我們可以在一定程度上，把這個問題的語言方面，從它和本體論有關的方面分開。語言上的問題，至少在理論上，可以精確地解決，但在本體論方面的問題依然晦澀得多。然而，純語言的問題卻有一個本體論的背景，雖然這個背景有點含糊不清。句子是由詞構成，而且，如果它們能夠斷言事實，那麼至少這些詞語中的一些必定對另一種叫做「意思」的東西有關係。如果一家餐館的服務生告訴我：「我們有一些很不錯的新鮮的蘆筍。」然後他解釋說他的說法是純語言的，和實物蘆筍毫無關係，那麼我被激怒也是順理成章的事了。所有的日常說話中都帶有這種程度的本體論色彩。但是，詞語對詞語意外的物件的關係，根據這些詞語的種類而有所不同，這產生了詞類學說的一種邏輯形式。一個句子如果要有意義，那麼除非它是一個純邏輯的句子，它的一些詞語就必須指某些東西，其他詞語則不一定。除非「女王」和「英國」這兩個詞語分別指世界上的某些東西，否則包含「英國的女王」這個短語的一個句子就無法有意義，但「的」這個詞語不需要指任何東西。要讓我們的話可以被理解，需要一定數的物件；數理邏輯對本體論的很大一部分影響，就是在於減少所需物件的數。這種縮減過程的唯一目的是避免草率和無根據的假定。我們的日常經驗陳述如果要有意義，它們必須（如果它們不是語言）指詞語以外的東西。因此產生了純技術性的問題：要斷言我們認定的事實，所需的最小詞彙量是什麼呢？

假設這個問題解決了，剩下的就是本體論的問題：我們的詞語和句子如果要具有意義，那麼，一方面，在我們的詞語和句子之間，什麼關係是必須存在的？另一方面，詞語和事實之間又必須存在什麼關係？首先，我們可以排除在語言上有定義的所有詞彙，因為我們總是可以替代詞語的定義。有時（省略細微之處）一個詞語對一個物件的關係是相當明確的：我們知道物件是用「德懷特．艾森豪」這樣的名稱表示；我們知道顏色的名稱所表示的意思；等等。但是，還有其他一些讓我們感到更困難的詞語：如果我們說「亞歷山大早於凱撒」，我們覺得（也許錯誤地），亞歷山大和凱撒是意思明確的詞語，但是「早於」這個詞呢？在必要的時候，我們可以想像宇宙中只包含亞歷山大，或只包含凱撒，或只包含他們兩個。但是，我們不能想像一個宇宙只包「早於」。正是這種東西，導致了對實體的信念和對共相的懷疑。語言的需要又一次清楚顯現，但這些需要在形而上學上的含義卻是模糊的。我們不能沒有「早於」這樣的詞語，但這些詞語似乎並沒有透過專名那樣的方式，指向構成宇宙的某一磚塊。

「是否有共相？」這個問題可以用各種各樣的方式來解釋。首先，它可以在存在量詞的意義上解釋。我們可以說：「有些句子包含兩個名稱，一個關係詞，沒有這些事實，我們相信自己知道的很多對事實的斷言都不可能存在。」我們還可以說，就像這些句子中的名稱指向物件，關係詞必定指向某些語言以外的東西。亞歷山大早於凱撒，這是一個事實，而這個事實僅僅包括亞歷山大和凱撒。很明顯，關係詞爲某個目的而服務，它讓我們能夠斷言事實，否則就這些事實就不能被陳述出來。到目前爲止，我認爲我們的根據很穩固。但我不認爲，會在任何意義上存在一個被稱爲「早於」的「東西」。只有在有關係項的時候，才能正確使用關係詞。

這也同樣適用於謂詞。當謂詞或關係詞作爲約束變項出現時，奎因（Quine）遭遇了特別的困難。看看這個例子，「拿破崙具有一名偉大統帥的所有特點」。它必須像下面這樣來解釋：「不管f可能是什麼，如果『x是一個偉大統帥』暗示fx，不管x可能是什麼，那麼f（拿破崙）。」這似乎意味著給f賦予了實體性，如果能夠的話我們會儘量避免這種事情。我認爲這確實是個困難，而且我不知道答案是什麼。當然，我們不能沒有代表謂詞或關係詞的變項，但我的感覺是，應該可能有一個技術裝置來保留名稱和謂詞關係詞之間在本體論地位上的差別。

數理邏輯的作用，不是在可疑的地方建立本體論地位，而是要削減一些詞語的數目，這些詞語意思簡明，指向物件。人們曾經普遍認爲，所有的整數都是存在體，那些不這麼想的人，至少也相信數1是一個存在體。我們不能證明事情不是這樣，但我們可以證明數學沒有提供支持它的證據。

最後，「是否有共相？」這個問題是有歧義的。在一些解釋中，答案肯定是「是」；在另一些解釋中，現在似乎還沒有決定性的答案。關於共相的本體論地位，我的意見已經發表在《對意義和眞理的探究》中的最後一章。

III. 斯特勞森先生論指稱

斯特勞森先生在一九五〇年的《心智》雜誌上發表了一篇文章〈論指稱〉。安東尼・傅盧教授選編的《概念分析論文》一書收錄了這篇文章。下面所指的就是收錄重印的〈論指稱〉。這篇文章的主要目的是爲了反駁我的描述詞理論。我發現，一些我所尊敬的哲學家認爲它已經成功地達到了這個目的，因此我認爲需要做出一個辯論式的答覆。首先我可以說，我完全看不到斯特勞森先生的所有論證中有任何有效性。這是因爲我年老昏聵，還是因爲某些其他原因，我必須留給讀者來判斷。

斯特勞森先生的論證的要點在於，定義了兩個我認爲截然不同的問題，即描述詞的問題和自我中心性問題。我曾相當詳細地探討過這兩個問題，但我認爲它們是不同的問題，我在思考其中一個問題時並不討論另一個。這讓斯特勞森先生自以爲是地覺得我忽略了自我中心性問題。

在這種自以爲是的感覺中，精心挑選的材料幫助了他。在我首次提出描述詞理論的文章中，我特別討論了兩個例子：「當今的法國國王是禿頭」和「史考特是《威弗利》的作者」。後一個例子對斯特勞森先生的目的來說並不適合，因此他完全忽略了它，僅僅很馬虎地提了一下。至於「當今的法國國王」，他緊緊抓住「當今的」這個自我中心詞，似乎他不能理解，如果我用「一九〇五年」取代「當今的」這個詞，他的整個論證就會坍塌。

或者由於某些原因，並不是整個論證都會坍塌，而我在斯特勞森先生寫這篇文章之前就闡述了這些原因。但是，使用完全沒有自我中心的描述性短語的例子，要舉出來也不難。我希望他運用他的觀點到下面這樣的句子中：「-1的平方根是-4的平方根的一半」，或「3的立方是緊接第二個完全數之前的整數」。在這兩個句子中都沒有自我中心詞，但解釋描述性短語的問題，和有自我中心詞時的情況是完全相同的。

在斯特勞森先生的文章中，沒有一個詞顯示我曾經考慮過自我中心詞，更沒有顯示，他支持的那個關於自我中心詞的學說，正是我曾經詳細闡述過的那個。❹他所說的關於這些詞語的要點是完全正確的：即這些詞語指的是什麼意思，取決於在何時何地使用它們。關於這一點，我只需要引述《人類的知識》（第一〇七頁）中一個段落：

> 「這」指的是在使用這個詞的時候，占據了關注焦點的無論什麼東西。對於非自我中心的詞，恆定不變的性質是關於被指的物件的某種東西，但「這」在每一個使用場合中都指不同的物件：恆定不變的性質不是它所指的物件，而是它對這個詞的具體使用的關係。每當這個詞被使用時，使用它的人都在關注某個東西，這個詞指的就是這個東西。當一個詞語不是自我中心詞時，沒有必要區分使用它的不同場合，但我們必須將它與自我中心詞區分開，因

---

❹ 參考《對意義和真理的探究》第七章，以及《人類的知識》第二部分，第四章。

為它們所指的東西，對這個詞的具體使用有一個給定的關係。

我還討論過這樣一個情況（第一〇一頁後）：我與一個朋友在一個黑暗的夜晚走路，我們看不到對方了，他叫道「你在哪裡？」我回答「我在這裡！」科學地解釋世界的本質，就是把斷言中的自我中心元素減少到最低限度，但在這種嘗試的成功是一個程度的問題，而且只要涉及到經驗材料，就永遠也不會完成。這是由於，所有的經驗詞的含義最終依賴於用例證表明的定義，而用例證表明的定義依賴於經驗，而經驗是自我中心的。但是我們可以透過自我為中心詞，來描述不是自我中心的東西，正是因為這一點，我們才能使用通用語言。

所有這些觀點可能是對的，也可能不對，但是無論是哪種情況，斯特勞森先生都不應該表現得好像這個理論是他發明的一樣。事實上，在他寫這篇文章之前，我就已經闡述了這個理論，雖然他可能並沒有理解我說的要點是什麼。關於自我中心性的討論就是這些了，因為我已經舉出的那些理由，我覺得斯特勞森先生把它與描述詞問題聯繫在一起是完全錯誤的。

斯特勞森先生關於名稱的主體地位的看法讓我感到很茫然不解。在他批評我的文章中，他說：「在邏輯上沒有專名，因此，也不存在（這個意義上的）描述」（第二十六頁）。但是，當他撰寫有關奎因的文章時，他又選了一條完全不同的路線，這篇文章發表在一九五六年十月的《心智》上。奎因有一個學說，認為名稱是不必要的，總是可以透過描述來取代。我不知道為什麼，這一學說震驚了斯特勞森先生。不過，奎因相當擅長於照料他自己，我會把辯護的工作留給奎因自己。對我的目的而言，重要的是，澄清斯特勞森先生放在括弧裡的「這個意義上的」的意思。從上下文來看，他所反對的是：有一些詞語，當它們所指的東西存在時，它們才具有意義，如果不存在它們所指的東西，它們就會是空洞的聲音，而不是詞語。在我看來，如果語言要對任何事實具有關係，就必須有這樣的詞語。用例證表明定義的過程讓這些詞語的必要性顯而易見。我們是怎麼知道「紅的」和「藍的」這些詞語的意思的？如果我們從未看到過紅色和藍色的東西，我們就無法知道這些詞語的意思。如果在我們的經驗中沒有紅色和藍色，也許我們可以發明一些詳細的描述，用來代替詞語「紅的」和「藍的」。例如，假設你在和一個盲人交流，你可以讓他靠近一根發燙的撥火棒，並告訴他，如果他能看見，紅色就是他就會看到的顏色。但是當然，你必須用另一個詳細的描述來代替「看見」這個詞語。盲人能夠理解的任何種類的描述，所使用的詞語，都是表達他曾有過的經驗的詞語。除非個人詞彙量中的基本詞語與事實有直接關係，一般來說語言沒有這樣的關係。如果「紅的」這個詞並不指任何東西，我倒想看看斯特勞森先生怎麼賦予它通常的意義。

這使我聯想到另一點。人們通常認爲「紅的」是一個謂詞，指的是一個共相。因爲哲學分析的目的，我更喜歡的語言是「紅色」作爲主體的那種語言，我不能說稱它是共相絕對錯了，但我要說這麼稱它會帶來混亂。這和名稱理論有關，斯特勞森先生說我的名稱理論「在邏輯上是災難性的」（第三十九頁）。但他卻不屑於提及爲何他認爲這一理論「在邏輯上是災難性的」。我希望他將來能在這方面指點我一下。

這讓我想到我和很多哲學家之間的根本分歧，斯特勞森先生似乎在總體上與他們的觀點相同。他們相信，不僅對日常生活，而且對於哲學來說，通用語言已經足夠好了。我則相反，我認爲通用語言含糊不清，也不準確，想要表達得精確和準確，就需要在詞語和句法上都對通用語言進行修改。大家都承認，物理、化學和醫藥都需要各自的非日常生活性語言。我不明白，爲什麼單單哲學要被禁止採用類似的方法來追求精度和準確度。讓我們來看看日常語言中最常見的詞彙之一，即「日」這個詞。這個詞最莊嚴的使用之處是在《創世紀》（*Genesis*）的第一章和《十誡》（*Ten Commandments*）中。守安息「日」爲聖的願望導致正統猶太教徒讓「日」這個詞語有了通用語言中不具有的精確性：他們定義它爲從一個日落到下一個日落的期間。天文學家爲了其他原因也力求精確，他們有三種不同的「日」：眞太陽日、平均太陽日和恆星日。它們有各自不同的用途：如果你考慮照明時間，就要用眞太陽日；如果你被判處十四天的監禁，使用的就是平均太陽日；如果你要估算在潮汐對延緩地球自轉的影響，就要用到恆星日。所有這些四種「日」的用法（十誡、眞太陽日、平均太陽日和恆星日）都比這個詞的一般用法更精確。最近的一些哲學家顯然支持禁止精確性，如果天文學家遭此待遇，整個天文學都不可能存在了。

爲了技術上的目的，技術性語言不同於日常生活中的語言是不可避免的。我覺得，那些反對語言新發展的人如果生活在一百五十年前，他們就會堅持使用盎司和英尺，並且會堅持釐米和克該上斷頭臺。

在哲學中，句法甚至比詞彙更需要加以糾正。我們習慣的主謂詞邏輯，其方便性有賴於這一事實：在地球的正常溫度下，存在著近似於永久性的「東西」。在太陽的溫度下就不是這樣，只有在我們習慣的溫度下，這才大體爲眞。

我的描述詞理論，不是用來分析那些說出含有描述的句子的人的心智狀態的。斯特勞森先生給「法國國王是明智的」這個句子命名爲S，他說我：「他得出這個分析的方法，明顯就是透過問他自己：在什麼情況下我們會說，任何誰說出S句子的人做出了爲眞的斷言。」在我看來，這似乎並不對我的觀點正確解釋。假設（但願不會如此！）斯特勞森先生輕率地指責他的清潔女工偷竊，她氣憤地回答，「我從未做過任何害人的事。」假定她是一位道德模範，我應該說她做出了一個爲眞的斷言。雖然，根據斯特勞森先生會在他自己的語言中採用的句法，她的話意思是：「至少有一個時候我害了全人類。」斯特勞森先生不會以爲這是她眞的要斷言的事情，雖然他不會用她的話來表達同樣的意思。同樣的，我關心的是如何找到一個更精確的、經過分析的想法，以取代大多數人在大多數時間裡頭腦中有的混亂想法。

我曾說，如果沒有法國國王，那麼「法國國王是明智」爲僞，斯特勞森先生反對這個說法。他承認，這句話有意義，而且不爲眞，但並不表明它就爲僞。這只是一個單純的語言上的方便。他認爲，「僞」這個詞的意義不可改變，以爲可以調整它的意思，這是一種罪過，但他謹慎地避免了告訴我們這是什麼意思。就我而言，我覺得定義「僞」這個詞會更加方便，這樣每個有意義的句子就非眞即僞了。這是純語言上的問題；雖然我並沒以共同用法爲支持，我也不認爲他可以以共同用法爲支持。例如，假設在一些國家裡有一個法律，如果有人認爲「宇宙的統治者是明智的」爲僞，這個人就不可以擔任公職。我覺得，如果一個自稱無神論者的人，利用斯特勞森先生的學說，聲稱他不認爲這一命題爲僞，人們就會認爲這個人不可靠。

不僅僅是在關於名稱和謬誤的問題上，斯特勞森先生表明他相信，使用詞語有一個不可更改的正確方式，不管會帶來什麼樣的方面，改變也是不能容忍的。在全稱肯定上，他也顯示了同樣的感情，全稱肯定即「所有的A都是B」這樣的句子形式。在傳統上，這些句子都應該暗示存在有A，但是用數理邏輯上，放棄這一含義會更方便，即，在沒有A存在的情況下認爲「所有的A都是B」爲眞。這是純粹是個的便利上的問題。在某些方面，這個便利措施會帶來更大的方便，在其他情況下則不會。我們應該根據我們的目的來取捨便利措施。特勞森先生認爲通用語言沒有確切的邏輯（第五十二頁），在這一點上我倒是同意他。

儘管斯特勞森先生的邏輯思維能力是這個樣子，他卻有一種奇怪的反邏輯偏見。在第四十三頁，他突然爆發，宣稱生命高於邏輯，藉此來對我的學說加以錯誤的解釋。

拋開細節不談，我將斯特勞森先生的論點總結如下，並且也作答如下：

有兩個問題，一個是關於描述的，另一個是關於自我中心性的。斯特勞森先生認爲它們是同一個問題，從他的討論來看，很明顯，他並沒有考慮到相關的多種描述性短語。在混淆了這兩個問題後，他武斷地聲稱只需要解決自我中心性問題，這在他看來似乎是個新問題，於是他提供了一個解決辦法，但實際上在他寫這個解決辦法之前，這就是個老問題了。然後，他認爲他已經提出了一個令人滿意的描述詞理論，於是以驚人的武斷性宣布他所謂的成就。我這麼說可能對他不公平，但我看不出來有哪個方面不公平。

IV. 何為心智？

賴爾教授的書《心智的概念》中有一個論題非常有創見，也非常重要（如果爲眞）。我自己無法接受他的論題，下面是我的理由。

但是，首先我將談另一些觀點。我曾經表達過一些與他的觀點相似的看法，儘管他似乎並不知道這一點。

第一個我贊成他的方面，是賴爾教授對笛卡兒二元論的否認，他在第一章中就對此進行了闡述。他對這一點的強調，讓我感到有點驚訝。馬勒伯朗士（Malebranche）、萊布尼茲、貝克萊、黑格爾和威廉．詹姆斯都否認了笛卡兒的二元論。我想不出當今任何有聲譽哲學家中有誰會接受它，當然馬克思主義者和天主教神學家除外，他們各自的信條的僵化迫使他們守舊。不過我想，賴爾教授如此強調這一點的原因是，很多表示反對笛卡兒學說的人，實際上仍保留了大量在邏輯上與笛卡兒學說有關係的信念。我覺得在一個重要的方面，賴爾教授自己也是如此，後面我將會談到這一點。

第二個我贊成他的方面，是對感覺材料的拒絕。我曾經一度相信感覺材料，但在一九二一年斷然摒棄了這一看法。❺

第三個方面相當重要，就是拒絕把感覺作為知識的一種形態。他和我都不否認，對我們認識實際眞相來說，感覺是一個不可缺少的**起因**；但我們否認感覺本身就是知識。必須要加上賴爾教授所說的「觀察」和我所說的「注意到」，感覺才能轉變成知識。❻

既然我們在這幾個方面意見一致，我就不再多談這些了。

我現在來談賴爾教授的主要論題。我認爲這個論題可以表述爲如下：形容詞「心智上的」並不適用於任何特殊類型的「東西」，而只適用於某些組織和性情，這些組織和性情可以用這樣的模式來說明：構成這些模式的元素，如果被稱爲「心智上的」，是沒有意義的。他給出了大量這種類型的形容詞或名詞。他指出，板球，就不是與哪場比賽或哪個球員並列的另一種「東西」，而是在邏輯上更高階的一個東西。另一個例子是英國政體。他認爲，下議院是組成英國政體的成分之一，但是當你去了國會兩院、法院、唐寧街和白金漢宮後，英國政體所有的地方你就都去遍了。他爭辯說，「心智上的」這個詞適用的唯一物件是具有板球或英國政體這樣的邏輯地位的詞。他最喜歡的「心智上的」形容詞例子是「機敏的」、

❺《心的分析》，第一四一頁。

❻見《對意義和眞理的探究》，第五十頁。

「懶的」、「善良的」，這樣表示性情的詞。我認為有一個簡述很清楚地介紹了他的論題，引用如下：

這本書的一個主要消極方面是，它想顯示「心智上的」不代表一個狀態，就像對於某個給定事物或事件，我們可以問它是心智上的還是物質的，是「在心智上的」還是「在外部世界中的」這樣的狀態。談論一個人的心智，並不是談論一個容納「物質世界」禁止容納的東西的倉庫，而是在談論這個人在日常世界中做（或者經歷）特定種類的事情的能力和傾向。確實，說得好像有兩個或是十一個世界，是沒有意義的。給某些詞加上「世界」這個標籤，只會造成混亂。即使是「物質世界」這個嚴肅的短語，在哲學上也是無意義的，就像「錢幣世界」、「服飾品世界」或「植物世界」一樣。（第一九九頁）

我不明白，為什麼賴爾教授不認為有類似邏輯地位的其他形容詞不是「心智上的」。他最喜歡的例子之一是形容詞「易脆的」。當你說的一塊玻璃是易碎的，你並不是說它就會碎，只是在某些情況下它才會碎，就像只要一個人能在適當的情況下表現出的機敏，即使他恰好是此刻睡著了，你也可以說他是「機敏的」。但是賴爾教授從來沒有解釋，或是認為有必要解釋一下，「易脆的」和「機敏的」之間有什麼差別，致使後者是「心智上的」，而前者不是。一個普通人會說，「易脆的」是指物體的性情，而「機敏的」是指心智上的性情，這兩個形容詞適用於不同種類的「東西」。但是賴爾教授沒有這麼說，我也不知道他到底會怎麼說。

賴爾教授原則上否認下面這種情況：一個人可以了解的關於自己的任何事，如果不告訴別人，別人就不會知道。他透過否認這一點在鞏固他對一切心智「事物」的拒絕。當然他不是指觀察者和病人實際上都知道所有事。當你獨自在沙漠中時，你可能會在聽到一聲雷鳴，而沒有其他人聽到，但是這可以稱作是偶然的隱私。他真正要否認的是，存在著一些**本質**上是私密的事情，某個人知道這種事情，而且別人不可能知道，除非是透過證詞。在這一點上，就像在其他很多方面一樣，我發現他表現出驚人的草率，他進行了武斷的斷言，而沒有對不利理論進行駁斥。我會舉一個比較明顯的例子：夢。除了在《出埃及記》（*The Book of Exodus*）中，人們普遍認爲，一個人不可能知道另一個人的夢境，除非有人告訴他。但是關於夢，賴爾教授什麼都沒有說。夢這個詞沒有出現在索引中，他偶爾暗示到夢時也極爲敷衍。奇怪的是，雖然他特地讚美了佛洛依德（Freud），他卻沒有提到佛洛依德對夢進行的研究，沒有人能猜出他是否知道佛洛依德研究過夢。他確實勉強討論了肚子痛和牙痛這樣的事情，但他認爲，觀察者是透過聽病人的呻吟聲而了解情況的。顯然他的朋友們都不夠堅忍耐痛。

賴爾教授對隱私材料的否定中存在著困難，他確實多多少少地處理了其中一些。他用一整章的篇幅來講想像，但我完全不明白他怎麼可能對他講的那些感到滿意。他說，想像的活動是心智力量的活動，但我們想像的東西不存在於任何地方。讓我們來看看這一點。當然，從它顯而易見的意義上來說，這是眾所周知的眞理。如果我閉上我的眼睛，想像一匹馬，其實房間裡沒有馬。但想像一匹馬是一回事，想像一匹河馬是另一回事。當我想像一匹馬的時候，有些事情發生在了，當我想像一匹河馬的時候，別的事情發生了。在這兩種情況中，發生的可能是什麼？賴爾教授明確地說（第一六一頁），沒有心智現象這種事情。凡是涉及感知的地方，他都贊成樸素實在論：我感知到一匹馬，馬就在那裡。牠不是一匹「心智上的」的馬。但是，當我想像一匹馬的時候，牠雖然不在那裡，但發生的時間跟我想像河馬時是不一樣的。我認爲這是非常明顯的，發生在我身上的任何事，包括我的想像，除非我公開，讓人們知道它是什麼，否則別人無法知道。

我認爲愉快和不愉快也是如此（賴爾教授和大多數心理學家的看法一樣，認爲「痛苦」並不是「愉快」的反面）。一個人可能會出現明顯的愉快跡象，但他很可能隱瞞愉快，例如，如果他假裝喜歡一個他討厭的人，當他聽到這個人發生不幸的時候，就可能隱瞞自己的愉快。很難想像木棍和石塊會感覺愉快或不愉快，但是如果認爲人類不能感覺愉快或不愉快，就會陷入一個無法解決的悖論中。我認爲這是心智上的和非心智上的之間最重要的區別之一。我不認爲可以用智慧來區別，因爲電腦在某些方面比任何人都更聰明。但我不贊成發起一場讓電腦獲得投票的運動，因爲我不相信它們能體驗愉快或不愉快。

賴爾教授否認內省是知識的一個來源，這讓他與行爲主義者具有了某些聯繫。在書的最後，他討論了行爲主義。他說，他不同意行爲主義主張的唯一一點，是他們相信機械論解釋而他不信。在機械論上，他又一次表現了草率武斷的態度。他在表達這個看法的時候，他想到的似乎是撞球機制，他以爲既然物理學家已經拋棄這個，他們就已經拋棄了機械論。他從來沒有給出任何理由來否定現代意義上的機械論。值得討論的問題其實是這樣的：根據物理方程和特定時間的能量分布材料，足以確定一份物質（大小應不低於最低限度）發生了什麼事和會出現什麼事嗎？讓這個問題更具體一些：由於說話涉及物質的宏觀運動，一個稱職的物理學家可以計算出他的整個餘生中會說些什麼嗎？我不會自稱知道這個問題的答案，但是賴爾教授會自以爲知道。我希望他能屈尊講講他的理由。

賴爾教授對科學的態度很是奇怪。無疑他知道，科學家說了一些事情，他們認爲這些事與他正在討論的問題有關，但他堅信，哲學家不需要關注科學。他似乎認爲，哲學家不需要知道任何科學方面的東西，我們祖先用靛青塗抹身體那個時代的科學知識對哲學家來說就足夠了。正是這種態度讓他認爲，哲學家應該注意沒有受過教育的人說話的方式，應該蔑視受過教育的人的複雜語言。但是在他看來，這個原則有一個例外：普通人認爲思想和觀念是在人們的頭腦中。正如戈德史密斯（Goldsmith）所說，

奇蹟仍在發展，一個小小的頭顱便可攜帶他所知的一切。

在這一點上，賴爾教授沒有接受通常的看法。他不相信我們的頭腦中有思想和感情，而且他試圖表示，在這一點上，普通人會贊同他的看法。他沒有提供任何形式或種類的論辯，來顯示人的頭腦中沒有思想，我擔心（我這樣說眞有點提心吊膽）他在這個問題上受到了笛卡兒的二元論的影響，笛卡兒二元論認爲，給任何心智上的東西分配一個空間位置是荒謬的。既然他的論題所涉及的結構可以稱爲是心智上的，順理成章地，被稱爲心智上的也就不會在空間中。板球不在板球場上，聰明不在聰明的人的身上。但如果他的論題被駁倒（我相信會如此），剩下的就只有一個二元論偏見，認爲心智事件不在我們的大腦中了。

從很早以來，感知問題就已經在困擾哲學家們了。我自己的觀點是，這是一個科學問題，而不是哲學問題，或者說，不再是哲學問題了。很多哲學問題，其實都是科學尙不能處理的問題。感覺和感知就曾經屬於這一類問題，但我認爲，現在的科學已經可以處理它們了，無視這些問題的科學觀點，任何人都無法富有成效地處理它們。

賴爾教授拼命要堅持樸素實在論，把他自己都搞糊塗了。他幾乎否認了一個傾斜圓盤看上去是橢圓的。他說：

> 一個沒有見解的人在說「圓盤可能會看起來是橢圓的」時沒有任何疑慮。說「圓盤看上去就像是橢圓的一樣」也不會讓他感到不安。但是說他「看到了一個圓盤的橢圓形模樣」，他就會不安。（第十六頁）

我不明白他究竟堅持的是什麼。在圓盤這件事上，你知道它是圓的，因爲它做成的樣子就是圓的。但是，假定它是一個掛在天上的、你不能觸摸的物件。你就搞不清它是「眞的」圓還是橢圓了，只能姑且說它「看起來像」什麼樣。最重要的一點是，一個給定的東西，從不同的角度看會顯得有所不同，而不同的東西從不同的角度看起來倒可能很相似，並且進一步說，事情看起來像什麼，對我們認識它「眞的」是什麼來說，是至關重要的，儘管基於上述原因，它本身並不成爲做出結論的證據。在考慮這個問題的時候，眞的沒有必要引入心智或感覺：整個事情是物質的。用很多攝影機拍攝一個給定物件，所產生的結果會有差異，這跟我們的視覺感知產生差異的方式是一樣的。

同樣的思路也適用於顏色。賴爾教授說：

> 當我描述一個普通物體是綠色的或是苦的，我說的不是我現在的感覺，雖然我在講一些東西看上去或嘗起來是什麼樣。我是在對那些沒有「正常地」看到或嘗到這個東西的人說，它看上去或嘗起來會是什麼樣。因此，如果我說田野是綠色的，雖然我眼前所見的這片田野是灰藍色，我也沒有自相矛盾。（二二〇頁）

「正常地」這個詞讓我感到特別困惑。鳥兒的眼睛看著相反的兩個方向，牠們看東西的方式與我們的完全不同。蒼蠅有兩種不同類型的五個眼睛，牠看到的事物更不同。一隻鳥或一隻蒼蠅會說自己的方式才叫「正常地」看，而賴爾教授看東西的方式才眞是既古怪又奇特。既然世界上的蒼蠅總數比人口多，根據民主原則，我們同意蒼蠅好了。

賴爾教授堅持樸素實在論的願望導致了一些難題，這讓我想起托勒密學說的信奉者，他們對哥白尼體系的反對導致他們陷入了難題。哥白尼體系需要一個人盡相當大的努力去想像，即，想像看似堅定不移的地球有旋轉和自轉的可能性。透過這樣的初步想像，天文學中產生了巨大的簡化。同等程度的簡化也會出現在感知理論中，如果我們能夠學會想像什麼是所謂的「感知一個物件」，它作爲物件的遠端效應，只是在大致上、在某些方面相似於物件。只有對於我們身邊的日常物品，這一理論才會讓想像十分困難。如果你離昴宿星很近，沒有人能說它的樣子會完全像我們看到它的樣子。昴宿星和我們房間裡的家具之間的差別只是程度上的差別。

賴爾教授和他擁護的那個學派一樣，都熱心地要給出現的問題加上語言形式。例如，關於我們對視覺物體的感知，他說：

> 這些問題，並非近乎機械式的「我們是怎麼看到知更鳥的？」而是形式的問題，「我們如何使用像『他看到一隻知更鳥』這樣的描述？」（第二二五頁）

在我看來，這是爲了語言的雞毛蒜皮而丟掉重要的科學知識。「我們是怎麼看到知更鳥的？」這個問題，已經由物理學和生理學聯合提供了答案，而且答案既有趣又重要，並帶來了有些奇特的後果。在視神經中的某些進程會導致你「看到知更鳥」，即使這些進程並非像通常那樣是由感知者身體外部的某些東西引起的。我曾經說，生理學家在檢查另一個人的大腦時，他的所見是在他自己的大腦中，而不是在其他人的大腦中，因爲這個說法，我遭到了譴責。爲了證明這種說法，需要對「看」和「在……中」這兩個個詞進行長篇大論。尤其是「在……中」這個詞，遠比人們通常認爲的更加複雜和模糊。但我不會在這裡討論這些問題，因爲我已經在其他的作品中討論過了。❼

我想賴爾教授可能會同意，他這本書的主要目的是在給形容詞「心智上的」做出新的定義，當然這是一個語言問題，而且，由於迄今爲止它純粹是語言上的，在定義時考慮它的常見用法是適當的。但以何種方式可以方便地使用這個詞，是跟我們知識的變化而改變的。曾經有個時期，把地球說成一顆行星並不方便，但是自從我們採用了哥白尼系統，這樣說已經變得方便了。如果像笛卡兒說的那樣，存在兩種完全不同的實體，一種大致相當於與常識所認爲的物體，另一種大致相當於常識所說的心智，那麼像笛卡兒那樣把心智從物質中分開就會很方便，即使這會背離一些詞語在笛卡兒時代之前的用法。但是，就像賴爾教授所說的那樣（我同意這一點），沒有這種基本的二元論，那麼，如果我們希望繼續區分心智和物質，

❼ 例如，見《人類的知識》，第二二四—五頁。

這就迫使我們找到其他的區分根據。賴爾教授在句法中找到了這種區分：與那些仍可被稱爲物質的形容詞相比，心智上的形容詞更高階。由於前面所述的原因，我不認爲這樣一個用法很有用，我也不認爲賴爾教授釐清了他自己的想法，因爲他一直沒有解釋爲什麼他不認爲「易脆的」是一個心智上的形容詞。我自己的信念是，區分什麼是心智上的、什麼是物質的並不在於其內在特性，而在於我們認識它們的方式。如果一個事件，有人可以注意到它，或者按照賴爾教授的說法，觀察到它，我會說這個事件是「心智上的」。我認爲所有的事件都是物質上的，但我認爲，那些沒有人知道的（只有透過推理才知道）的事件才**僅僅是**物質上的。雖然看起來這就像是，我對賴爾教授的不贊同是語言上的問題，但其實不是。他和我在「心智上的」和「物質的」這些詞的方便定義上的分歧，來自於我們對世界構成的不同看法。

讀了賴爾教授的書，我得到的一個總的結論是，哲學如果脫離了經驗科學，是不會帶來豐碩成果的。我這麼說，並不是指哲學家們應該把加強科學素養當成假期作業來做。我的意思要深得多：想像力應該充滿科學眼光，哲學家們應該覺得科學爲我們展現了一個新的世界，並展示了我們前所未知的新概念和新方法。在使用舊的概念和方法經驗無法產生價值的地方，經驗證明，新的概念和方法會帶來豐碩的成果。

羅素哲學發展之研究

艾倫・伍德（Alan Wood）著

數學家們對宗教觀點是如此敏銳，他們又是否在自己的科學領域內嚴謹審慎？他們是否屈從於權威，不加調查地接受事物，並且相信匪夷所思的觀點？他們眞的就沒有自己的祕密儀式，沒有互相牴觸的觀點和矛盾了嗎？

——貝克萊

那天晚上，在貝克街我們的房間裡，我們一邊吸雪茄一邊聊著，福爾摩斯說：「這個案件……我們不得不從結果反推原因。」

——柯南．道爾（Conan Doyle）

前言

羅素的工作涵蓋了如此之多的不同學科，也許除了羅素本人之外，沒有哪個仍然健在的人能在所有這些領域中掌握足夠充分的知識，可以寫出一篇恰如其分的評論，筆者也不敢聲稱自己有這樣的通才。因此，關於羅素的任何評論，都需要評論者具備判斷力，以選擇正確的方面，在不同的專業題目中提出忠告。一個人若要獨力完成羅素作品的全紀錄，必須以一定程度的描述知識和親知知識爲基礎。而且，明確地對調查範圍做出限制，以免混淆作者自己的限制和他的寫作對象的限制，並清楚地顯示，在該領域內尚餘多少工作，需要其他作者的努力，這是所有作者在寫關於羅素的文章時的責任。

只要有可能，我就用標題來表示當前工作的侷限性。我關注羅素自己的想法的起源和發展；而不是其他人對他的想法的延續。如果不將這一點銘記於心，就會對羅素的境界產生一個錯誤的印象；我相信，當今一切重要的哲學探討幾乎都可以追溯到羅素。羅素之後的哲學探討都與羅素的哲學頗有淵源。（我在文中舉出了一些理由。）任何關於羅素的恰當評論，都必須要談到羅素對他以後的哲學的影響；而這可能意味著，需要好幾個世紀才能完成這樣的評論。

爲了達到本文的目的，我在一個相當嚴格意義上解釋「羅素的哲學」，也就是他自己曾說的，邏輯不是哲學的一部分的那個意義上。當然，他始終相信，邏輯是哲學的基本前提；而且很明顯的是，他的絕大部分哲學思想的基礎是在《數學原則》和《數學原理》中。不過，我只關注這些作品中的某些部分，這些部分對於作爲哲學家而言的羅素是非常重要的，因此，對於作爲一流的數學家和邏輯學家的羅素具有技術上的重要性的大量材料會放置一邊。例如，在討論矛盾和類型論時，我主要關心的不是相關的仍然有爭議的問題，而是一個無可爭論的事實，即，透過類型論，羅素將一種極其重要的新思想引入到哲學中。

我的目的完全是作解釋，而不是作批判；因爲我相信，羅素的哲學給正統批判留下的空間極小。在蕭伯納的戲劇中，拿破崙告訴客棧老闆，「那麼你將永遠不會被絞死，因爲絞死一個無心反對的人，是不會帶來滿足感的。」想批評羅素的人也面臨著同樣的困難。羅素作品中的缺陷和薄弱環節，幾乎都被他自己坦率地指出來了；他前進的每一步，都包含著對他先前立場的批評。我接觸到幾個批評羅素的人，他們或者是在不知不覺地重複羅素自己已經指出的缺陷，或者就表現出對羅素的眞實看法的無知。（必須記住，羅素的作品已經成爲經典；而經典則可以被定義爲：人們認爲不必閱讀就了解的書。）

因此，目前需要的不是批判羅素，而是要了解他。本文就是爲這個目的而做的導論。你可以將本文看做一所大教堂的導覽冊，這所大教堂展現了很多不同時期和風格的建築；在讀羅素的任何一部作品時，都必須了解這部作品在羅素思想發展歷程中的位置。

但是我也希望，本文可以用另一種方式來增進讀者對羅素的理解。要解釋羅素的觀點，通常最簡單的方法就是跟隨羅素自己發展這些觀點的足跡。在這方面，我也有一個比較適度的目標。第一次閱讀羅素作品的人，往往會因爲一些問題倍感困惑。爲什麼《數學原則》這樣的書中有一章在講專名、形容詞和動詞？爲什麼《數理哲學導論》（*Introduction to Mathematic Philosophy*）要用兩章來專門介紹「這」（the）這個詞？我沒有發現任何關於羅素的評論回答過像這樣簡單的問題。羅素顯然認爲他的《數理哲學導論》適合於「初學者」；但很少有初學者眞正同意這一點。我認爲最簡單的方法就是，解釋羅素如何循著一個思想鏈，從動力學問題開始，然後轉向幾何、分析、符號邏輯和語法。他在《數學原則》中的闡述次序恰恰與此相反；讀者讀到的先是邏輯，最後才是動力學。理解它的最簡單的方式，就是從後向前地了解，讀羅素的其他一些作品也是一樣；下面的內容，就是我用從後向前的方式，對其思想做出的概述。

I.總結和介紹

伯特蘭·羅素是一個沒有哲學的哲學家。也可以這樣說，他是所有哲學的哲學家。

現今幾乎所有的重要哲學觀點，都在他某個時期的作品中有所反映。

懷特海曾形容羅素說，他自己就是一場柏拉圖式的對話。利頓·斯特雷奇（Lytton Strachey）將羅素的思想比作圓鋸。這個比喻特別貼切。在圓鋸上，方向相對的鋸齒同時在朝相反的方向移動，其實所有鋸齒同時都在朝不同的方向移動。但圓鋸自己卻是直線朝前地進行切割。

儘管在羅素的所有哲學著作中，都存在明顯的矛盾說法，儘管他在不同時期持有不同觀點的情況很常見，但是由始至終，他的哲學在目的、方向和方法上都具有一致性。

羅素回憶道：「我想要確定無疑，以人們想要宗教信仰的那種方式。」我相信，在羅素所有作品的背後都有一個基本目的，就是對一些眞理具有近乎宗教般的激情，這些眞理超越人類之外，它們獨立於人類的心智，甚至獨立於人類的存在。所有閱讀羅素作品的人都會發現，羅素說過一些矛盾的話，現在我們就來看看其中的一句：在一篇很受歡迎的文章中，他要我們「認識到無關人類的世界不值得崇拜」。

這裡我們要討論的是動機問題，因此，我只需舉出羅素在感受上的證據來支持我的論點，即，當他看到問題的兩個方面時，他的首要動機是，對確定無疑的客觀知識的渴望。我們可以看到，比如，當他講到康德指責數學中主觀因素時，他的語氣只能說是厭惡的，就像一個原教旨主義看到了摩西自己編造十誡的說法。他稱，「康德讓我感到噁心。」他蔑視「那些卑微的、目光短淺的哲學家，他們的關注僅僅侷限在這個小小星球上，以及生活這個星球表面的卑微生物身上」。他抱怨杜威「對宇宙不敬」。在隨後那些年中，他批評一些牛津哲學家太過於關注「愚蠢者談論愚蠢事情的不同方法」，卻不去嘗試了解世界。

羅素既對數學充滿熱情，同時也同情和理解神祕主義，這是非常矛盾的。我的看法是，數學和神祕主義，兩者的目標都是獨立於人類經驗的眞理。從這個角度來看，羅素的明顯矛盾就得到了調和。

但最有力的證據是在他的信件中。例如，他在一九一八年寫道：「在我死之前，我必須找到某種方式來表達我的內在本質，之前我從未對此提過隻言片語，它不是愛或恨，也不是同情或鄙夷，而是生命的氣息，它狂熱猛烈，來自遙遠之處，給人類的生命注入龐大而可怕的力量，這種力量不帶感情，與人無關……」

因此我要在我的正文中引用下面的段落：

「在我年輕時，我希望在哲學中找到宗教的滿足感；甚至在我放棄黑格爾之後，柏拉圖的永恆世界也給了我一些與人無關的東西來崇拜……我懷著崇敬之心思考數學……

「某些似乎是人類生命之外的、值得敬畏的東西激發了我的情感，我一直熱切期盼著爲這樣的情感找到合理的根據……天上的繁星……科學世界的浩瀚……客觀眞理的大廈，這些客觀眞理，就像數學中的眞理，不僅僅是描述了碰巧存在的世界。

「有些人試圖建立人文主義宗教，但它仍然侷限於人類，無法滿足我的情感。然而我無法相信，在我們已知的世界中，存在著我可以珍視的人類之外的東西……客觀的、與人無關的眞理似乎只是一個錯覺。

「所以，我的理智與人文主義者們同行，儘管我的情感極力反抗。」

在下面闡述的羅素的哲學發展中，這個衝突是就是主要的連接線。人們也許可以把羅素的哲學家生涯簡單粗略地總結爲：從康德到康德。在一八九七年出版的《論幾何學的基礎》中，他說「對康德的經典論證加以一定的限制和解釋，就可以得到」他的觀點。在一九四八年出版的《人類的知識》中，他再次提到和康德哲學有關的想法和術語。但他仍然很高興能夠主張人類知識的綜合先驗性不像康德說的那麼主觀，正如他在《論幾何學的基礎》中也不像康德那樣主觀一樣。羅素的思考主要集中在三個主要方面。他先後在宗教、數學和科學中追尋客觀眞理。

但他沒有在哲學中追尋客觀眞理。在他心中，他通常認爲哲學排在數學和科學之後。他在作品中經常嘲笑「哲學家們」太懶以至於沒有學數學，或是太笨以至於不能理解數學。對於自己成了哲學家而不是科學家，他不止一次地表示了遺憾（例如在一九三六年給貝特麗絲．韋伯（Beatrice Webb）的信中）。

了解羅素的哲學的關鍵在於，它基本上是一個副產品，把它本身當做目的來對待（對於哲學家而言，這是一個很自然就會犯下的錯誤），很容易讓它變得毫無意義。但其實從某個意義上來說，所有有價值的哲學都是一種副產品。正如羅素自己寫的：「一種哲學如果要有任何價値，它就必須建立在一個廣泛而堅實的知識基礎上。構成這個基礎的知識不單是哲學上的知識。」

羅素的主要目標是建立宗教眞理、數學眞理和科學眞理。他自己曾明確地談到過宗教眞理和數學眞理：「我希望在哲學中找到宗教滿意感……」「……我經由數學進入了哲學，或者不如說，我希望找到理由來相信數學中的眞理，我是經由這個希望進入了哲學。」

他對科學的感情也許沒有這麼強：畢竟，科學只涉及到處理「碰巧存在的世界」的問題。但是羅素最出色的評論者之一，魏茲教授（Professor Weitz），宣稱「在我看來，羅素的主要興趣是在於試圖證明科學的正當性」。因此從某種意義上，可以說羅素的職業生涯是三重失敗。

(a)他不僅必須放棄宗教信仰，而且也必須放棄客觀的倫理知識。(b)他對《數學原理》的體系並非澈底滿意，而維根斯坦說服他（或是幾乎說服他），在任何情況下數學知識都只是同義反複。(c)他在《人類的知識》中爲科學知識進行的辯護，並不合乎他之前想要達到的那種標準。

所有的哲學家都是失敗者。但是只有少數哲學家足夠正直誠實到承認這一點，羅素就是這少數哲學家其中之一。這才是他無與倫比的重要性之所在。下面是他對康德的稱讚，可能也會有人像這樣來評價他：

「一個哲學家應該坦率地承認，他不太可能抵達終極眞理，但是在人類天性中有一種難以矯正的傾向，即希望成爲某人的信徒，所以如果哲學家的失敗不是非常明顯，人們就會以爲他已經掌握了終極眞理。哲學家有責任把自己的失敗清楚地展示出來，康德的坦率讓他比大多數其他哲學家都更好地履行了這個職責。」

羅素的哲學思想是他追求某些知識的副產品，對這些知識的追尋均以失敗告終。那麼他的失敗又怎麼會帶來如此豐碩的成果呢？從廣義上說，有兩種不同的方式。

(a)顯示一個問題沒有解決辦法，這是一個哲學上的解決辦法：就像是林德曼（Lindemann）證明不可能獲得與一個圓的面積完全相等的正方形，這是對數學的發展。

(b)在追尋科學知識的過程中，羅素發展出了獨特的哲學方法，儘管這種方法不能帶來確定性，卻增進了知識。他說：「每一個眞正的哲學問題就是一個分析問題，而且，在關於分析的問題中，最佳方法就是從結果著手，得出前提。」

概括地說，羅素認爲哲學家的作用類似於偵探故事中的偵探：他不得不從結果開始，透過分析證據反向倒退。（這個粗陋的類比會在哪種程度上產生誤導，將在下文中提到。）

上面所講的，僅僅是羅素對其哲學方法的描述的第一部分，不幸的是，人們往往把注意力集中在了這裡，把重點放在他的「分析」方法上，實際上主要是因爲沒有更好的詞可以選用了；但「分析」這個詞有如此多的意思經常被使用和濫用，以至於幾乎都沒有意義了。我認爲，從結果著手得出前提的想法要先於「分析」；而且它展現了羅素作品集的基本圖景。在《數學原則》中，他從結果出發，得出了前提。在四十多年後的《人類的知識》中，他仍然如此。在《人類的知識》中，他對科學推理的「假設」進行的論辯，如同他在《數學原理》中爲還原性公理進行的辯護。他在認識論上的成果，並不是對他在數理哲學上的成果的附屬性補充。它們來自同一車間，用同樣的工具製作而成。

羅素說：「從結論推到前提，是歸納法的精髓；所以在探索數學原理中的研究方法其實是一種歸納的方法，在本質上，它和任何其他科學中發現一般原則的方法是一樣的。」

他在一九二四年寫道（既是指在純數學中，也指在任何作爲演繹系統的科學中）：「有些前提遠遠不像後果那麼明顯，我們相信這些前提主要是因爲它們的後果。」

爲什麼羅素會採用這種哲學方法？爲什麼他要尋找特定的知識的前提？因爲，第一，他希望透過回溯得到絕對確定的前提。爲什麼他要把前提的數減到最低可能的限度？原因之一就是減少錯誤的風險：所以他才會使用奧卡姆剃刀原理。分析的目的是什麼？爲了增進知識。我相信，如果羅素不是懷著獲得確定的知識的希望，他的哲學方法不會發展起來。如果他從一開始就意識到確定性是不可能實現的，他可能已經放棄了哲學，致力於經濟學或歷史。如果一個人去嘗試不可能完成的任務，他可能會獲得怎樣的成就？羅素的成果就是一個經典例子。

按照羅素的觀點，合適的哲學方法不是從前提到結論的演繹，而是恰恰相反，這個看法帶來了一些結論。

在哲學爭議中，唯一決定性的武器是就是歸謬法：證明所得到的前提會導致矛盾。誠然，哲學有可能證明某事爲僞，但永遠不能證明某事爲眞。因此「嚴格來說，哲學論辯主要是一個這樣的努力，即讓讀者想到作者所想到的形象。簡而言之，論辯不具證明的性質，而是規勸的性質。」

要把有爭議的問題弄清楚，方法是「更細心地檢查容易被人無意之中採用的前提，更爲長久的關注基本原則」。在此之外，哲學上的論辯只能採取「瞧，你不能看到我所見到的東西嗎？」這種形式（這些不是羅素的原話）。哲學上的進步，在於突然發現了看待某個東西的新方法。

要在哲學上獲得進展，就需要透過分析，以及羅素所說的：(a)洞察力，(b)直覺，(c)本能，(d)遠見。

雖然他經常強調說，對於我們認爲理所當然的東西，「洞察力」和「本能」相當不可靠，但他也意識到，作爲最後的手段，我們本能的信念只會被否決，因爲它會與另一個本能的信念相衝突。哲學可以希望達到的最好目標是：(1)按照確定性從高到低的順序，排列我們的本能信念；(2)達成一個內部和諧一致的信念系統。

羅素關於哲學的這些意見值得強調。因爲他有時候表現得好像是硬性把訴諸「直覺」和「本能」（和許多其他東西）排除在他的哲學之外，但這並不意味著他沒有意識到它們的重要性。他把很多東西都排除在他的哲學之外，以至於批評者們認爲這是他的哲學缺乏「深度」的證據，但深度存在於他做哲學的方法之中。（也存在於他在其他領域的治學方法中。）

哲學論辯的意義在於「規勸」，這在很大程度上解釋了爲什麼羅素的寫作風格顯得日常化，爲什麼他使用通俗的例子來解釋他的觀點，批評者可以在例子中發現矛盾，而羅素就好像是在說「如果用那個方法不能說服你，或許這個方法能行。」

由於羅素在五十多年前就有了這樣的哲學觀念，有段時間人們遺忘了它們，近年來它們又再出現，彷彿是維根斯坦及其學派的新發現一樣。（例如，威斯曼博士〔Dr. Waismann〕在《當代英國哲學》〔*Contemporary British Philosophy*〕的最新一卷中寫道：「有人認爲哲學問題都可以透過論辯來解決，以爲只要一個人知道如何著手，最終就可以得出結論……

我傾向一個新的、有點令人震驚的看法：即這種事請是做不到的。哲學家從來沒有證明過任何東西……〔因爲〕哲學論辯並非演繹。」）

前面我曾提到過奧卡姆剃刀原理，羅素在其他學科上的熱情激發了他的哲學方法，奧卡姆剃刀原理就是其中之一。羅素在談到使用它的合理性時說：「奧卡姆剃刀原理的優勢就是，它可以說明你降低錯誤的風險。」但實際上不僅僅是這樣；我們必須注意到，羅素往往會用一種貶抑的方式來描述他自己的工作。

羅素不肯用來形容自己的話，被他用來形容愛因斯坦。他寫道，相對論「是一種輝煌，每當用最少限度的材料獲得了巨大成果之時，都會感受到這種輝煌。」

奧卡姆剃刀不僅僅能實現哲學上的簡潔；使用它，就像是雕刻家將大理石上不需要的部分削去一樣。它並非如維根斯坦所說，是一種符號規則。它甚至不僅僅是一種在哲學演算中爭取更多正確機會的規則。羅素使用奧卡姆剃刀原理，不僅僅是將它作爲達到目的的一種手段，而且「使用它」本身就是一個動機；這種激情在羅素的心中非常強烈，如同他對客觀眞理的激情。

每一個從手稿中刪去不必要的詞句的作家，每一個尋找最優雅的證明方法和最普遍的規律的數學家和科學家，都了解這種激情。相比於定義它或者解釋它，舉例說明它會更容易一些。

一九〇六年，當需要在原始命題的不同系統中（爲數理邏輯）進行選擇時，羅素寫道，

「從審美上來講，原始命題最少最普遍的那個系統是首選；就像萬有引力定律勝於克卜勒三定律一樣。」他回憶說，當他第一次讀到牛頓從萬有引力定律中推導出克卜勒第二定律時，他有「一種陶醉感」。羅素曾描述過，在他還是一個孩子時，他自己發現了等差級數之和的公式，這讓他感到十分開心，他也說過，看到Ein = −1這樣簡潔的公式讓他非常愉快。在這些例子中，他描繪了一幅更加眞實的圖片，但是當他在寫作時，他會像這樣寫：「那麼，在數學中進行最高程度的概括，其合理性在於，如果可以對命題進行一般性的證明，就不要『浪費時間』在特殊案例中去證明它。」

這裡所涉及的東西，可能會以不同的表達被描述成：熱愛審美上的優雅，熱愛協調，熱愛系統，熱愛深刻（我認爲「深刻」只有一個意思）。其實這是一種激情。這種激情與他對客觀眞理的激情之間，既存在聯繫，又存在差異。事實證明，這種激情無法透過努力而獲得。

在羅素早期的一篇文章中，他描述了他在最偉大的數學作品中，「感受到一致性和必然性，就像看到一部戲劇的劇情展開……對系統和互連關係的熱愛……也許是思維衝動的最深本質。」後來他不得不得出結論：對誠實的哲學思考而言，對系統的熱愛是最大的障礙；正如他認定：「對確定性的需要，雖然是人類的一種天然需要，卻是一種思維惡習。」

他把他的結論以最極端的形式表達出來，在一九三一年時他寫道：

「自從巴門尼德（Parmenides）的時代以來，學術型的哲學家們就一直認爲，世界是一個統一體……我的一個最根本的信念就是，這是胡說八道。我認爲宇宙中全是片斷，沒有一致性、連貫性、次序，或家庭女教師喜愛其他的任何東西。事實上，對於世界的存在性，人們的種種說法也只不過是偏見和習慣……

「外部世界可能是一種錯覺，但如果它存在，它是由短小的、雜亂無章的事件構成。秩序、一致性和連貫性是人類的發明，就像目錄和百科全書是人類發明一樣。」

要欣賞這樣的一段話中的力量，就不能僅僅把它看做是對大多數「學術型的哲學家」的掃蕩式攻擊。這也是對羅素自己的立場的攻擊；從某種意義上說，羅素一直在思想上盡可能地持有這個立場。

現在可能比較容易理解爲什麼羅素的作品如此複雜、微妙和糾結，爲什麼懷特海稱羅素自己就是一場柏拉圖式的對話了。實際上，自柏拉圖（他的理念更難以總結濃縮）之後就再也沒有出現過偉大的哲學家。羅素的哲學是一個戰場，他在這個戰場上與自己進行著一場無望的戰鬥；優勢有時在這邊，有時在那邊；在得出結論前，他的想法覆蓋了兩邊，而相對於他的初衷來說，結論往往會出現戲劇性的逆轉。

羅素和他最早的對手之間的哲學爭端非常難以總結，從一定的意義上說，雙方都是正確的。但我認爲，在羅素與布蘭得利關於內在關係的爭論上，根本問題是布蘭得利假定一個存在體必定具有它有的那些關係。也許我們最好是像下面這樣總結羅素的進退兩難：他想要相信充足理由律，但他的智識品格促使他拒絕接受它；所以這就給他留下了一個問題，他需要解釋科學知識如何得以存在。

矛盾的是，羅素一貫的清晰風格掩蓋了他在論證中的微妙之處和獨創性。他的一些存在問題的誇張陳述，和泛泛而談的警句，卻是任何人都可以理解的，這些東西被人們反覆引用；而他苦心寫就的，讓他轉變立場、自我質疑的作品，人們卻往往不去閱讀。根據一位知名的現代評論家的看法，羅素「即使在講述最困難的問題時也總是做到了簡單易懂」；我們可以合理地推斷出，這位評論家從來沒有讀過《數學原則》，甚至也沒有讀過《人類的知識》。

正如羅素本人在批評桑塔亞那（Santayana）時所說，流暢的文學形式很少和原創性的思想相容，因爲後者更有可能，至少在第一次表達它們的時候是「粗野的行話」。羅素出色地避免了使用「粗野的行話」，但他的哲學思想是遠非「簡單」。研究哲學家的文章，應該在一開始就陳述作者自己的觀點，這樣讀者才能給作者無意識的偏見留出餘地。

從性情上說，我一個神祕的柏格森主義者；對羅素進行靜態的分析不能讓我感到滿足，我研究他的哲學，主要目的其實是想找到一些規避他的結論的方法。但到目前爲止，我一直都沒有成功。我不相信已經有其他人對羅素的哲學給出了可以讓具有智識品格的人接受的答案。

正如我前面所說，羅素和一元論者之間的爭論到底是什麼，這難以確定。羅素難以反駁布蘭得利的說法「既然我事實上是從此物開始的，而分析得出的是彼物，那麼我只能拒絕分析的結果，至少是部分拒絕。」至於「分析是否意味著篡改？」這個問題，我相信唯一正確的答案是：「是的，如果你不知道你在做什麼的話。」如果一個物理學家，以爲他可以飲用水被分解之後的產品，那麼他顯然錯了；但事實仍然是，分析是提高我們對水的認識的正確方法。一個做活體解剖的生理學家，他顯然不會認爲解剖完成之後還可以讓生物體恢復原狀，（我相信）他也不會指望能發現什麼東西，可以讓生物體在被解剖後還能存活和呼吸。近年來，一些醫生以爲唯物人體觀本身已經足夠，這種想法容易將他們引入歧途，但即便如此，將唯物人體觀視爲一個有效的假說，仍然可能是一些重大醫學進步的基礎。同樣地，羅素將分析哲學作爲增進知識的一種方法，盡可能地加以推進，我相信他這樣做是正確的。在這件事上，他遭遇了目前最大的限制，事情涉及到倫理理論，他無法眞正對他的結論感到滿意。

現今的哲學家可以選擇兩種方法，一種是盡可能地推進精確思考，同時承認分離在外的其他部分，另一種是讓自己的情感和神祕渴望也參與其中，與思考混合在一起，讓它們形成一個大的合成體。羅素選擇的是前者。

總之我認爲，分析作爲一個方法是十分合理的，但如果被當成一種形而上學，那就會誤導人。在羅素的作品中，有一些跡象表明，他本人就感到了這一點：「一般來說，科技進步是透過分析和人工隔離獲得的。」

至少在一個段落中，羅素強調了形而上學和方法之間的區別（也是我心目中的區別）。一九〇四年，他在談邁農時寫道：

「雖然經驗主義作爲一種哲學似乎無法站得住腳，但是進行調查研究的經驗方法，則應該應用到所有的主題中去。」

II. 注意事項

在開始討論羅素的哲學思想發展之前，有必要先談談一些基本事項。我可能經常會這麼寫：由於羅素希望獲得某個結果，有種力量將他的思考朝著一個特定的方向推動。切不可以爲我是在暗示這個動機自覺或不自覺地影響了他的思考的結果。這之間的區別必須絕對明確地畫出。我前面已經說過，羅素在思考上的一般趨勢是，結果正好與他的初衷相反，但這個區別也適用於其他的動機，我可以順帶提一提。

在談到羅素的思想和他前輩與同輩的思想之間的聯繫時，可能會讓讀者會誤以爲羅素的思想並非像它實際上那麼有原創性。這種印象有可能自來於羅素自己，因爲他在把某些想法歸功於別人的時候過分慷慨了。羅素曾寫道，如果一個哲學家宣布對某一發現擁有優先權，他就淪爲了股票投機商之流。

與任何其他當代哲學家相比，羅素所作的閱讀可能都更加廣泛（也許懷特海是個例外）。他對哲學的一些最重要的貢獻，來自於他合併了大量的、來源衆多的想法，並把它們錘煉成爲一個系統；牛頓的《原理》（*Principia*），就是以同樣的方式彙集了源自於伽利略的基本概念。但是，即使這些想法是由其他人首先提出的，羅素寫下的內容也只是他自己頭腦的產物。最明顯的證據是，有很多次（例如，中立一元論）他都花了很長時間才接受了其他哲學家的觀點。

還有很多次純粹屬於巧合，羅素得出了自己的結論，他並不知道其他人已經得出了相同的結論；這就像萊布尼茲和牛頓各自發明了微積分一樣，像威爾第（Verdi）的《奧塞羅》（*Otello*）和古諾（Gounod）的《羅密歐與茱麗葉》（*Roméo et Juliette*）中有四個相同的小節一樣。在羅素身上，最明顯的巧合就是，他和弗雷格各自獨立地得出了數學理論。

値得注意的還有，在早期和中期，羅素並沒有從通常的學術意義上（即學習其他哲學家的作品）獲得大量哲學知識。直到在劍橋大學第四年之前，他都沒有正式念過哲學，而且他在劍橋的學習課程中有一些重大的缺陷。在他還是一個小孩的時候，羅素就在閱讀笛卡兒的作品之前得出了類似於笛卡兒二元論的東西，在讀休謨的作品之前具有休謨式的懷疑。我傾向於認爲，他缺乏系統的哲學教育是一種優勢，因爲在生命的早期就透澈了解以往哲學家的思想，會對原創性思維形成最有效的壓制；因爲這會讓人認識到，自己的大多數想法是別人已經想到過的，因而感到無比氣餒。（對事情無所知，這會帶來優勢，最典型的例子可能就是維根斯坦。）

了解羅素的一些工作方法，對理解他的作品來說是很有必要的。有幾個時期羅素進行了深層次的思考，每一個這樣的時期最後都產出了一本書，羅素以很快的速度寫完了這些書。他幾乎從不修改他寫的任何內容，而且在這些書出版以後，他幾乎就不再重讀它們了。（一個充分的證據是：他的作品在發行若干版後，仍然有一定量的印刷錯誤保留下來。）每當他開始進行一項新的思考時，他都會帶著新鮮的心態來思考，很少關心他的新觀點和他上次所說的觀點之間的關係。在這個方面，羅素跟維根斯坦很不一樣，維根斯坦在寫《哲學研究》時，心裡就始終在想自己在《邏輯哲學論叢》中的觀點。

這樣的做法，使羅素早期和後期作品之間存在的不一致顯得比實際上更爲嚴重。而且，當他從完全不同的角度討論一個問題，或是和不同的對手進行辯論時，他的說法之間存在著明顯的矛盾。當他爲同樣的理由辯護，抵禦來自於不同方向的攻擊時，則不存在不一致的情況。羅素很多作品中都存在這個方面的問題，我認爲這非常重要，而且如果讀者不知道他的對手在說什麼，要理解他的立場常常也是不可能的。

羅素拒絕修訂舊作所造成的另一個明顯結果是，在不同的書中，他對同一個詞的用法略微不同，而他也沒有明確指出這些不同，於是就出現了明顯不一致的情況。任何一個有敵意的評論者，都可以很容易地收集到一大堆這樣的例子。

製作一部詞典，指出羅素在某處說一個詞時的含義，可以用他在另一處說它時的含義來解釋，從而消除純粹的語言上的混淆，可以說這是一個評論者的責任。自從摩爾的《倫理學原理》（*Pricidpia Ethica*）起，像這樣的詞典編纂工作就開始起步了；羅素自己經常在進行哲學討論之前先定義他的術語。但是我不認爲這是避免含糊不清的最好辦法，羅素說得對，模糊不清在日常語言中是不可避免的。

使用一個詞語，卻不確定我們使用它時的含義，這樣做明顯存在風險。但試圖給出明確的定義，也會有另一種較隱蔽的風險，即我們可能以爲我們已經成功地定義了它。

我不相信哲學治學的正確步驟是先描述一些難以定義的詞語，然後用它們來定義其他詞語。我認爲在哲學中，任何定義，以及對難以定義的詞語的任何陳述，都必定出現在最後，而不是在開始。哲學是這樣一門學科，我們在這門學科中使用像「唯心主義者」和「現實主義者」、「先驗的」和「經驗的」，「必然的」和「偶然的」，「共相」和「殊相」這樣的詞語；我們希望知道我們在討論的是什麼，並希望以此作爲討論的結束，正是這樣的希望（從來沒有完全實現）在鼓舞著我們。

羅素在不同的地方對不同詞語的不同用法可能會導致誤解，似乎有必要把這些地方標示出來。但是，在一般情況下，如果我們想知道羅素在特定語境中使用的特定詞語的意思，最好的方法就是閱讀上下文。

舉一個例子，我們可以看看「哲學」這個詞本身，羅素最終放棄了定義這個詞，他說

「我不知道哲學家是什麼。」大體而言，他以兩種不同的方式來看待哲學：

(a)「在特別的科學中……走向是……從簡單到複雜。但是在哲學中……我們透過分析的方法，朝著簡單和抽象的方向行進，在這個過程中，我們想要消除初始主題的特殊性，並把我們的注意力完全集中到有關事實的邏輯形式上。」

「新現實主義……目的只是要澄清科學中的基本思想，並把不同的學科綜合在一個全面的觀點中。」

(b)「哲學……處在神學和科學之間的東西……一個無人地帶。」

「科學是你知道的東西，哲學是你不知道的東西。」

當他用第一種方式思考哲學時，即(a)，他寫道，邏輯是「哲學的本質」。在用另一種方式思考哲學時，即(b)，他的說法驚人地矛盾，比如「我認爲邏輯不是哲學的一部分」，又比如「被視爲是哲學的東西，十分之九是胡扯。唯一確定的部分是邏輯，但既然它是邏輯，它就不是哲學。」

這個例子可以讓我們做一些初步練習，以免被羅素在言辭上的矛盾所誤導。在這些涉及邏輯和哲學的明顯矛盾的說法中，他在不同的意義上使用「哲學」這個詞；有可能他也在不同的意義上使用「邏輯」這個詞；而且這些詞句的上下文也不一樣。

的確，從某種意義上說，邏輯在羅素後期哲學中不再像一九一四年時那麼重要了。但是，他的觀點也不像我們第一次讀到這個例子時感覺的那麼截然相反。你可以想像一下這樣的情形：有人在某種情況中寫「如果你不認識字母，你就無法看懂書」，他又在另一種情況中寫「認識字母和欣賞文學作品沒有任何關係」。

正如羅素本人曾說過的：「邏輯和數學……是大自然的字母，而不是書本身。」

（這篇文章在此處中斷，未完成。）

國家圖書館出版品預行編目資料

我的哲學的發展 / 伯特蘭．羅素（Bertrand Russell）著；楊洋譯.
-- 初版 -- 臺北市：五南圖書出版股份有限公司，2021.06
面； 公分 . --（大家身影）
譯自：My philosophical development
ISBN 978-986-522-264-2（平裝）

1. 羅素（Russell, Bertrand, 1872-1970） 2. 學術思想 3. 哲學

144.71 109013464

大家身影 011

我的哲學的發展

My Philosophical Development

作　　者 —— 伯特蘭．羅素　Bertrand Russell
譯　　者 —— 楊洋
發 行 人 —— 楊榮川
總 經 理 —— 楊士清
總 編 輯 —— 楊秀麗
副總編輯 —— 蘇美嬌
特約編輯 —— 郭雲周
封面設計 —— 王麗娟
出 版 者 —— 五南圖書出版股份有限公司
地　　址：台北市大安區 106 和平東路二段 339 號 4 樓
電　　話：02-27055066（代表號）
傳　　真：02-27066100
劃撥帳號：01068953
戶　　名：五南圖書出版股份有限公司
網　　址：https://www.wunan.com.tw
電子郵件：wunan@wunan.com.tw
法律顧問 —— 林勝安律師事務所　林勝安律師
出版日期 —— 2021 年 6 月初版一刷
定　　價 —— 380 元